三國史話

陳致平　著

三民書局

國家圖書館出版品預行編目資料

三國史話／陳致平著.－－二版一刷.－－臺北市：三
民，2008
　　面；　　公分
參考書目：面
ISBN 978–957–14–5065–0　（平裝）

1.三國史

622.3　　　　　　　　　　　　　　　97012990

© 　三　國　史　話

著 作 人	陳致平
發 行 人	劉振強
著作財產權人	三民書局股份有限公司
發 行 所	三民書局股份有限公司
	地址　臺北市復興北路386號
	電話　(02)25006600
	郵撥帳號　0009998–5
門 市 部	(復北店)臺北市復興北路386號
	(重南店)臺北市重慶南路一段61號
出版日期	初版一刷　1973年4月
	二版一刷　2008年11月
編　　號	S 620040

行政院新聞局登記證局版臺業字第○二○○號

有著作權‧不准侵害

ISBN　978–957–14–5065–0　（平裝）

http://www.sanmin.com.tw　三民網路書店
※本書如有缺頁、破損或裝訂錯誤，請寄回本公司更換。

二版說明

　　歷史故事足以啟發智慧，鼓勵向上，提供經驗，示範品行等等，歸納言之，對世道人心，有所裨益而已。尤其「人物」歷史更是推動歷史演化的重要因素。本書史事謹嚴、說解精詳，甫出版即在閱讀大眾中迭有好評，歷久而不衰。唯在歲月巨輪的刻蝕下，既有之銅版鉛字已略顯漫漶；開本及版式，亦有異於現代出版潮流。此次再版，除了放大開本、字體，重新設計版式外，並以本局自行撰寫的字體編排，不唯美觀，而且大方；同時，將原來之講後註改為當頁註的形式，並修正舊版一些訛誤疏漏之處，期望讀者在閱讀時能更加便利與舒適，抑或由此進一步尋思及體認作者強調「人道」關懷的意義。

編輯部謹識

自 序

　　這冊《三國史話》，上接《秦漢史話》，是我《中華民族史話》的一部分。關於《中華民族史話》撰述的緣由和旨趣，已見於《秦漢史話》中，故本書從略。

　　在中國社會上有一部流傳得最廣的歷史小說《三國志演義》，是羅貫中等人，根據前人的「話本」，參考《三國志裴註》等書，排比演繹而成。這部小說最早出於宋人的「說三分」，其源遠流長。因為它文筆的生動，吸引力極大。不僅在中國的歷史小說中首屈一指，更是一部不朽的中國文學名著。按小說在於鋪張傳奇，原不必忠於歷史，故亦無須與史書並論。不過這部《三國志演義》的取材多本史書，所述史事亦大體不訛，遂使清史學家章實齋先生有「七實三虛惑亂觀者」（見《丙辰箚記》）之嘆。又因此書在清人入關時曾大受欣賞，遂深入民間，家喻戶曉，其中人物故事，被演成戲劇，列入祀典，成為人盡皆知的常識。讓這項「小說常識」在不知不覺中，取代了絕大多數人的「歷史常識」。於是以「虛」為「實」，構成了一項嚴重的錯覺。其錯覺不僅在若干史實的顛倒錯亂與虛構（如蔣幹盜書、孔明借風），而在歷史重心之被忽略（如重蜀漢而略魏吳），人物典型之被改造（如關羽之神化、諸葛之妖化）。我們不能以此來貶責《三國志演義》一書在文學上的價值地位，因為它是小說而非正史。但我們需要澄清它所留給一般人的錯覺，不能以「小說家語」來代替「歷史知識」。在我寫這本《三國史話》時，偶感及此，故附贅數語。

　　本書為史話體裁，故其穿插抒寫難如史學專著之嚴謹。不過史料的采擷，文字的編撰，關於三國時代政局的發展，社會的潮流，人物的動態，務求能作一全面的與平實的說明，俾接近真相。讀者不妨取《三國志》與《三國志演義》比較觀之，則異同、取捨、繁簡、虛實之處，或可略知作者之微旨焉。至於難免之訛誤，尚祈讀者不吝指正！

例　言

㈠本書旨在推廣一般國史常識，故取材一以正史為本，旁參諸史與筆記之資料，亦皆註明出處。偶遇一般性的考據問題，也略加引述。

㈡本書內容雖以人物故實為主，但舉凡政治、經濟、社會、學術、思想等問題，亦穿插於人物故實中，隨帶講述，使讀者從人物動態的發展中，自然了解其時代的背景，而避免作書志會要式枯燥性的排比敍述。

㈢因為古今時代社會意識語言之不同，歷史故實的講述，如用現代口語式的純白話文，有難表達昔人的語氣情態。故本書行文只能採用一般性的語體，而略帶淺文言，或偶用一二時代性的特殊辭彙（加註釋）。非如此不能求敍事說理與行文三者之綿貫。至言「信、達、雅」則深感未逮。

㈣舉凡有關文史常識的資料，如古代政治家、思想家、文學家的論著，或詩歌格言，取其有價值意義者，均儘量予以收納，或附錄篇後，供一般讀者作為參考，俾明瞭其歷史的來源出處。其引用的方式有二，凡文意簡明或家喻戶曉的文章，則逕引原文，在前面用一「曰」字，或「原文云……」如何如何。凡文字冗長或辭意艱深者，則節譯為語體，前面用「大意說……」如何如何。

㈤為使讀者明白時空人事的關係，書中附有各項「年表」與「地圖」。更為增加了解與興趣，並附益各項「圖片」、「表解」，及「辭義」、「地名」的註釋。

目 次

第一講　諸鎮爭雄

劉虞守正　　田疇慕義　　賺取鄴城
強併幽州　　曹氏拓地　　陶公讓賢
屠戮彭泗　　喋血濮陽　　孫郎虎踞
劉呂逐鹿　　公路失計　　孟德爭雄

　　三國紛爭是東漢崩潰後的殘局，也可以說是魏晉南北朝大紛亂的開端。這是從四百年的太平，到四百年的混亂之間的一段過渡時代。三國的鼎立，是始於西元 220 年，曹丕最初稱帝，是為魏文帝，繼之明年劉備稱帝，是為蜀漢昭烈帝，再過了八年，在西元 229 年，孫權稱帝，是為吳大帝，這才構成了三國。後來到西元 263 年，鍾會滅蜀，劉禪降魏而蜀亡；後兩年，司馬炎篡魏而魏亡；其後司馬晉與孫吳又隔江對峙了十五年而吳亡，中國乃復歸統一。其間真正三個國家同時稱帝而並存，是從西元 229 年到西元 263 年，僅僅三十四年。但是這個紛爭擾攘的局面，是從漢獻帝初平元年（190 年）關東諸鎮討董卓時開始，算到司馬晉統一時（280 年）結束，則前後互續了九十年，差不多是一個世紀。我們前講東漢之亡，曾申述到建安之末，為的是說明一個政統的結束。現在來講三國紛爭，就又要回溯到初平年間的董卓之亂，才能源源本本，了解這場紛爭的頭緒因果。

　　卻說當東漢獻帝初平元年時，那窮兇極惡的董卓，放了一把大火，焚燬了東都洛陽，劫持著漢獻帝西走長安。破虜將軍孫堅，率兵從後追趕，追趕了一程，被卓將董越、段煨等阻遏於新安、澠池之間，不得前進。孫堅見董卓有備，而洛陽城又是一片焦土，無可留戀，那班討伐董

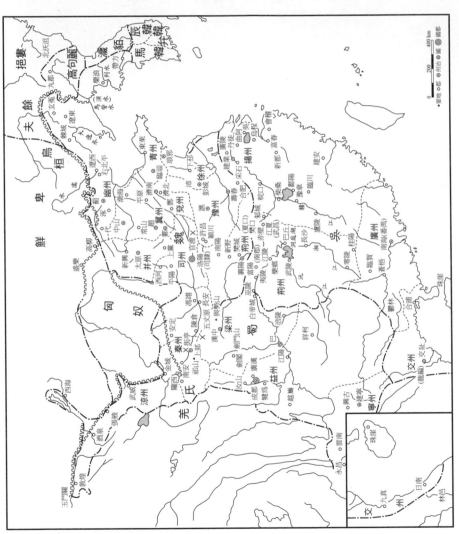

三國時代圖

卓的關東諸鎮，復同床異夢，擁兵不前。他
也就率兵南返，和袁術還屯南陽，採取觀望
的態度。這時關東諸鎮，互相猜忌，竟自火
拼起來，兗州刺史劉岱突然殺死東郡太守橋
瑁，引兵自回兗州，酸棗諸軍，紛紛解體。
曹操也引兵北渡黃河，和袁紹合屯河內。袁
紹身為盟主，見眾心不一，各自為謀，料想
董卓的勢力一時難以消滅，打算另外擁立一
個皇帝，組織一個政府，來和董卓作長期的
對抗。便與冀州牧韓馥商議，韓馥深表贊同，

董　卓

共同議定擁戴當時最有人望的幽州牧大司馬襄賁侯劉虞為帝，並遣使邀
約從弟袁術一致行動。不料袁術堅持反對，復書曰：「天子幼弱，被賊臣
所困，並無失德之處，此時正應協力同心，共滅董卓，匡扶社稷，不當
另行廢立！」曹操也表示異議說：「諸君北面，我自西向！」可是袁紹一向
剛愎自用，他不顧袁術、曹操的反對，逕與韓馥聯名勸進，遣派故樂浪
太守張岐為使者，齎書前往幽州謁見劉虞，時在初平二年（191 年）春
正月。

　　這劉虞字伯安，東海郡郯城縣❶人，為東海恭王劉彊的五世孫，在
宗室之中，算得起是位德高望重的人物。漢靈帝時，在朝為宗正，於中
平五年（188 年）出任幽州牧。與騎都尉公孫瓚聯兵討平了張舉、張純
之亂❷，撫輯流亡，罷省屯兵，又開上谷朝市漁陽鹽鐵之利，在那兵荒
馬亂的時候，居然把幽州地方治理就緒，安頓了百多萬中原的難民。從
中平五年到初平二年，是整整三年。三年治績，贏得朝廷稱獎，百姓愛
戴，劉虞在幽州倒也心安理得。這日突然來了冀州的使者張岐，送上一
封勸進之書，劉虞閱罷，不禁大怒，正言斥道：「方今天下分崩，主上蒙

❶　今山東郯城。
❷　參見《秦漢史話》第二十八講。

塵，我身受國家厚恩，正以未能救主報國，雪恥殺仇為恨！諸君各據州郡，亦當戮力同心，共勤王室，豈可製造逆謀，以相陷害！」罵得張岐面紅耳赤，返回冀州復命，袁紹、韓馥自討了一場無趣，便將此事擱下。劉虞唯恐這般野心家再生是非，為了澄清視聽，表明心跡，想遣派一名專使，前往長安去述職陳情。可是西方紛亂，交通隔閡，找不到一個能冒險犯難之人，就有人褒舉右北平人田疇可往。這田疇年方二十二歲，少年勇敢，肝腸熱烈，果然奉命應徵。劉虞問他需要多少車騎隨從？田疇道：「方今道路阻絕，盜賊縱橫，人馬眾多反而不易成行，臣請得便宜從事，願見機而作！」劉虞許諾。田疇就物色了二十名壯士，都打扮做商人模樣。出居庸關，繞經北山之下，歷盡險阻艱難，到達長安，謁見天子，呈上了劉虞的表章。那漢獻帝幽困在關中，久與外界隔絕，覽表感激，不禁流涕，對田疇獎勉有加，即拜為騎都尉，留在朝中為官。那田疇堅持要回返幽州去復命，自稱草野小臣，不敢擅自接受朝廷官爵。獻帝不能相強，為之稱嘆不已。田疇在長安住了些時，取得聖旨，仍循原路返回幽州。這一來一往，前後已是三年，那知再回到故鄉時，東方局面全非。

　　回頭來說，袁紹與韓馥兩人合謀擁立劉虞不成，繼之彼此發生矛盾。原來袁紹四世三公 ❸，其聲望遠在韓馥之上。但韓為冀州牧，袁為勃海

---

❸　《三國志・袁紹傳》曰：「袁紹字本初，汝南汝陽人也，高祖父安，為漢司徒，自安以下四世居三公位，由是勢傾天下。」裴註引《華嶠漢書》稱：「安字邵公，好學有威重，明帝時為楚郡太守……章帝時至『司徒』。生蜀郡太守京，京弟敞為司空，京子陽（《漢書》作袁湯），『太尉』。陽（湯）四子：長子平，平弟成，左中郎將，並早卒；成弟逢，逢弟隗，皆為公。」裴註又引〈魏書〉曰：「紹即逢之庶子，術異母兄也，出後成為子。」《後漢書・袁紹傳》則作：「袁紹字本初……司徒湯之孫，父成，五官中郎將。」是袁紹為袁逢庶孽，出為袁成之子。而《華嶠漢書》之袁陽為袁湯之誤。「四世三公」者，謂袁氏自其高祖袁安以後，四世之中，世世有位列三公者，猶同世代宰輔之義。

太守，官爵反居韓馥之下。討董之聯盟，袁紹駐兵河內，總督前方軍事，而韓馥則駐兵鄴城❹，主持後方補給，遇事每多掣肘，袁紹更抑抑不平。謀士逢紀因乘機說紹道：「將軍舉大事而仰給於人，如不佔據一州，難以自全。」意令紹取代韓馥。袁紹道：「冀州兵馬強盛，我士卒飢乏，萬一謀事不成，反無立足之地矣！」逢紀道：「韓馥庸懦無才，不足為懼。現可修書一封，遣派一心腹使者，前往右北平，密邀公孫瓚共圖冀州。公孫貪利，必然引兵南來，那時韓馥一定惶恐失措。將軍再遣一能言辯士，說以禍福之機，管教韓馥自動讓出冀州，則將軍可不勞而獲也！」袁紹撫掌稱善，立即修書，著人星夜送往右北平。

　　卻說這公孫瓚字伯珪，乃遼西令支❺人，自幼生長塞北，體格雄偉，剽勇善戰，曾師事盧植，才兼文武。初為遼東屬國長史，屢破烏桓、鮮卑，功拜降虜校尉，奮武將軍，封為薊侯，駐兵於右北平。每與胡兵交戰，選神箭手數十人，分為左右兩翼，都騎著一色的白馬，馳射如飛。烏桓、鮮卑望影而逃，稱他做白馬長史。他的駐防地區，屬幽州管轄，應受幽州牧節制。但公孫瓚卻與幽州牧劉虞不合，他自以功高士勇，而寂居邊地，受制於人，鬱鬱不得志。常思風塵之變，有逐鹿中原之心。這日得到袁紹的書信，正中下懷，便率領北邊突騎，長驅南下，以討伐董卓為名，直奔冀州而來。袁紹亦自河內撤兵，還趨延津，進迫鄴城。韓馥腹背受敵，驚慌失措，不知所從，急忙與左右商議。左右幕僚如辛評、郭圖等，早與袁紹暗中有了勾結，這時都面面相覷，一言不發。只有荀諶獻策道：「袁氏乃當今豪傑，將軍位居其上，其勢自不能久。何況冀州乃天下之重鎮，為人人所覬覦。萬一袁氏與公孫瓚併力來攻，則危亡立待！然袁氏與將軍本為舊友，又是同盟，為將軍之計，倒不如將冀州讓與袁氏，在袁氏必感德而厚待將軍。如公孫野心，令其自與袁氏相鬥。此在將軍，既得讓賢之名，又獲轉禍之功，正是以退為進之道也！」

❹　今河北臨漳。

❺　古山戎令支地，漢置縣，故城在今河北遷安西。

韓馥素性怯弱，聽了荀諶這番話，深以為然。唯有長史耿武、別駕閔純、治中李歷，諫道：「冀州帶甲百萬，穀支十年，那袁紹孤客窮軍，仰我鼻息，好比嬰兒在我股掌之上，絕其哺乳立刻餓死。今竟將一州之地，無端拱手讓人，是使制人者，反受制於人！」韓馥道：「我本袁家故吏，自知才不如人，所謂度德而讓，乃古人之所貴！如諸君所計，是不能容物也！」適有都督從事趙浮、程奐，率領所部弓弩手一萬人，從前方孟津回防，聞訊來謁韓馥報告道：「袁本初軍無斗糧，士皆離散，實不堪一擊！」堅請拒戰，韓馥一概不聽。即令其子齎送印綬，去歡迎袁紹，為了表示誠意，特自動讓出府廨，而退居於前中常侍趙忠之故邸。袁紹大喜，立即率領隨從士眾，未損一兵，未折一矢，進入了冀都鄴城。這鄴城地當東北交通之樞紐，為人才薈萃之區，那些謀臣猛將，見韓馥如此無能，都紛紛拋棄故主而投入袁紹之懷抱。只有耿武、閔純兩個孤臣孽子，仗刀抗拒，被紹軍所殺死。這時袁紹接掌印綬，領了冀州牧，而拜韓馥為奮威將軍，名為將軍，卻不撥給他一兵一卒。在韓馥卻絕沒想到，讓賢的結果，是轉瞬之間，眾叛親離，變做了一員光桿將軍。始悟魚龍失水之苦，但已後悔無及！偏偏又有一個落井下石的勢利小人，姓朱名漢，官居冀州都官從事。他一心要討好袁紹，竟自率領兵卒，將韓馥的府第圍住，破門而入，聲稱要擒拿韓馥。韓馥走避上樓，樓下士卒捉住韓馥之子，將其兩腿捶斷，慘呼之聲，達於戶外。事被袁紹聞知，大為震怒，派兵收殺朱漢，以向韓馥謝罪。但韓馥成為驚弓之鳥，不敢留居鄴城，尋得一個機會，逃往陳留，去投靠陳留太守張邈。從此韓馥得了一種心病，總是精神失常，坐臥不寧。有一天，袁紹派來一個使者，和張邈耳語多時，被韓馥看見，懷疑其中定有陰謀，慌忙躲藏到廁所裡。後來越想心越窄，便從懷中掏出書刀，尋了短見。可憐這一州之長，竟落得如此結局！

袁紹在初平二年六月間，佔領了冀州，同時收攬了冀州的一批人才，以廣平人沮授為奮武將軍，魏郡人審配為治中，鉅鹿人田豐為別駕。還

有南陽人許攸、潁川人荀諶，都做了袁紹幕府中的智囊。這幾人中，以沮授最稱多謀。一日，袁紹請教沮授道：「天下不幸，賊臣作亂，致朝廷播遷，主上蒙塵。我袁氏世受國恩，志欲匡扶漢室，然而齊桓非夷吾不能成霸，句踐非范蠡無以圖存。今欲與卿戮力同心，共安社稷，不知足下將何以教我？」沮授道：「將軍弱冠登朝，名聞海內，前當廢立之際，忠義奮發，單騎出走。天下士庶，誰不欽仰！如今董卓已恐懼西走，將軍以冀州之眾，東向則黃巾可平，黑山可滅；北向則公孫可擒，戎狄可定。然後合幽、冀、青、徐四州之地，收攬英雄之士，誅殺董卓，西迎聖駕，回歸洛陽，奉天子以號令天下，則誰敢不服！料此功不出數年耳！」袁紹聽了，撫掌大笑道：「卿言正合我心！」可是袁紹的擁兵擴地，卻深為曹操所不滿。曹操一向和袁紹合作，但自從為了擁奉劉虞一事，便開始齟齬，後來兩人意見日深。還有一個濟北相鮑信，也不直袁紹之所為。和曹操道：「袁本初身為盟主，務自爭權奪地，是乃一卓未滅又生一卓，此人誠難與共處！我等何不往大河以南，去別圖發展，藉以觀時待變。」這一句話提醒了曹操。原來那時正有黑山、于毒、白繞、眭固等流寇十幾萬人，在東郡一帶竄擾。曹操便取得袁紹的同意，與鮑信共率一軍，去往河南剿匪。一仗大破白繞於濮陽❻，袁紹因表舉曹操為東郡太守。而曹操也就乘此與袁紹分道揚鑣。

　　再說那應袁紹之邀，前來共圖冀州的公孫瓚，率領著幽州突騎剛剛到了冀州境界。突有黃巾餘黨三十萬人，從青州渡河北竄，想要和河北的黑山賊合流。這股流寇有如洪水一般，一瀉千里，恰與公孫瓚的部隊相逢，公孫瓚不曾與韓馥交兵，倒先和黃巾賊打了一場慘烈的遭遇戰。結果，大破黃巾於東光縣南，斬首三萬餘級。黃巾拋棄輜重，紛紛渡河潰走。公孫瓚跟踪追擊，殺死在河中的賊人又不計其數，河水為赤。被俘的賊眾有七萬多人，其車甲財物堆積如山。經此一場大戰，公孫瓚的威名大震，其兵力散布大河南北，深入青州。公孫瓚乃自行委署其將帥

---

❻　東郡郡治，今河南濮陽。

劉 備

嚴綱為冀州刺史，單經為兗州刺史，田楷為青州刺史。又委派了許多的郡縣守令，其中有涿郡涿縣❼人劉備，隨田楷作戰立功，拜為平原相❽。

劉備字玄德，為漢景帝子中山靖王劉勝的後裔，從西漢時封在涿縣，遂落籍為涿縣人。祖父劉雄曾為東郡范縣縣令，到他父親劉弘時便已家道中落。劉弘早故，劉備從小伴依寡母度日，在涿縣城裡以販履織席為生。到十五歲時，開始讀書，與同宗劉德然、遼西公孫瓚，共事故九江太守盧植為師。備儀表非常，身高七尺五寸，兩耳垂肩，雙手過膝。平時沈默寡言，喜怒不形於色，性情倜儻，好結交英雄豪傑。與中山大商張世平、蘇雙為友，又和河東解縣人關羽、涿郡人張飛相善。羽字雲長，飛字益德，與劉備恩情有如同胞兄弟一般。當漢靈帝末年黃巾作亂的時候，劉備與關羽、張飛，隨從校尉鄒靖討賊立功，除安喜縣尉。後因與督郵衝突，棄官亡命。適逢大將軍何進派遣都尉毌丘毅到丹陽❾募兵，劉備又應募從軍。再討賊立功，除高唐縣尉。不久，高唐縣被流寇攻陷，備乃亡奔公孫瓚。瓚念舊誼，便拜備為別部司馬，隨同田楷攻下青州，做了平原相。劉備以關羽、張飛為司馬，分統部曲。關、張與劉備，食則同席，寢則同床，雖於稠人廣座之中，常侍立左右，終日不離。又有常山人趙雲字子龍，初在公孫瓚部下，及見劉備，大為傾慕，即棄瓚歸備，備使雲統領騎兵。關、張、趙雲三人，都驍武絕倫，有萬夫不當之勇。這一支小小的軍隊，在那混亂的局面中，也成為一個不容忽視的力量。

---

❼ 涿郡郡治，今河北涿州。

❽ 平原屬青州，漢有平原國，治所在今山東平原。國之實際行政長官為國相，職位等於郡太守。按劉備為平原相時，年三十一歲。

❾ 丹陽郡初治宛陵，即今安徽宣城。

公孫瓚原為襲取冀州而來，沒有想到，行至中途，竟和黃巾賊大戰一場，雖有虜獲，卻也折失了不少士卒；反而助使袁紹不勞而獲的賺取了鄴城，心中頗為不快。便暗地裡書使往還，與南陽的袁術相結納，以期挾制袁紹。原來這袁紹與袁術，雖為同宗兄弟，卻一向不和。袁術且散布謠言，誹謗袁紹，說他並非袁氏之子，呼為家奴。袁紹惱恨，便與荊州的劉表相結納，以抵制袁術，形成一種錯綜複雜的局面。那時袁術方與孫堅合兵，共據南陽。術並表堅領豫州刺史，屯兵在陽城。同時袁紹也私委其部屬周昂為豫州刺史，令將兵去襲擊陽城，而聯合劉表，使出師威脅南陽後方。周昂襲取陽城不成，卻被孫堅打得大敗而歸。但公孫瓚有弟公孫越在孫堅軍中，於此役陣亡。孫堅既破走周昂，即回兵西擊劉表。與劉表部將黃祖大戰於樊、鄧之間，將黃祖擊敗，孫堅乘勝進渡漢水，圍攻襄陽。一時輕敵，深入峴山，遭遇了伏襲，竟中箭而死，死時年僅三十七歲。這孫堅一死，使袁術喪失了一隻膀臂，不勝哀痛。

再說公孫瓚與袁紹間的衝突，日甚一日，及聞公孫越為紹兵所殺，更加憤恨，便進兵磐河❿，列舉罪狀，聲討袁紹。袁紹只得率兵拒戰，與公孫瓚對壘於磐河之上，從初平三年（192 年）的春天打到秋天，雙方你來我往，此進彼退，打了幾個月的拉鋸戰，死傷慘重。最初公孫瓚本居優勢，後因幽州牧劉虞的掣肘，糧援不繼，慢慢支持不住。便留下田楷的一支軍隊，駐在青州，與紹軍相周旋，自己引兵北還幽州。此後袁紹委署其長子袁譚為青州刺史，和田楷繼續混戰了兩年之久，地方百姓不勝其苦。

公孫瓚於初平三年冬，憤憤返回幽州，遂與劉虞反目。劉虞上書朝廷，報告公孫瓚縱兵暴掠，不守法紀；公孫瓚也上書控訴劉虞剋扣軍餉，虐待士卒，相互攻訐不已。公孫瓚又在薊城東南，建築了一座小城，屯兵駐守，威逼幽都，有意和劉虞為難。那劉虞實在被逼不過，就在初平四年（193 年）冬，率領所部兵馬十萬人，去討伐公孫瓚。劉虞自然不

---

❿　即鉤磐河，今山東陵縣東。

是公孫對手，十萬大軍，被殺得四散奔潰，公孫瓚就乘勝佔據了薊城。劉虞率領殘兵，偕同家屬僚佐，亡走居庸城。公孫瓚縱兵追擊，又將居庸擊破。可憐劉虞與其全家大小，都被公孫瓚所殺。因為劉虞平日待人寬厚，深得民心，一般地方百姓聞知劉虞被害，無不流涕。並有人將劉虞的屍體收斂，覓地埋葬。

前述的義士田疇，就恰恰在這個時候，齎奉聖旨，回到幽州，方知劉虞已死。他尋到了劉虞埋骨之處，跪倒塵埃，從懷中取出聖旨，朝空朗誦。誦罷放聲大哭，只哭得天愁地暗，草木悽惶。這事驚動了地方，傳報與公孫瓚，公孫瓚立命人將田疇捉來親自審問。那田疇慷慨言道：「漢室衰微，人懷異心，唯有劉公，不失忠節。今將軍既滅無罪之君，又仇守義之臣，恐燕趙之士，皆將蹈東海而死，無有從將軍者！」公孫瓚也被他的精誠所感，未忍加害，終於將他釋放。田疇乃率同其宗族親黨幾百人，北走無終❶。在那徐無山中，開闢蕪荒，自耕而食。更有許多流亡之人，慕義往歸，數年之間，聚眾至五千餘家。疇為制訂法律約束，婚姻之禮，與學校講習之業，治理得井然有序，成了一片特殊區域。聲譽遠播，連烏桓、鮮卑，亦聞風致敬。這也是一樁奇事！

在初平三年到初平四年，東方幽、冀、青、兗，風雲擾攘的時候，關中的局面發生了大大的變化。初平三年四月，司徒王允與呂布等誅殺董卓；五月，董卓部將李傕、郭汜、張濟、樊稠等反攻長安；六月，長安陷落，吏民死者萬餘人，李傕等殺死司徒王允，呂布逃走出關，關中陷於大混亂。這些事情，都在《秦漢史話》中說過，這裡無須重述。現在所要講的，是從關中跑出了一個呂布，好似一隻出柙的老虎。這隻老虎闖進了東方的戰團，使得關東戰局，更加糾紛。

這呂布字奉先，乃是五原郡九原縣人，生長西北，嫻習弓馬，手使一隻方天畫戟，勇冠三軍。但其為人，頭腦簡單，勇而無謀。先事丁原而殺丁原，後事董卓而誅董卓，是一個反覆無常，輕於去就的莽夫。他

❶ 今河北薊縣。

逃出武關之後，行至南陽，先往投奔袁術。袁術對待呂布，初頗優禮。後因其態度傲慢，漸漸厭惡。布亦不能忍耐，遂北走河內，去投奔河內太守張揚。那時李、郭正在購捉呂布，河內地方鄰近關中，風聲緊急，難以安身。遂又辭別張揚，東走冀州，來投奔袁紹。初平四年春，黑山賊張燕、于毒等數萬之眾，正在冀州竄擾。袁紹便令呂布協同討賊，從三月大戰到六月，擊潰黑山，殺死于毒。然後緣著太行山，向北掃蕩，又殺死左髭丈八，擊破劉石、青牛角、黃龍、左校、郭大賢、李大目、于氐根等，斬首數萬級。復與張燕及屠各、烏桓大戰於常山，再將張燕擊潰。這一場鏖戰，呂布大顯身手，勇不可當，跨下一騎赤兔馬，日行千里，衝鋒陷陣，所向無敵。當時河北軍中流行著兩句歌謠道：

「人中有呂布，馬中有赤兔！」

自從大破了黑山賊，呂布恃勇矜功，目中無人，對於袁紹多所要挾。他的部下士卒，也都驕橫無比。袁紹對於呂布，深感難於駕馭，倒成了一個心腹之患。便派遣了一員刺客，前往刺殺呂布。呂布事先得訊脫身逃走。他逃出了冀州，無所歸依，乃再往投奔張揚。路過陳留，為陳留太守張邈所挽留，殷勤的款待了幾天，臨別時兩人把臂誓心，非常親切。這張邈字孟卓，為人正直敦厚，曾與袁紹、曹操等一同起兵，討伐董卓。後見袁紹賺取冀州，曹操進據東郡，各自招兵買馬，擴充地盤，反置董卓於不問；及董卓為呂布所殺，人人稱快。而布以誅卓之功，竟為天下所不容。張邈為此憤慨，故對布特別表示同情。

現在暫且放下呂布不提，來說那與袁紹分道揚鑣的曹操。曹操自從做了東郡太守，

曹操

頗得人望。這東郡屬於兗州，在初平三年春間，有大股的青州黃巾，被公孫瓚所逐，流竄到兗州，兗州刺史劉岱迎戰，被黃巾所殺，一時州中無主。就有東郡宿吏陳宮，聯合州中的別駕治中，與濟北相鮑信商議。認為曹東郡有命世之才，如能奉為州主，必可上輔國家，下安生靈。便共擁曹操，權領兗州牧。曹操寅緣做了一州之主，更加奮發，乃督率三軍與黃巾作戰。不幸濟北相鮑信又復陣亡，屍體失蹤。曹操著人依照鮑信的身型，刻製了一座木像，拜祭大哭。淬勵士卒，嚴行賞罰，誓必為劉兗州、鮑濟北報仇雪恨。遂與黃巾賊展開了一場苦戰惡鬥。從初平三年的春夏之交，血戰到秋冬之際，終將黃巾全面擊潰。收降了三十幾萬人，都是青州壯丁，其中不乏奇才異能之士。曹操特加以簡選訓練，編成一支勁旅，號為「青州兵」。從此曹孟德不僅有了一州之地，並且有了一個強大的軍事資本。勢力雄厚，聲望日隆。

　　這天，曹操忽然想起，天下紛紛，父親曹嵩避難在琅邪，父子久不相見。今天既然有了安身立命之地，正該一盡人子之道，共享天倫之樂。便令所屬泰山太守應劭，派人前往琅邪奉迎曹嵩。琅邪屬徐州管轄，徐州牧陶謙，為了要結歡曹操，特派遣都尉張闓率領了二百騎兵，緣途護送。那張闓原本是土匪出身，全無紀律，看見曹嵩家資富有，行囊累累。一時見財起意，走到華、費間山險僻靜之處，逕殺死曹嵩的全家大小，掠取了財物，呼嘯而去。這消息傳出，泰山太守應劭首先得訊，嚇得棄官逃走。曹操聞悉噩耗，捶胸頓足，號啕大哭。立即披麻戴孝，傳令三軍，剋日出征。誓要踏平徐州，殺死陶謙，以報殺父之仇，時在初平四年秋。

　　話說這徐州地方，在東漢末年包括廣陵、東海兩郡，琅邪、彭城、下邳❷三國。州治初在郯城，後徙彭城。彭城自秦漢以來，一直是個縮轂南北的重鎮，地方繁庶，人口眾多。州牧陶謙字恭祖，是丹陽郡丹陽

---

❷　下邳即古邳國，故城在今江蘇邳縣東，徐州彭城自經曹操破壞後，州治事實上移於下邳，其城甚堅。

縣人，曾為車騎將軍張溫之司馬。以討邊章立功，拜為徐州刺史，旋遷州牧，加安東將軍，封溧陽侯。他在徐州任所，已有多年。時中原塗炭，唯有徐州比較安謐，雖也經過黃巾的竄擾，而損失不大。中原很多逃難的百姓，都流亡到徐州，遂使徐州日增繁榮，成為樂土。不料這次曹操為報父仇，率領大軍，如同瘋狂一般，殺奔徐州而來。陶謙也來不及聲辯，慌忙應戰，被殺得大敗，逃往郯城。曹操一連攻下了彭城、取慮、睢陵、夏丘等，十幾座城池。所過屠戮，逢人便殺，殺死了男女數十萬口於泗水之中，泗水為之不流。有幾個縣城，被屠得雞犬不留，人煙斷絕。可憐這般劫後哀黎，逃出了董卓的虎口，又死於曹操的魔掌。百姓何辜，遭此荼毒！

陶謙逃到郯城，急求救於前公孫瓚所委署的青州刺史田楷，田楷便遣平原相劉備就近援救徐州。劉備乃偕同關羽、張飛等率領步騎數千人，趕到徐州。時曹操因軍糧不繼，暫引軍北還。劉備見了陶謙，兩人談得非常投機，陶謙便挽留劉備暫住徐州，屯兵於小沛❶。那曹操北還，取得糧食，經過一番布署之後，在興平元年（194 年）四月間，又捲土重來。這次的攻勢，比上次還要兇猛，又連陷琅邪、東海數郡，擊破劉備的援軍。陶謙抵敵不住，準備逃往丹陽，正在那危急存亡之時，曹操忽然率領大軍又掩旗息鼓而走。原來曹操的後方根據地兗州，發生了重大的變化。

我們回頭再來講那呂布，自經陳留與太守張邈話別之後，到了河內，仍與邈書使往還，保持著密切聯繫。這陳留屬於兗州，為兗州之重鎮。張邈原本是曹操好友，後因兩人性趣不同，發生了嫌隙。自曹操做了兗州牧，成為張邈上司，邈頗不自安。還有前番擁奉曹操的東郡人陳宮，此人在地方上素著聲望。他見曹操屠殺徐州，心狠手辣，發現了曹操的真面目，深為後悔。便與州中從事等密議，想要再推翻曹操。他深知張邈的心事，這天來見張邈遊說道：「如今天下紛紛，豪傑並起。使君以千

---

❶　小沛即沛縣，在下邳西北，故城在江蘇沛縣東。

里之眾當四戰之地，撫劍顧盼，亦足以為人豪，何乃受制於人？現州軍東征，地方空虛。呂布乃天下之壯士，英勇無敵，今寄居鄰邦，何不迎來共牧兗州，以觀天下之變。此亦一時縱橫之計也！」這幾句話正打動了張邈的內心。邈便與其弟張超暨陳宮等合謀，把呂布迎入濮陽城（原東郡郡治）中。一時兗州的郡縣長吏，都紛紛歸附了呂布，轉瞬之間，天地變色。唯有靳允守范縣，棗祇守東阿，荀彧、程昱守鄄城，沒有動搖。荀彧、程昱更遣兵扼住倉亭津，使呂布不能東渡，得以保持了一隅之地。荀彧字文若，穎川穎陰人，為東漢名士荀淑之孫，荀爽之姪，年少多才，時為奮武司馬。程昱字仲德，東郡東阿人，足智多謀，時為壽張縣令。兩人素為曹操所器重。曹操在徐州聞變，不得不星夜撤兵。行至東阿，遇見了程昱，執手道：「非君之力，我今無家可歸矣！」

　　當時呂布的重兵分屯在兩處，一部屯駐在濮陽城裡，一部屯駐在濮陽城西，互為呼應。曹操計畫，要反攻濮陽，必先奪西屯。乃整飭兵馬，親自督率，一舉而攻下了西屯。呂布聞訊大驚，亦自率大軍從濮陽來救。兩軍相會於濮陽城西，展開了一場廝殺，從清晨殺到黃昏，只殺得天昏地暗，難分難解。曹操情急，特懸下重賞，募人陷陣。帳下司馬典韋應募，只見他手持一雙鐵戟，躍馬當先，率領著勇士幾百人，都身披重鎧，手執長矛，一聲吶喊，衝入了敵陣。布軍兩翼，弓弩齊發，矢下如雨，那典韋用戟撥矢而進。又從腰間取出小戟十餘枝，挾在手中，待敵騎行近，隨手擲去，無不應聲落馬，一連殺死了敵將十幾人。敵軍駭愕卻走，典韋左右勇士趁勢一擁而上，遂將布軍殺退。當晚曹操論功行賞，特拜典韋為都尉，令率領親信壯士，護衛大帳。這典韋乃陳留己吾人，性格忠勇，膂力過人。軍中為之作歌道：

「帳下壯士有典君，提一雙戟八十斤！」

　　過了兩天，有濮陽城中大姓田氏，和曹操暗通消息，約為內應。曹

操信以為真，到了約期，親自率軍，賺進了濮陽東門，不料竟中了呂布的誘兵之計。只見城中火光衝天，煙燄彌漫，呂布的伏兵，從煙霧裡殺出，把曹操的軍隊，殺得四散奔逃。曹操慌忙奪路而走，迎面來了一騎敵將，用槍指點著曹操問道：「你可看見曹操在那裡？」曹操情急智生，順手向前一指道：「那前面騎黃馬的就是曹操！」那人就丟下曹操，去追那騎黃馬的。曹操因此得脫。走到城門邊，突然從上面墜下一條火梁，正打中曹操的坐騎，將曹操掀翻在地，灼傷了左臂。虧得一旁閃出了部將司馬樓異，把曹操扶起，扶上了另一匹乘騎，保護著殺出重圍，回到營中。營中將士，正慌成一片，看到曹操回來，人心方定。曹操唯恐士氣沮喪，親自裹創勞軍，督勵士卒，趕造攻城器具，繼續攻打。攻打了一百多天，死傷慘重，始終攻城不下。這時兗州一帶的蝗蟲為災，禾稼皆盡，軍中乏糧。曹操無法作戰，只得放棄了濮陽，引兵退回鄄城休息。那呂布也因城中食盡，引兵出城，就食於山陽，時在興平元年秋九月。到了冬天，穀價漲到五十萬錢一斛，餓莩載道。曹操就利用這饑荒的局面，撫輯流亡，收拾人心，以徐圖恢復。果然不久，許多叛降呂布的城鎮，又復反正，局勢漸漸的扭轉過來！呂布屯兵在山陽，別遣其將薛蘭、李封屯兵鉅野，吳資屯兵定陶，為犄角之勢。到興平二年（195 年）春，曹操突然發動奇襲，一戰而攻下鉅野，殺死薛蘭。呂布自山陽來救，又遭遇了曹操的伏襲，打得大敗，曹操乘勝又攻下了定陶。鉅鹿、定陶一失，兗州的歸路切斷。呂布不敢戀戰，便偕同陳宮，率領殘兵，向南逃往徐州。呂布、陳宮一走，兗州的郡縣紛紛降曹。張邈留其弟張超守住雍丘❶，自往袁術處去求救兵，行至中途，為部下所殺。剩下張超死守雍丘，直到興平二年冬十二月才被曹操攻下，張超自殺。於是朝廷正式下旨任命曹操為兗州牧。

　　再說徐州地方，自經曹操蹂躪之後，遍地哀鴻，滿目瘡痍。陶謙忙於救死扶傷，憂勞成疾，這病勢一天天沈重，到了興平元年冬天遂不能

❶　今河南杞縣。

起。劉備因救援徐州，被留住在小沛，成為陶謙的患難之交，深為謙所器重。陶謙在彌留之時，和別駕麋竺說：「今天下紛紛，非劉玄德不能安此州也！」陶謙既卒，麋竺便率領州人共迎奉劉備為主。劉備再三的謙讓，推卻不過，也就權領了徐州牧，時在興平元年冬十二月。明年春夏之交，呂布為曹操所敗，亡命徐州，來投奔劉備。劉備久聞呂布之名，況又同與曹操為敵，便款留下呂布，待以上賓之禮。這徐州人事的代謝，與劉備、呂布的合作，大大引起了鄰州袁術的注意。

袁術本來佔據南陽，自孫堅死後，勢力孤單。西為劉表所逼，北方又受到袁紹與曹操的壓迫，遂向東南轉徙。在初平三年，趕走了原揚州刺史陳瑀，而霸佔了壽春❶❺，自領揚州刺史。到初平四年，李傕在長安欲結納袁術以為外援，特派太傅馬日磾，持節拜袁術為左將軍，封陽翟侯。東漢的揚州，面積很大，領有九江、丹陽、豫章❶❻、吳、會稽、廬江❶❼六郡之地（包括今江蘇、安徽、浙江、江西諸省）。袁術既領揚州，自署其部屬吳景為丹陽太守，孫賁為丹陽都尉。吳景為孫堅的妻弟，孫賁為孫堅的姪兒。丹陽是揚州的一個大郡，包括今江南蘇、皖兩省，從鎮江、南京到蕪湖、宣城一帶。這裡說明，袁術之念念不忘孫堅。

當年孫堅娶妻錢塘吳氏，所生四男一女。長男孫策字伯符，次男孫權字仲謀，三男孫翊字叔弼，四男孫匡字季佐。四男之中，以長男孫策最為英俊。孫堅死時，孫策年僅十七歲，搬運父親靈柩，歸葬曲阿❶❽之後，便卜居江都。初平四年袁術據壽春，明年興平元年孫策年二十歲，他將母親、幼弟託付當地名士張紘照顧，逕自來見袁術。流涕說道：「亡父當年自長沙❶❾北討董卓，與明使君相會於南陽，同盟結好，共勤王室。

---

❶❺ 今安徽壽縣。

❶❻ 今江西南昌。

❶❼ 今安徽潛山為漢末廬江郡治之地。

❶❽ 今江蘇丹陽。

❶❾ 今湖南長沙。

不幸功業未成，而中道遇難。策念先人舊恩，願自託於明府。望使君鑑其愚誠！」袁術看他英姿颯爽，語言流利，深為驚嘆！便道：「我已用貴舅為丹陽太守，令兄為都尉，丹陽為天下精兵之處，你便可前往那裡，共圖發展。」於是孫策約同族人孫河，與汝南人呂範，招募了壯丁數百人，前往丹陽。行至中途，被土匪擊散。孫策不得已，折回壽春，再去求援於袁術。袁術乃將過去孫堅留下的舊部一千多人，都撥給孫策。適廬江太守陸康與袁術不睦，術便令孫策前往討伐陸康。孫策領命，旗開得勝，一戰而將廬江攻下，但袁術得了廬江，卻並未重用孫策，孫策為之鬱鬱不快。

在興平元年的冬天，朝廷突又任命侍御史劉繇為揚州刺史。這劉繇字正禮，乃東萊牟平人，就是已故兗州刺史劉岱之弟，在朝中頗有聲望。劉繇奉命到了揚州，江北壽陽一帶，已為袁術所據，他便引兵渡江，擊走了吳景、孫賁，佔領了丹陽郡的曲阿，便以曲阿為揚州州治，一時出現了兩個揚州刺史。吳景、孫賁撤退到江北，屯兵於歷陽，劉繇則令其將樊能、于麋屯兵於橫江渡，張英屯兵於當利口，緣江設防，和袁術相對峙。袁術惱怒，派兵增援，助吳景、孫賁反攻江南，糾戰了一年，不能取勝。孫策不甘寂寞，再來謁見袁術，重申前志，自告奮勇道：「我家在江東，原有舊恩。策雖不肖，願助舅父，往討江南，如能回故鄉，願招募子弟數萬人，佐使君定天下！」術嘉其志，便表為折衝校尉，再撥給兵士千人，告以兵員不足，叫他自行招募。孫策便偕同其父之舊部朱治，一同出發，緣途招募，到了歷陽，已有眾五、六千人。即協助舅父吳景大舉反攻，果然一戰大破樊能、張英，隨即攻下了橫江、當利。長驅渡江，轉戰而前。孫策作戰，驍勇非常，所向無敵。地方守軍，聞「孫郎」兵到，無不喪魂落魄，紛紛而逃。遂以破竹之勢，一連攻下了秣陵、湖熟、江乘，而直抵丹陽府曲阿城下，展開了曲阿的爭奪戰。

劉繇有東萊故人，複姓太史名慈字子義，少年英勇，事母至孝。北海相孔融為黃巾所困，慈奉母命，單騎殺入重圍救出孔融。因之義勇之

名聞於天下。慈在青州，聽說劉繇做了揚州刺史，特渡江來訪。他到了曲阿，正逢劉繇與孫策交戰，劉繇便令太史慈出城巡哨。這日行至神亭嶺地方，迎面來了一十三騎，為首一人正是孫策，與太史慈兩馬相交，廝殺起來。孫策拔下太史慈項上的手戟，太史慈也奪得孫策的兜鍪，糾纏得難分難解，適雙方大軍趕到，才各自罷手，兩人心中卻暗相欽佩。孫策見曲阿城中頗有人才，更加不肯放鬆，激烈攻打，苦戰惡鬥，劉繇終於支持不住，棄城而走，輾轉逃往豫章。太史慈則亡入蕪湖山中為寇。

　　孫策攻下了江南這座曲阿大城，於是犒勞將士，安撫百姓。所俘敵人，除首逆之外，一無所問，士卒願從軍者從軍，不願者悉予遣散。信賞必罰，威伸令行，旬日之間，四方響應。軍隊擴張到兩萬多人，戰馬有一千多匹，「孫郎」之名，震撼江東。袁術聞之嘆道：「使我袁術有子如孫郎，死復何恨！」遂表奏孫策為殄寇將軍，時在興平二年冬。孫策既有了丹陽根據之地，乃招納賢雋，收攬人才，用廣陵人張紘為正議校尉，彭城人張昭為長史，常令一人居守，一人從征，有如左右膀臂。張昭字子布，博覽群書，尤嫻《左氏春秋》，弱冠舉孝廉，便負時譽。時因徐州戰亂，避難江南，遂為孫策所延聘，待以師友之禮。一般士大夫書信往來，恆盛譽張昭，因之有人在孫策前譖構說：「張昭好沽名釣譽，掠主之功！」孫策笑道：「昔日管夷吾之相齊桓公，桓公無事不尊聽夷吾，一則曰仲父，再則曰仲父，故桓公能成霸業。今子布賢德，而我能用之，則子布之功，即我之功也！」乃更信任張昭不疑。孫策的為人，勇略蓋世而丰神瀟灑，笑語從容而自有威嚴，折節下士而推誠待人，故士樂效命，人皆歸心。

　　丹陽的東方是吳郡，吳郡之南為會稽。孫策既有丹陽，便令朱治率兵驅走吳郡太守許貢，佔領了吳郡。許貢逃往南山，去投奔山賊嚴白虎。那時嚴白虎的黨羽，屯據在吳郡附近，勢力浩大。諸將請討白虎。孫策道：「白虎群盜，何足慮哉！但取得會稽，白虎自滅！」乃將兵跨越浙江，直取會稽，會稽太守王朗迎戰大敗，投降了孫策。於是孫策還尊舅父吳

景為丹陽太守，以朱治為吳郡太守，策自領會稽太守而實統三郡之地。從此虎踞江東，聲勢日大。

　　袁術之令孫策討伐江東，原是為了擴張自己的疆域，不料卻培植了另一個新興勢力，殊出意外。這時袁術在壽春，西北方遭遇劉表、曹操的壓力，處境日艱。唯有東方徐州是塊虛弱之地，陶謙新死，劉備與呂布又是一時的合作，這徐州政局顯然不穩，給袁術帶來一種誘惑。袁術南進之圖，既不如意，乃決志東取徐州。對於劉備、呂布採取軍事與政治雙管齊下的手段，一面攻擊，一面分化。就在建安元年（196 年），袁術突發兵進攻徐州。徐州自經曹操蹂躪，彭城破壞不堪，遷州治於下邳城。徐州牧劉備留張飛守住下邳，呂布屯兵小沛，自率軍迎戰，與袁術相持於盱眙、淮陰之間，一個多月未分勝負。呂布駐在小沛，這天突然接到袁術派人送來一封祕密的書信，拆開一看，書中大意說：

　　「昔董卓作亂，破壞王室，禍害術門戶，術舉兵關東，未能屠裂卓。將軍誅卓，送其頭首，為術掃滅讎恥，……術生年已來，不聞天下有劉備，備乃舉兵與術對戰；術憑將軍威靈，得以破備，……術雖不敏，奉以生死。將軍連年攻戰，軍糧苦少，今送米二十萬斛，迎逢道路，非直此止，當駱驛復致；若兵器戰具，它所乏少，大小唯命。」

　　呂布的依附劉備，原本是不得已之計，寄人籬下，心實未甘。見信暗喜，便回覆袁術，允相機行事。適逢張飛在下邳城中，因為虐待部下，引起兵變，呂布便乘亂襲取了下邳，張飛亡命逃走。劉備聞變，急忙撤兵東歸，中途又遭遇到袁術的伏擊，士卒潰散，剩下一些殘兵，退往海西。呂布幫助袁術把劉備擊走之後，袁術竟背信失約，不送糧食前來，呂布大恨。這時劉備在海西，飢餓困頓，狼狽萬分，派人和呂布委曲講和，呂布正在後悔，便棄嫌修好，復迎劉備返回徐州。呂布自稱徐州牧，

駐兵下邳，而尊劉備為豫州刺史，令屯兵於小沛。恰好一個顛倒，呂布倒反客為主了。結果，袁術圖謀徐州未成，反而促成劉、呂的再度合作，心中十分懊惱。就在袁術局蹙在壽春，一籌莫展的時候，在他北方的曹孟德卻非常得意起來！

卻說孟德曹操，在興平二年年底，攻下雍丘，統一了兗州之後，繼續掃蕩兗、豫邊境的流寇，而進兵至許城❷。許城乃是河南的一座大城，地當洛陽之南，兗州之西，縮轂南北。這時漢獻帝遭李、郭之亂，顛沛流離，正困在洛陽。許城距洛陽不遠，曹操心想，如能挾天子令諸侯，以尊王圖霸，此正其時。便與左右計議，荀彧首先贊同道：「昔晉文公納周襄王而諸侯景從，漢高祖為義帝發喪而天下歸心。自從天子蒙塵，將軍首唱義兵，後因山東擾攘，無暇勤王。今鑾駕又復東歸，而百姓流離，東京荒蕪，此正忠臣義士報國之秋。誠因此時，奉主上以從人望，大順也；秉至公以服天下，大略也。此誠千載一時之機，萬不可失！」操意遂決。那時護持著漢獻帝的，為楊奉、韓暹、張楊、董承等人。曹操便先作書聯絡車騎將軍楊奉，其辭略曰：

「吾與將軍聞名慕義，便推赤心。今將軍拔萬乘之艱難，反之舊都，翼佐之功，超世無疇，何其休哉！方今群凶猾夏，四海未寧，神器至重，事在維輔；必須眾賢以清王軌，誠非一人所能獨建，心腹四支，實相恃賴，一物不備，則有闕焉。將軍當為內主，吾為外援。今吾有糧，將軍有兵，有無相通，足以相濟，死生契闊，相與共之。」

時洛陽荒蕪，軍民乏食，正在度日維艱。楊奉見書歡喜，便與諸將說：「兗州諸軍，近在許城，有兵有糧，正國家所當依賴。」遂共表曹操

---

❷ 許城即漢之許縣縣城，許縣屬漢豫州潁川郡，自建為臨都後，其地始著。後至曹丕稱帝時，始改稱許昌，即今河南許昌。

為鎮東將軍，襲祖爵封費亭侯。大將軍韓暹恃功專恣，與衛將軍董承不睦，董承也很想援引外力以抵制韓暹，便請獻帝下旨，傳徵曹操入朝。曹操得旨大喜，立即將兵北上到了洛陽。謁見天子之後，降下詔書，以曹操領司隸校尉❷❶錄尚書事，時在建安元年秋八月。操即奏請誅殺尚書馮碩等三人，以討有罪；封衛將軍董承等十三人為列侯，以賞有功；追贈射聲校尉沮儁為弘農太守，以矜死節，大大的表現了一番作為。議郎董昭足智多謀，對於朝中情形，最為熟習。曹操一向和他暗通消息，這日入朝相見，便向他請教道：「我今來此，當作何計較？」董昭道：「將軍興義兵以誅暴亂，入朝天子以輔王室，此乃五霸之功也！唯此間人多意殊，未必盡能服從將軍，欲行匡弼之事，勢有未便。不如迎駕許城，乃是上策。雖朝廷屢經播遷，人心厭動，然而行非常之事，乃有非常之功，願將軍勿因小而失大！」曹操道：「此言正合我意！」便上表誆稱京都無糧，請車駕幸魯陽就食。就在建安元年八月庚申，奉車駕東出轘轅，向魯陽出發。行至中途，突然轉趨許城。到了許城，便建立宗廟社稷為定都之計。楊奉駐兵在梁城，聽說曹操劫駕幸許，大失所望，欲謀邀截，為時已晚。到十月間，曹操便捏造了幾條罪狀，奏明天子，親自率兵去討伐楊奉，一舉而攻下了梁城。韓暹先已畏曹操之逼，逃避在楊奉處，這時兵敗，和楊奉一同亡命，南奔袁術。於是曹操乃盡有兗、豫兩州之地。

　　漢獻帝遷都許城後，罷免了司徒淳于嘉、太尉楊彪、司空張喜，而以曹操為司空行車騎將軍事，封武平❷❷侯，總持朝政。操乃勵精圖治，廣攬人才。表舉荀彧為侍中兼尚書令，荀彧又舉薦其姪荀攸與潁川人郭嘉，都是智謀之士，曹操用荀攸為軍師，郭嘉為司空祭酒，收在幕府之中。又用山陽人滿寵為許縣令，寵執法森嚴，鐵面無私。操弟曹洪的賓客犯法，被滿寵捉住，立即斬首，曹操讚嘆道：「為官理事，正當如此！」

❷❶　東漢司隸校尉秩二千石，為監察官，掌察舉百官以下及京師近郡犯法者。司隸所督察區域為河東、河南、河內、弘農、左馮翊、右扶風，與京兆七郡之地。
❷❷　武平縣地，今河南鹿邑西。

北海相孔融是當代名儒，被袁譚所逼，流困在都昌，曹操特派人將孔融請到許城，拜為將作大匠。自中平以來，中原百姓流離，農村破壞，遍地饑荒，關東諸軍都缺乏糧食。袁紹駐軍河北，以桑椹為食。袁術駐軍淮南，以蒲蠃為食。羽林監棗祗特向曹操建議，在許城一帶，廣置屯田。曹操欣然採納，即用棗祗為屯田都尉，以騎都尉任峻為典農中郎將，募兵屯田許下。果然不到一年的工夫，收穀百萬斛。又在附近郡縣，普設屯田之官，所在積穀儲糧，倉廩皆滿，出兵作戰，不虞匱乏，這在當時是一項非常重大的措施。計曹操自初平三年大破黃巾，建立了「青州兵」，始有軍事資本。如今遷都許城，挾天子以令諸侯，乃有政治資本。及屯田許下，糧穀充實，就又有了經濟資本。曹操有了這三項雄厚的資本，乃得縱橫中原，所向無敵。三國紛爭，從初平之亂，到曹操定都許城，這是第一個段落。

第二講　曹瞞稱霸

　　當建安元年秋，曹操挾天子定都許城。自為司空行車騎將軍事，封武平侯，百官聽命，威權自專。又屯田養兵，收攬英雄豪傑，遂有囊括天下，併吞海內之心。此時在關東擁兵割據的，北有冀州的袁紹，幽州的公孫瓚；東有徐州的劉備、呂布，壽春的袁術；南有荊州的劉表，江左的孫策。

　　我們先從這東方說起。那時袁術在壽春，呂布與劉備共據徐州。袁術始終覬覦徐州，而欲取徐州，必分化呂、劉，所以他一直採用聯呂以制劉的策略。前者計雖未成，卻仍然卑辭厚禮，不斷的遣派使者去和呂布攏絡，並向呂布求婚，要娶布女為其子婦。呂布原是個沒有定見的人，經不住這般說客們的好言掇合，也就答應下這門親事，於是呂布與袁術又棄嫌修好。袁術既與呂布結歡，就在建安元年的冬天，派遣大將紀靈，率領步騎三萬人去襲擊劉備。劉備駐兵在小沛，聞知紀靈興兵前來，慌忙求救於呂布。呂布雖與袁術聯姻，卻並沒有與劉備絕交，覺得這雙方都不便於得罪，就想出了一條調解之計。他也率領了步騎一千多人，逕

來小沛。安營紮寨之後，便折柬邀約劉備與紀靈兩人，同來赴會。這兩人如約而至，呂布在營中早已擺下宴席，相勸入座。酒過三巡，呂布起立致辭道：「玄德，乃布弟也，今為諸君所困，特來相救。我呂布性情，一向不喜合鬥，而喜解鬥！」說到這裡，即命左右將他平時所使用的那支方天畫戟，遠遠插在轅門之上。然後拿起雕弓，搭上羽箭道：「今日之事，且由天意來決。諸君看我呂布，要射那戟上的小枝。如果射中，你們雙方各自罷兵；如果不中，便任憑你們去廝殺。」紀靈與劉備聽了，都面面相覷，默默無言。只見呂布，輕撩戰袍，緩舒猿臂，弓開似滿月，箭去如流星。但聽得鏗鏘的一響，那支箭不偏不欹，正射中戟上那個小枝。轅門內外將士，看了不禁齊聲喝采。紀靈驚嘆道：「將軍真天威也！」第二天，他便悄悄的撤營引兵而去。

這呂布雖然解了劉備一厄，在劉備卻並不自在，反而感覺自己兵微將寡，仰給於人，終非自全之道。於是招兵買馬，擴充實力，以求獨立，就又和呂布發生了矛盾。呂布惱恨劉備無情，便發兵去襲擊小沛。劉備兵敗，棄城而走，無所歸依，就去投奔曹操。曹操當即收留下劉備，並舉備為豫州牧。撥給他一支兵馬，叫他再去收復失地。劉備旋師反攻，又奪回了小沛城，而與呂布化友為敵在徐州對抗。

卻說西北關中地方，自漢獻帝東走之後，陷於一團混亂。前與李傕、郭汜共同劫駕的驃騎將軍張濟，屯兵在弘農。於建安元年，因為地方饑饉，到處覓食，從弘農流竄到荊州，於進攻穰城❶時，張濟不幸中流矢身亡。濟姪張繡收拾殘眾，歸附了荊州牧劉表，表即命張繡率領所部屯駐在宛城。宛城為南陽郡治，乃東漢龍興之地，是荊州北面的一座大城，距離許城不遠。曹操以為如欲保障許都，必須取得南陽以為屏障。就在建安二年（197 年）的春天，親自統率大軍去討伐張繡。在淯水一戰，張繡兵敗投降，曹操即引兵進入了宛城。曹操本是個好色之徒，在宛城中看見了張繡的寡嬸（即張濟之妻），十分美貌，強納為妾。又有張繡的

---

❶ 今河南鄧縣。

心腹猛將胡車兒，勇冠三軍，曹操屢賜金銀，百般攏絡。張繡羞憤疑懼，不能忍耐，就趁曹操不備，率部叛變，於黑夜之中，猛襲曹操的大帳。曹操僥倖得脫，已身被數箭，僅免於死。護帳都尉典韋，那夜飲得酩酊大醉，睡在帳中，從夢裡驚醒，奮勇格鬥，力戰身亡。曹操的長子曹昂，也於紛亂之中，陷陣而死。這一場混戰，把曹操打得落花流水，逃回許城。痛定思痛，十分懊惱。偏又收到袁紹從河北送來一封書信，其氣勢凌人，態度非常傲慢。曹操因與左右荀彧、郭嘉等言道：「孤今欲伐不義，而力不敵，奈何？」荀彧道：「當年劉邦兵力不及項羽，而項羽終為劉邦所滅，此可證一時之強弱不足為憑。」郭嘉道：「袁紹誠不足為懼，何況他正與公孫瓚交戰，也無暇南侵，正好趁此時機，東取呂布以絕後患。」荀彧撫掌稱是，可是曹操卻因張繡之患而顧慮到西北方的問題，說道：「卿等所言極是，但我卻擔心西北混亂，萬一袁紹乘虛襲取關中，南收蜀漢，則我兗、豫之地，將三面受敵。」荀彧道：「袁紹向無遠慮，料他暫時不會西進。現在關中擁兵割據的以十數，而各不相屬，其中又以馬騰、韓遂為最強。我們如能先發制人，可不須兵力。但派遣一位使臣，懷以恩德，只要結納住馬騰、韓遂，便可安撫關中。」曹操聽了，深以為然，就商議這使者的人選，荀彧舉薦尚書僕射鍾繇，說：「此人足智多謀，堪擔其任！」曹操立即表舉鍾繇為司隸校尉，令持節往督關中諸軍。

　　鍾繇字元常，潁川長社人，以孝廉除尚書郎，久在朝中為官，累官至侍中、尚書僕射。其為人，深沈有略，才兼文武。尤其善長書法，為一代書聖。其書法，楷隸兼工，能作三體之書。所謂三體者：一曰銘石之書，二曰章程之書，三曰行押之書。世稱其書，若「飛鴻戲海，舞鶴遊天！」鍾繇到了關中，進入長安，首致書馬騰、韓遂，說以禍福之機❷。

---

❷　馬騰、韓遂在漢靈帝時即擁兵西北，可參見《秦漢史話》第二十八、二十九
　　兩講。獻帝初平末年拜韓遂為鎮西將軍，鎮守金城，拜馬騰為征西將軍，屯
　　兵郿縣。後與李傕、郭汜交兵，為李、郭所敗，回奔涼州。及至李郭並衰，
　　而馬韓仍盛，盤據在西北地方。

馬、韓得信，果被感動，都復書受命，並各遣子入侍。這馬、韓一服，別人也都不敢異動。鍾繇乃撫定關中，為曹操解除了西顧之憂。在鍾繇入關之同時，曹操復派將作大匠孔融為使，令持節宣詔，拜袁紹為「大將軍都督冀青幽并四州軍事」，又懷柔住袁紹。曹操先穩住了西北兩方，這才以全神來解決東南的問題。出乎意料之外的，這時東南方出了一樁頗足聳人聽聞之事，就是那侷促在壽春的袁術，突然異想天開建號稱尊，做起皇帝來了。

這袁術之稱帝，雖似荒唐，卻也有一個緣由。緣由秦漢以來，人們迷信讖緯。在那東漢末年，民間就流行著一句讖語說：「代漢者當塗高。」古文塗途相通，而袁術字公路，名與字都恰符塗高之義。袁氏之姓出於陳，陳為大舜之後，舜為土德，漢為火德，按五行相生之理，袁當繼漢。還有一樁巧事，就是孫堅在甄官井中打撈出來的那顆傳國玉璽❸，現正落在袁術手中。在袁術看來，這一切都證明了天命之所歸，而且幾乎人盡皆知，漢運已盡，無可挽回。所以早在興平二年的時候，袁術便和他的部下商議，欲正號稱尊，以應天命。主簿閻象首先反對說：「昔者周室自后稷至於文王，積德累功，三分天下有其二，猶服侍殷朝。明公雖屢代公卿，尚未有周室之盛；漢室雖微，尚未有殷紂之暴。」袁術聽了，嗒然無語。一般幕僚，也都認為茲事體大，不敢貿然附從。袁術不得已，便著人去敦聘處士張範，前來請教。這張範是在揚州地方一位德高望重的在野名流，袁術想藉其一言以壓眾。那知張範竟託病不來，卻叫他的弟弟張承做代表，來到壽春把袁術大大的諷刺了一番。可是大家的反對越厲，袁術的興趣越濃，控制不住自己的慾望，終於不顧一切，就在建安二年春正月，稱帝於壽春，國號仲家。置公卿百官，郊祀天地。為了張大聲勢，特派使者韓胤去往徐州傳述天命，並親迎呂布之女來為太子妃。呂布乍聽親家做了皇帝，頗為興奮。也未加深思，便趕忙把女兒裝飾打扮，派人護送著隨同韓胤前往壽春成親。這樁事卻驚動了住在徐州

❸ 參見《秦漢史話》第二講註釋，與第二十九講孫堅入洛陽事。

的一位社會賢達。此人姓陳名珪，時任沛國相，原本與袁術有舊，但卻堅決反對袁術的稱帝，深恐袁呂聯姻，徐揚結盟，則禍亂不已。故急來謁見呂布道：「將軍手刃董卓，名聞天下，有扶漢之大功。袁術僭逆，乃漢朝之賊臣。將軍輕棄前勳而與叛賊合作，將為天下所不齒，而有累卵之危！如今曹孟德奉迎天子，輔贊國家，正與將軍志同道合。為將軍之計，當與曹公合力，効命朝廷，方為上策！」這幾句話，說得呂布恍然大悟，頓足稱悔。趕緊派兵，把女兒追回，並將韓胤捉來，上了刑具，打入囚車，派人押往許城，去向朝廷請功。可憐這韓胤一位堂堂的迎親專使，沒想到轉瞬之間，變成了一個待決的囚犯。

曹操正在與左右籌畫如何進取徐、揚，忽然呂布派人押送韓胤前來，不禁喜出望外，便立即將韓胤梟首示眾，下詔嘉獎呂布，並拜為左將軍。曹操更親筆寫了一封書信，措辭非常親切，把呂布大大的頌揚了一番。呂布得信大喜，即寫了表章，特煩陳珪之子陳登為專使，去入朝謝恩。臨行之時，呂布再三叮嚀，囑咐陳登此行務必要取得實授徐州牧的誥命，陳登唯唯。那知這陳登到了許城，見了曹操，竟私通款曲，深自結納。曹操密問徐州的真實情況，陳登道：「呂布勇而無謀，輕於去就，宜早圖之！」曹操低聲道：「呂布狼子野心，誠難久養，然非卿莫究其情！」於是詔增陳珪秩中二千石❹，拜陳登廣陵❺太守。臨別之時，曹操堅握陳登之手低聲說道：「東方之事，便以付卿！」陳登回到徐州，向呂布諉稱種種困難未能取得朝廷誥命。呂布聽了，不禁勃然大怒，拔劍斫几道：「是你父親教我斷絕公路而與曹操結交，如今我一無所得，倒是你們父子都拜官進爵，這分明是將我呂布出賣！」陳登卻不動聲色，從容說道：「登見曹公，曾為將軍一再請命，我稱養將軍譬如養虎，當飽其肉，不飽則將噬人！曹公卻說：不然，養將軍譬如養鷹，飢則為用，飽則颺去！」呂

❹ 漢代官秩分為十五級，最高萬石，次中二千石，再次二千石，再次比二千石。中二千石，月祿一百八十斛。

❺ 故城在今江蘇江都東北，漢時為廣陵郡治。

布聽他說得如此坦白，想是實情，也只得怏怏罷了。

　　再說袁術，迎親不成，使者反被呂布械送許城斬首，這事可真把袁術氣壞，非和呂布拼命不可。就在建安二年的夏天，派遣大將張勳、橋蕤，與新近來奔的韓暹、楊奉，分別率領步騎數萬，分七道進兵，大舉討伐徐州。呂布驚慌，忙將陳珪喚來，罵道：「是你教我聯曹以絕袁，如今大軍壓境，為之奈何？」陳珪道：「將軍不必躭憂，我看韓暹、楊奉和袁術，乃是一時之苟合，譬如連雞不能共飛。只須略施反間，如此這般，寫下一封書信送與韓、楊，管叫他們立即拆夥。此可不戰而勝也！」呂布即照陳珪之意，寫了一封書信，派人祕密送與韓、楊，其辭略曰：

　　「……二將軍親拔大駕，而布手殺董卓，俱立功名，當垂竹帛。今袁術造逆，宜共誅討，奈何與賊還來伐布？可因今者同力破術，為國除害，建功天下，此時不可失也。……」

　　信末許以破術之後，所有俘獲的軍資，統歸暹、奉。韓暹、楊奉得信，權衡利害，果然立即倒戈，與呂布聯兵，反攻張勳、橋蕤。勳、蕤猝不及防，被殺得大敗而走。呂布與暹、奉一路跟踪追擊，殺傷與墜水者，不計其數。一直追擊到鍾離地方，大掠而還。

　　袁術討伐呂布不成，反弄得損兵折將，不勝懊喪之至。偏偏那年夏天，淮、徐一帶，蝗蟲為災，遍地饑饉，袁術的軍中乏食，便派人向駐屯在淮陽的陳王劉寵去借糧，劉寵不與，袁術就親自帶兵，去襲擊陳國，誘殺劉寵。淮陽屬豫州，靠近許城。曹操聞說袁術興兵犯境，也自率大軍，來討伐袁術，袁術不敢迎戰，急引兵東還，而留下部將張勳、橋蕤扼守住蘄縣的防線❻。那張勳、橋蕤又如何是曹操的對手，被操軍殺得大敗，橋蕤陣亡，張勳逃走。曹操縱兵掩擊，一直掃蕩到淮水的北岸。

---

❻　時張勳、橋蕤扼守在淮北的蘄縣，曹操擊破張、橋而後抵淮，蘄縣屬於沛國，即秦末陳勝起兵處。

但見那淮域一帶，草木荒枯，餓莩遍野，不敢深入，便也引兵西還。曹操這一次掃蕩戰，在陳淮地方，得到了一文一武，兩個人傑。文是何夔，武是許褚。

何夔是陳國名士，性嚴正，有操守，素負重望，曹操聘為府掾。問以袁術的前途如何？何夔道：「天之所助者順，人之所助者信，術無信順之實，何能望天人之助！」曹操笑道：「得賢者昌，失賢者亡，袁術不能用君，則焉得不亡！」許褚字仲康，沛國譙縣人，身長八尺，腰大十圍，相貌奇偉，勇力絕人。那時淮水一帶，盜賊如毛，許褚聯合宗族幾千家，築碉自守。有一天，從汝南❼地方竄來一股土匪，有一萬多人，攻擊許褚的碉堡。許褚吩咐寨中男女，撿拾了無數的石子，堆積在碉堡的四隅。許褚站在碉垛上，覷賊匪近前，飛石擊賊，手起石落，百發百中，賊眾為之披靡。雙方相持許久，碉堡裡的糧食將盡。許褚派人和賊匪講和，說明以牛易糧，在陣前交換。到期賊來取牛，牛被驚逸，許褚上前，手曳牛尾，把那牛倒拖了一百多步。嚇得那些賊人，也不敢取牛，竟自散走，從此許褚的聲名大震。當曹操進兵淮、汝，許褚便率眾來歸，曹操一見大喜道：「此我之樊噲也！」立即拜為都尉，擔任宿衛。接替了以前典韋的職務。他所帶來的一班江湖俠客，也都編在他的部下，稱為虎士。

這次曹操的追擊袁術，所以臨淮而返，一則是因為淮南饑荒，再則是因為張繡在南陽為肘腋之患，張繡不除，不敢向東南發展，而且宛城之辱，曹操也耿耿難忘。曹操在建安二年秋天自淮域西返，在建安二年的冬天十一月，就興兵再去討伐張繡，連克湖陽、舞陰兩城。建安三年（198 年）春正月回返許城休息，三月繼續進攻，圍張繡於穰城。張繡求救於劉表，劉表發兵援助。曹操忽然得到後方消息，傳說袁紹自河北進襲許城。曹操大驚，急解圍撤兵。行至伏牛山麓安眾地方，前為劉表的援軍所遏，後面張繡的追兵又將至，一時腹背受敵，危險萬狀。曹操

❼　漢汝南郡包括今河南汝南、項城、淮陽、沈丘與安徽太和、臨泉、阜陽等地，郡治平輿在今河南平輿。

便令軍士披荊斬棘，闢開山間的一條小路逃走，卻於兩旁山中，埋伏下奇兵。那劉表與張繡的軍隊會合，也打從山路追來，行至群山之中，突然伏兵四起，萬弩齊發，把劉表、張繡的追兵，殺得大敗潰走，然後曹操集合軍隊，掩旗息鼓而去。

卻說在張繡軍中有一位智謀之士，此人姓賈名詡字文和，乃西北武威姑臧人，自幼機敏，被人比做良、平。當董卓入洛陽，為太尉府掾，後遷討虜校尉。李傕、郭汜的進犯長安，就是賈詡之計。後來關中大亂，賈詡輾轉託身於張繡的幕中為謀士，深得張繡之信任，運籌決策，每有奇驗。這次曹操從穰城急遽撤兵，張繡立即下令追擊。賈詡道：「不可，追之必敗！」追兵果然大敗而歸。賈詡又道：「整軍再去追趕，這番必有所獲！」張繡詫道：「剛剛敗回，何能再戰？」賈詡道：「如今兵勢有變，快快出擊，不可遲誤！」張繡將信將疑，便令軍隊重整旗鼓，再去追趕。果然截獲了許多輜重，得勝而回。張繡不解其理，因問賈詡道：「我前以精兵去追擊曹操的退兵，公言必敗。今以敗兵去追擊曹操的勝兵，而公言必勝。其結果皆不出我公之所料，其故安在？」賈詡道：「將軍有所不知，曹操善於用兵，當其撤走，料知我軍必追，曹操必伏有精兵斷後，故我軍不敵。此次曹操圍攻穰城，勝利在望，而突然撤兵，料其後方必然有變。曹操心中焦急，待將我追兵擊退之後，必定倉皇疾走，不復防備，我再乘虛而擊之，故知必勝！」張繡聽了，嘆服不已！從此對賈詡，更是言聽計從。

曹操倉皇趕回許城之後，才知袁紹入寇的消息乃是虛傳，並無其事。這一場虛驚，徒徒喪失了穰城的勝利，又折損了許多的兵馬物資，頗為懊喪。這時，西南的問題不曾解決，而東南方面的局勢又發生了重大的變化。

這淮、徐一帶地方的饑荒十分嚴重，駐軍普遍缺乏糧秣。前者脫離袁術歸附呂布的韓暹、楊奉，這支雜牌軍隊到了徐州，也因為沒有軍糧，就到處去打游擊，以掠取物資。游擊到小沛附近，侵入了劉備的防區，

劉備用計，誘殺楊奉。楊奉一死，韓暹勢孤，他不願再回徐州，一路向西北方流竄，流竄到并州，被杅秋令張宣所殺。這是建安二年冬天的事。就在那年冬天，在河東的胡才，被怨家所殺，李樂病死。在關中的郭汜，也被其部將伍習所殺。李傕則於建安三年夏，被寧朔將軍段煨所滅，三族皆夷。當年劫奪漢獻帝，蹂躪關中的這一群土匪軍閥，竟在兩年之內，一一消滅，似乎也有天數，我們講到這裡，順便作一交代。且說劉備在小沛地方，和呂布對峙經年，自從兼併了楊奉的軍隊，勢力擴大，對於呂布的威脅加重。劉備的豫州牧為曹操所委署，呂布聽從陳珪之計，要與曹操結歡，故對劉備相當容忍。及至求徐州牧不得，呂布越想越懊惱，復與袁術暗通款曲，而與曹操絕交，對於劉備也就不再忍耐。就在建安三年的秋天，派遣部將高順、張遼，大發兵去討伐劉備。曹操也派遣大將夏侯惇將兵援救劉備。結果，劉備、夏侯惇都被高順、張遼殺得大敗，順、遼乘勝攻陷小沛，俘虜了劉備的妻子，劉備脫身亡走，於是呂布乃盡有徐州之地。徐州北方靠近泰山附近，有一群盜賊，臧霸、孫觀、吳敦、尹禮、昌豨等，都歸附了呂布。一時呂布的聲勢浩大，威脅兗、豫。曹操聞訊恐慌，想親自將兵去討伐呂布，又怕劉表、張繡在西南掣肘，十分為難。謀士荀攸道：「劉表、張繡無大計，目前都不敢妄動。唯呂布驕狂驍猛，又與袁術相勾結，若待其坐大，縱橫江湖之間，則勢不可制！」曹操深以為然，就下了決斷，調動強兵悍將，大舉出擊，猛攻徐州。在建安三年冬十月，一戰而攻下彭城。廣陵太守陳登首先響應，親率郡兵，為曹操嚮導，長驅而至下邳。呂布迎戰不利，退入城中。曹操的大軍，將下邳城團團圍住，晝夜的攻打。呂布屢次突圍，都被曹操擊回，遂閉城堅守。曹操射書城中，曉以利害，勸呂布投降，呂布意動，但陳宮堅持不可。他建議呂布改變戰略，勸他引兵出屯城外，自己願意代替呂布守城，如此構成一種犄角之勢，彼此呼應。陳宮說：「如此，則曹操引兵攻將軍，宮出城擊其背；如曹操攻下邳，則將軍擊其外。不過旬日，曹操自然糧盡撤兵，可不戰而破也！」呂布同意，就命陳宮與高順守城，自

將主力準備突圍。那知呂布的妻子捨不得呂布出城，哭道：「陳宮與高順一向不和，將軍出城，城中必然生變，妾將永不得再見將軍！」說罷，淚下如雨。呂布心中不忍，一時意亂如麻，又沒了主意，只好派遣部將許汜、王楷潛行出城，急求救於袁術。袁術近來雖與呂布恢復往來，其實舊嫌未消，憤憤說道：「呂布屢次失信，又不把女兒送來，如今有難，卻來求我！」許汜、王楷道：「明上❽不救呂布，呂布若亡，則明上亦難自存也！」袁術這才答應出兵，叫汜、楷先行回城復命。可是袁術的軍隊卻遲遲不來，呂布十分焦急，心想定是為了女兒之事，於是決定親自護送女兒出城，就把女兒用綿帛裹住，背在身上，持戟跨馬，衝殺出去。這城外的敵軍，層層圍困，有如鐵桶一般。呂布左衝右突，陣前的飛箭如蝗，呂布恐怕傷了女兒，不敢力戰，又廢然回城。河內太守張揚一向與呂布交好，聽說曹操攻打呂布，乃從河內出兵，擬襲擊許城，以解救徐州。不料軍中發生內變，張揚竟被其部下所殺，於是呂布的外援全絕。曹操攻打下邳，從建安三年十月到十二月，整整圍攻了三個月。城內的軍民飢困，意志渙散。曹操又決沂、泗之水灌城，守軍支持不住，人心皇皇。適有呂布部將侯成，因受布呵斥，心懷怨恨。便聯合諸將宋憲、魏續等，一同叛變，共執陳宮、高順，開城投降。操兵就一湧而入，呂布與其左右衛士，倉皇走登白門樓❾，操兵又將白門樓團團圍住。呂布自知不免，顧令左右取其首級獻與曹操，左右不忍下手，呂布乃自行下樓就俘，操兵上前，將呂布重重綑綁，推來見曹操。這時曹操偕同劉備高坐堂上，呂布被綑翻在地，他身體高大，綑得太緊，縮成一團，忍不住喊道：「綑太急！」曹操笑道：「綑虎焉得不急！」因命左右稍稍鬆綁。呂布這才抬頭，看見劉備坐在一旁，遂道：「今日，君為坐上客，布為階下囚，不能一言相寬乎？」劉備微微頷首而默不作聲。呂布乃大聲道：「從今而後，天下事大定矣！」曹操問道：「此話怎講？」呂布道：「明公之所

❽　時袁術稱帝，部下稱之為「明上」。

❾　下邳城南門曰白門，此言南門城樓。

患，不過呂布，今布已服。若令布將騎兵，明公將步兵，天下不難定也！」曹操顧問劉備道：「何如？」劉備答道：「明公不見丁建陽與董太師之事乎？」曹操連連點頭。呂布聽了，怒視劉備罵道：「大耳兒❿最無信者！」正在審問之際，眾兵士又將陳宮綑綁進來。

　　陳宮字公臺，東郡人，其為人正直剛強，心腸熱烈。前曹操為東郡太守時，是他和鮑信以全力擁奉曹操為兗州牧，故與曹操舊交甚篤。後來發現曹操的奸兇，深自悔恨，遂又聯結呂布發動反曹運動，以後便一直支持著呂布與曹操為敵。如今曹操見了陳宮，不免觸動往日恩怨，因問道：「公臺，卿平生自負足智多謀，今日如何？」陳宮看著呂布說道：「恨此人不用我言，以至於此！不然，未必被擒也！」曹操乃道：「今日之事當如何？」陳宮道：「我為臣不忠，為子不孝，自有死耳！」曹操道：「卿自如此，奈卿老母何？」陳宮道：「宮聞以孝治天下者，不害人之親，老母在否，在公不在宮也！」曹操又問道：「然則，卿之妻子將如何？」陳宮道：「宮聞施仁政於天下者，不絕人之祀，妻子在否，亦在公不在宮也！」說罷，即催請就刑，挺身而出。曹操乃命將呂布、陳宮、高順等一齊縊殺，傳首許都，卻另派人撫視陳宮之老母、妻子，果未加害。

　　曹操佔領了徐州，又收納了一批人才。操愛布將張遼之英勇，特拜為中郎將。前尚書陳紀與其子陳群，為當代名士，都在呂布軍中，曹操特加優禮，禮聘陳群為司空西曹掾。在徐州一般人物之中，以廣陵太守陳登之功為最高，特拜為伏波將軍。陳登字元龍，乃沛國相陳珪之子，自負多才，意氣豪邁，享盛譽於江湖之間。有這樣一樁故事，陳登與名士許汜交好，而鄙其志氣淺小。兩人渾忘形跡，有一天，許汜去拜訪陳登，陳登故意不和他交談。到了晚間，陳登自己睡在大床之上，卻叫許汜睡在床下。所以後人討論人品，常有「上下床」之諺，這典故便出自陳登。陳登在廣陵，明賞罰，立威信，治績日著。廣陵地方是淮南鎖鑰，江北門戶，長江下游的第一重鎮。曹操之所以拜陳登為伏波將軍者，隱

---

❿　史稱劉備有異相，顧盼能自見其耳，故稱為大耳兒。

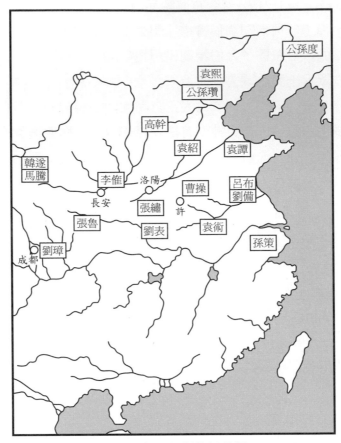

建安初年群雄割據形勢圖

有征服江南之意，蓋以陳登比做馬援之於南越也，這事自然影響到江南的孫策。孫策原與袁術聯盟，自從袁術稱帝，孫策堅決反對，兩人便分道揚鑣。現在呂布滅亡，陳登鎮守廣陵，孫策對於曹操不能不有所畏懼，遂遣其正議校尉張紘，前往許都貢獻方物，表示效忠朝廷之意。曹操自分用兵江南，尚非其時，也就順機撫納，表舉孫策為討逆將軍，封為吳侯，又將姪女許配給孫策之弟孫匡，而娶策從兄孫賁之女為子曹彰婦，兩下裡結為姻好，並拜張紘為侍御史，留在朝中供職。

曹操殺死呂布，兼併徐州，又懷柔孫策，安撫江東，對於稱帝壽春

的袁術，乃形成三方合圍之勢。袁術又一向與荊州的劉表為敵，於是四面楚歌，完全孤立，處境日危，前途黯淡。袁術心灰意冷，他的壽春宮中也蓄有姬妾數百人，乃縱情聲色，以自麻醉。這淮域地方的饑荒日重，倉廩空竭，部下的士卒天天逃亡，袁術再也控制不住，就自動燒燬宮室，率領殘眾，前往灊山去就食於其部曲陳蘭、雷薄。不料陳蘭、雷薄竟拒絕不納，袁術的部眾又散走了一半。袁術見日暮途窮，走投無路，迫不得已，只好去求助於河北的袁紹。袁術與袁紹過去雖然不睦，終究是一家兄弟，不能全無手足之情，就寫了一封頗為哀切的信，派人送往冀州，並表示願歸帝號於袁紹。袁紹得信，為之感動，就叫他的長子袁譚和袁術接洽，迎接袁術暫往青州屯駐。袁術得信，即率部兼程前進。但往青州必須要穿越徐、兗之地，在經過曹軍防區時，被曹操與劉備的軍隊所截擊，打得大敗崩潰，又狼狽回奔壽春。行至距離壽春八十里的江亭地方，憂病交加，糧食又絕。問廚下，只剩下了麥屑三十斛。那時正當盛暑，袁術心焦口渴，索蜜漿不得。坐在簀床上，長嘆了數聲，忽然吼道：「我袁術竟至於此乎！」話猶未了，撲倒在床下，口吐鮮血而亡。時在建安四年（199 年）六月。袁術一死，袁術的從弟袁胤，率領著袁術的殘部，奉著袁術的靈柩、妻子，前往皖城❶❶去投靠袁術的舊部廬江太守劉勳。廬江郡治皖城，在大別山麓，當江、淮之衝，也是一個軍事重鎮。劉勳得了袁術的部眾，勢力擴大，引起了江東孫策的注意。

　　現在再來講這江東的孫策。孫策自從興平二年，逐走劉繇、許貢，佔領了丹陽與吳郡。建安元年，擊降王朗，佔領了會稽，遂擁有三郡之地。聲勢龐大，威望日隆，各方豪傑，紛紛來歸。建安三年，江北居巢縣❶❷縣長周瑜，與東城縣❶❸縣長魯肅，一同棄官渡江，來投奔孫策。周瑜字公瑾，廬江舒城人，與孫策同年，自幼為總角之交，情感有如兄弟

❶❶　今安徽潛山。

❶❷　今安徽巢縣。

❶❸　今安徽定遠東南。

一般。其為人倜儻多才，丰度翩翩，人都稱為「周郎」。魯肅字子敬，臨淮東城人，為人誠實敦厚，乃周瑜之好友。孫策聞知公瑾渡江，親到江濱迎迓，即拜瑜為建威中郎將，而留魯肅於幕府，住在曲阿。茲後凡遇軍國大事，必與周瑜商議。前劉繇部將東萊人太史慈，亡入蕪湖山中，自稱丹陽太守，煽動山越為亂。孫策將兵進剿，擊潰山越，俘虜了太史慈。孫策愛其英勇，親自上前，替他解開了綑綁，執手言歡道：「可還記得神亭嶺相見之時否？那時我若為卿所擒，卿將何如？」太史慈道：「未可知也！」孫策大笑，因道：「今日之功業，當與我卿共之。卿之俠義，聞於海內，可惜所託非人！從此願為知己，勿憂不如意也！」遂收服了太史慈，拜為門下督軍。太史慈的故主劉繇，自從逃往豫章，驚憂成疾，不久就一病身亡。部下還有一萬多人，無所歸宿，孫策便利用太史慈，派他前往豫章去招撫劉繇的舊部來歸。孫策道：「我當年奉袁氏之命，以攻江東，實有所不得已！因先君與公路交好，而舊部又在公路帳下。為繼承先君遺志，不得不屈意以事之。後來公路不遵臣節，諫之又不聽，我便與公路絕交。大丈夫生天地之間，必須要光明磊落！我每想將此意與正禮（劉繇字）當面言之，不料正禮竟先去世，使此心耿耿，無以自白。如今正禮之子，尚在豫章，望卿此去，代我慰問。至於正禮部曲，願來者來，不願來者，聽其自便，不必相強也！」太史慈慨然奉命，輕裝簡從，帶了幾十個隨員。到了豫章，果然不辱使命，招撫了一批士眾，安返曲阿，一來一往，不過兩月功夫。孫策問太史慈以豫章的政情如何？太史慈道：「華子魚（豫章太守華歆字子魚）誠然德高望重，而實無方略。最近盧陵、鄱陽、海昏一帶地方的軍民紛紛擁兵自保，不聽號令，子魚竟束手坐視，毫無對策。」孫策聽了，不禁大笑！遂萌西進之圖，這都是建安三年秋冬之事。到了建安四年夏天，袁術死，袁胤投奔皖城劉勳，孫策對於這一支殘餘的袁術舊部，與皖城這個據點，頗懷覬覦。袁胤一旦軍隊增加，糧食不敷。盧江郡鄰接豫章，劉勳便派人向豫章太守華歆去借糧，華歆推辭，無力供應。劉勳聽說盤據在海昏上繚 ❹ 一帶的宗黨 ❺，

頗有儲粟，就率領部眾，前往海昏上繚去搶糧。孫策得訊，料知廬江後方空虛。便與周瑜率領精兵兩萬人，渡江進襲，未遇任何抵抗，便將皖城攻下。收降了袁術、劉勳的部曲，有三萬多人。劉勳進退失據，亡命北走，後來輾轉歸降了曹操。

孫策在皖城，收容了袁術的一子一女，帶回江南，盡了故人之情。這次孫策的奇襲廬江，不僅得到了一座名城，一批人馬，而且還有一項意外的收穫。原來這皖城之中，住著一位喬公，生有二女，都長得容華絕代，有傾城傾國之貌，名傳遐邇，號稱大喬、小喬。孫策進入皖城，就娶了大喬，而令周瑜納小喬為婦。孫策戲謂周瑜道：「可憐喬家父女，遭逢亂世，今能得吾二人為婿，以足以快慰餘年！」一時英雄美人，成為千秋佳話！

劉勳亡走後，還留下了戰船一千多艘，也為孫策所得。以前孫策在江東，只有步馬，卻乏水軍。如今增添了這一批戰艦，聲勢大盛，遂自廬江溯江西上，進擊黃祖於沙羨❶。劉表得訊，急遣其姪劉虎與大將韓晞，將領長矛軍五千人增援黃祖，與孫策大戰於沙羨，又被孫策打得大敗。韓晞陣亡，黃祖遁走，孫策又俘獲了黃祖的船隻六千多艘，殺死敵軍一萬多人，時在建安四年冬十二月。這皖城、沙羨兩戰，孫郎威震江南，兵到之處，無不聞風喪膽。沙羨戰後，孫策適可而止，並未繼續西進，卻旋師南循豫章，進兵至椒丘❶，椒丘距離豫章郡治南昌僅有數十里之遙。孫策先遣功曹虞翻為使，往南昌謁見華歆，說以利害。華歆嘆道：「我本北方人，遭逢亂世，羈留於此，固無日不思故鄉，今孫將軍來牧此邦，正我北歸之時也！」於是葛巾便服，親自出城，迎降孫策於軍前。孫策兵不血刃，竟唾手而得了豫章。漢之豫章約當今江西一省之地，土

---

❶ 海昏屬豫章郡，即今江西永修，縣城旁有上繚水。

❶ 時地方紛亂，百姓聚族築堡以自保，不服王命，時人稱為「宗黨」或「宗賊」。

❶ 今湖北武昌西南（黃祖於沙羨置屯當夏口）。

❶ 今江西新建北。

廣民豐，是南方一個大郡。孫策將豫章劃分為豫章、廬陵兩郡，以從兄孫賁為豫章太守，孫輔為廬陵太守。於是孫策盡有揚州五郡之地。

當孫策經略廬江、豫章時，後方吳郡地方，群盜嚴白虎、鄒他、王晟等，四出騷擾。孫策既下豫章，便留下周瑜鎮守巴丘，自己帶兵東歸，去討伐嚴白虎等。經過一番掃蕩，終將嚴白虎、鄒他、王晟等，一齊討平。前吳郡太守許貢逃匿在嚴白虎處，也被捉住殺死。所有反動勢力，都為孫策肅清。到了建安五年（200 年），伏波將軍廣陵太守陳登，在江北大造戰具，威脅江南，並誘集嚴白虎的餘黨，圖謀作亂。孫策乃進屯丹徒，準備去討伐陳登。許貢之死，貢有家客三人，誓為許貢復仇，暗中跟伺孫策。這一天，孫策在丹徒的郊外輕騎行獵，行至僻靜之處，遭遇到貢客的狙擊，冷箭射中了孫策。孫策的從騎趕到，殺死貢客，將孫策界回營中，已創重不治。孫策臨危之時，召長史張昭等，囑託後事道：「如今中國方亂，以吳、越之眾，三江❶❽之固，足以觀天下之成敗，望公等善輔吾弟。」喚胞弟孫權進前，給他佩上印綬，吩咐道：「舉江東之眾，決機於兩陣之間，與天下爭衡，卿不如我。舉賢任能，各盡其心，以保江東，我不如卿！」說罷，延至當日午夜時分，創潰而死，時為建安五年四月四日丙午。孫策死年僅二十六歲，孫權也才十九歲，突遭大變，嚎哭不止。張昭力勸孫權節哀順變，將孫策靈柩，運回吳城發喪。周瑜也從巴丘星夜趕回，與張昭等協力同心，料理後事。北方的曹操聞說孫策殞命，未嘗不心中暗喜，可以乘機攻取江東，但是正在與袁紹酣戰，無暇南顧，也就順水推舟，保持一貫的懷柔政策，特表舉孫權為討虜將軍，領會稽太守，並以侍御史張紘為會稽東部都尉，派他前往江東去宣慰孫權，

孫 權

❶❽ 三江謂吳淞江、錢塘江、浦陽江。

張紘也就乘此機會，擺脫了曹操，回歸故土。孫權的母親吳太夫人，就叫張紘與張昭共同輔佐孫權。紘竭忠效信，知無不為，並沒有執行曹操所付託的祕密使命。吳太夫人憂慮孫權年少，恐難撐危局，嘗問揚武都尉董襲道：「江東可保否？」董襲道：「江東有山川之固，而討逆（孫策）恩德在民，討虜承業，又大小用命。今張昭主持大計，襲等共為輔佐。此所謂地利與人和，兼而有之，萬無所慮！」前隨周瑜南來的東城人魯肅，因久不得任命，怏怏欲北歸。周瑜極力挽留，特向孫權褒舉魯肅，稱其有王佐之才不可失，孫權乃召見魯肅，果然談得投機，即屏退左右，留肅同榻對飲，促膝長談。孫權問道：「今漢室傾危，孤思有桓、文之功，不知君將何以教之？」魯肅道：「昔高皇帝欲尊事義帝而不能成者，以項羽為害也。方今曹操猶如昔日之項羽，則將軍何由得為桓、文乎？以肅看來，漢室已不能復興，曹操也難以猝除。為將軍之計，唯有保守江東以觀天下之變。可乘中原多事之秋，西滅黃祖，進討劉表。如能盡有江南之地，此帝王之業也！」孫權聽了，十分興奮，口中卻笑道：「今當盡一方之力以輔佐漢室，如先生之言，則非所敢望！」從此便引魯肅為腹心，優禮有加。又有功曹駱統勸孫權務須尊賢接士，勤求損益之道，孫權也都一一採納。於是文武效命，聲勢日隆，果然繼承下孫策的事業。

　　在從建安三年到建安五年，孫氏兄弟拓土江東的時候，中原政局又發生了劇烈的變化。我們暫且放下江南，回頭再來講這北方群雄的角逐，現在先從東北幽州說起。霸佔幽州的公孫瓚，自從吞滅劉虞之後，因為政刑繁苛，大失人心。他所委署的青州刺史田楷，也被袁紹之子袁譚所逐，放棄了青州，逃回幽、薊。又有故幽州牧劉虞的從事，漁陽人鮮于輔、鮮于銀、齊周等，率領著一部分劉虞的殘兵，要為劉虞報仇。共推廣陽人閻柔為司馬，聯合烏桓、鮮卑，聚有胡漢之眾數萬人，與公孫瓚所署之漁陽太守鄒丹，大戰於潞水之北，殺死鄒丹及所部四千餘人。鮮于輔、閻柔等又奉迎劉虞之子劉和為主，南聯袁紹，與紹將麴義合兵十萬，大舉進攻公孫瓚，大破公孫瓚於鮑丘，斬首二萬餘級。於是代郡、

廣陽、上谷、右北平一帶的軍民，紛紛殺死其長吏，以響應劉和。一時公孫瓚眾叛親離，勢窮力蹙，乃謀所以自保之道。恰好當時地方上流傳著幾句童謠說：

「燕南垂，趙北際，中央不合大如礪，唯有此中可避世。」

公孫瓚見說燕南、趙北之地可以避世，就將幽都從薊城遷往易縣❶⑨。在那易水之濱，另修建了一座雄偉的城堡，名為易京。在易京城內，遍造樓觀，傑閣淩空，俯瞰四野。公孫瓚和他的妻妾嬪御，共住在一座最大的樓閣之中。這座樓閣，高逾十丈，聳立雲表，石壁層壘，銅門鐵戶。樓外重兵防守，警戒森嚴，樓內服役，全用婦女，男子七歲以上，不許進入宮門。又特別訓練了一些壯健的女子，嗓音宏亮，聲聞數百步，專在樓頭宣傳號令。公孫瓚這種種行徑，十分怪誕，顯然是一種變態心理。與當年威鎮絕域英姿俊發的「白馬長史」，竟判若兩人。曾有人問他，何故如此？公孫瓚慨然嘆道：「想我當年，北逐胡塵於塞外，南掃黃巾於孟津，以為天下從此可定！誰知反而日益紛亂，兵革方始，我也難料來日變化如何？只有為自守之計，靜以待動，用觀世局。兵法有云：『百樓不攻』。我今有樓櫓數十重，積穀三百萬斛，等待食盡此穀，亦足以知天下之事矣！」可是這樣一來，公孫瓚與他的部下完全隔離，民心士氣，更加解體。

公孫瓚與麴義的軍隊，在易京的外圍，對壘了一年。到建安三年秋冬之際，袁紹大舉增援，瓚軍抵敵不住，或降或潰。袁紹的大軍乃長驅攻抵易水，將易京團團圍住，百般攻打，從建安三年冬攻打到建安四年的春天，雙方死傷慘重。紹軍從城外挖掘地道，通到城中，把那些樓臺的地基挖空，只見那一座座樓臺殿閣，相繼傾倒，有如山崩地裂一般。公孫瓚自分絕望，先將其姊妹妻女縊殺，然後舉火自焚。公孫瓚的部將

---

❶⑨ 今河北易縣，濱臨易水。

田楷、關靖奮戰而死。公孫瓚既亡，領漁陽太守鮮于輔等自邊塞遣使奉表告捷於朝廷。曹操想利用鮮于輔以牽掣袁紹的勢力，便請朝廷降旨嘉獎，拜鮮于輔建忠將軍，都督幽州六郡軍事，鮮于輔所能控制的僅有漁陽一隅之地。自公孫瓚消滅，實際上袁紹已經完全掌握了幽州全境。這時袁紹又乘虛掠取了并州，共擁有大河南北幽、并、冀、青四州之地。袁紹自己坐鎮在冀州，以其長子袁譚為青州刺史，次子袁熙為幽州刺史，外甥高幹為并州刺史，佔領了半壁天下，有精兵數十萬人。以審配、逢紀統軍事，田豐、荀諶、許攸為謀主，顏良、文醜為大將，威震北方，聲勢浩大。袁紹乃有兼併天下之志，而當前第一大敵自然是曹操。於是簡選了精兵十萬，勤加訓練，積極備戰。而先派遣使者，分頭去聯絡南陽宛城的張繡與荊州的劉表，準備南北呼應，夾攻許都。

　　先說這到南陽的使者，謁見了張繡，說明來意，獻上袁紹的書信。張繡閱罷，正要欣然許諾，賈詡坐在一旁，突然搶先發言道：「煩勞貴使君，歸謝本初，夫兄弟尚不能相容，又何能容天下之士乎！」使者為之變色，怫然而去。張繡大為詫異，責問賈詡道：「今日局面，兩大對峙，非左即右，非袁即曹。我既與曹氏為敵，今又拒絕本初，我等將何所歸宿？」賈詡道：「我等即去歸依曹孟德！」張繡更加困惑，問道：「我方與曹操作戰，何況袁強曹弱，那有背友從仇，棄強歸弱之理？」賈詡道：「夫去從之理，正是在此。當今曹孟德奉天子以令諸侯，名正言順，我等歸曹即歸漢，此所以當從者一。袁紹勢強，我等歸袁，袁紹未必以我為重；曹操勢弱，得我必喜出望外，優禮有加，此所以當從者二。大凡有志於天下者，必不計私怨。我深知曹孟德之為人，我果能相從，彼亦必能不究既往而化仇為友，此所以當從者三。有此三從之理，望將軍便當速決無疑！」張繡雖然滿心不願降操，可是自從曹操兼併徐州，袁術又死，宛城地近許都，處境日艱，難以自保。繡又一向信服賈詡，言無不聽，計無不從。經過了一番考慮，終於決然採納了賈詡的主張，在建安四年冬十一月，自動率領其部眾，來歸降曹操。這真是出乎曹操的意想之外，曹

操果然大喜逾恆，與張繡握手言歡，絕口不究前嫌，即拜繡為揚武將軍，表舉賈詡為執金吾。又娶張繡之女為兒子曹均媳婦，和張繡結為兒女親家。袁紹本想結納張繡以共制曹操，不料反而促成張、曹之合作。這政治上的離合變化，真是不可捉摸。

再說那袁紹派往荊州的使者，到了襄陽，謁見劉表。這劉表的身分地位，又與張繡不同。時表為鎮南將軍荊州牧，封成武侯，坐鎮襄陽，統治全荊八郡之地，以部將黃祖為江夏太守，控禦東方。擁有水陸大軍，數十萬人，幕府之中，濟濟多士。威震江漢，有舉足輕重之勢。所以紹使對於劉表特別恭敬，卑辭厚禮，以求聯盟。劉表也力自矜持，雖然滿口許諾，卻是按兵不動，採取一種騎牆觀望的態度，相機行事。從事中郎韓嵩與別駕劉先勸表道：「方今兩雄相持，將軍有左右之力，若欲有為，大可乘其敝而圖之。否則，即宜擇善而從。不能擁甲十萬，坐觀成敗，求援而不能助，見賢而不能歸，則雙方結怨，不得中立。曹操善於用兵，其勢必破袁紹。若待曹操破紹之後，移兵江漢，再謀抵抗，將無能為力。不如即舉荊州之地，歸命朝廷，曹操必重德將軍，將軍亦可長享福祚。傳之後世，此萬全之策也！」劉表心中猶豫，就派遣韓嵩為使者，前往許都，以入朝述職為名，去觀察曹操的動態。韓嵩到了許都，曹操加意攏絡，拜嵩為零陵❷太守。韓嵩得官而回，見了劉表，盛稱曹公之德，勸劉表趕緊遣子入侍。不料說得過於誇張，反而把劉表激怒，認為韓嵩投機變節，要出賣荊州，立命將韓嵩推出斬首。經表妻蔡氏苦苦相勸，才免了死罪，將韓嵩囚禁。這一場沒趣，弄得與袁紹、曹操雙方面的關係，都非常尷尬。

曹操是個非常機敏的人，聽說袁紹整軍經武，準備南征，便遣派軍隊，先行佔據黎陽❷。從黎陽，緣著黃河南岸，經白馬、烏巢、延津❷，

❷　今湖南零陵。
❷　漢黎陽縣在黎水之陽，當時黃河道經其北，縣故城在今河南濬縣東北。
❷　今河南延津北，漢時亦為黃河渡口。

到官渡❷口，布署了一條堅強的防線，而置重兵於官渡。另派大將臧霸帶領一支精兵，深入青州邊境，以防禦東方。調兵遣將，嚴陣以待。就在這大河南北，劍拔弩張的時候，許都朝中突然發生了一椿重大的事變，使得局勢更加緊張。要了解這椿事變的真相，須從建安元年的遷都許城說起。

　　原來曹操自從挾持漢獻帝遷都許城以後，曹操在朝中的態度，非常跋扈。漢獻帝雖然已經二十多歲，並不能自主，一行一動，都在曹操的監視之中。宮廷內外，布滿了曹操的耳目爪牙。有一天，議郎趙彥密與獻帝談論天下大事，為曹操所知，也不問情由，立將趙彥誅殺。漢獻帝實在忍無可忍，等待這一天曹操入朝，獻帝因道：「君若能相輔則輔之，如若不能，幸垂恩相捨！」曹操一時倉卒，不知所答，變色而出。漢制，三公朝見，例由虎賁執刀，左右挾持，曹操走出朝堂，汗流浹背。從此多日不敢入朝，君臣之間，猜忌日深。衛將軍董承為漢靈帝母董老太后的內姪，算是漢獻帝的表叔，而獻帝是董老太后撫養長大。當李傕、郭氾之亂，董承又有護駕之功。後來董承又把他的女兒，納入宮中為貴人，和獻帝親上加親。因為這種種關係，獻帝乃以董承為心腹，在建安四年，將董承升做了車騎將軍，經常出入宮闈。曹操破滅呂布後，委署其部將車冑為徐州刺史，而將劉備帶回許都，給他一個空頭的左將軍豫州牧的名義，留在許城作客，備鬱鬱不得志。劉備是漢景帝子中山靖王之後，論起輩分，還是漢獻帝的皇叔。漢獻帝是個明白人，看出劉備的心事，知道他和曹操是貌合神離，於是對於這位皇叔，深為攏絡，再由董承等人穿針引線。漢獻帝就寫了一封祕密的詔書，藏在衣帶之中，著人帶出宮廷，傳與董承、劉備，令其共除賊臣曹操。參與其謀的還有長水校尉种輯，將軍吳子蘭、王服等。這在當時是椿非常機密之事。劉備是個飽經憂患，心機深沈的人，受命之後，深自韜晦。偏有湊巧，這一天曹操邀約劉備到他相府中歡敘，兩人坐在樓頭，飲酒觀山。酒酣耳熱，談論

❷　漢時在濟水南岸，今河南中牟東北。

到天下的英雄豪傑，劉備列舉出劉景升、袁本初諸人。曹操聽了，大笑道：「當今天下英雄，唯使君與操耳！本初之徒，何足道哉！」劉備正在舉箸，心中一驚，不覺失箸落地。恰好這時濃雲欲雨，從天邊傳來一陣隆隆的雷聲。備乃俯身拾箸道：「聖人云：『迅雷風烈必變』，良有以也！」雖然掩飾了一時的失態，但心裡總是忐忑不安，急謀脫身之計。那時正是建安四年的夏天，袁術還沒死，應袁紹之召，打算穿越徐、兗前往青州，消息傳到許城，劉備便乘機請命，願往截擊袁術。曹操同意，便撥給他一支軍隊，叫他和將軍朱靈同往。兩人聯兵將袁術擊潰，不久袁術便病死江亭，朱靈率兵返許。劉備竟單獨行動，率領關、張、趙雲等，乘虛襲取徐州，殺死車冑，佔領了下邳與小沛，並遣使北聯袁紹，共討曹操。曹操聞知劉備叛變，大為震怒。立遣司空長史劉岱與中郎將王忠，將兵去討伐劉備。兩人不是劉、關、張的對手，大敗而回，時在建安四年冬十二月。建安五年春正月，衣帶詔之事突在朝中破露，曹操大驚，這才知董承等與劉備相鉤結，再與袁紹聯兵，有一個裡應外合的大陰謀。乃立將董承、种輯、吳子蘭、王服等，捕獲斬首，全夷三族。曹操又親自帶兵入宮，將董貴人牽出問罪，可憐貴人身懷六甲，獻帝為她苦苦哀求，也不免一死。

曹操既誅董承、种輯等，鎮壓了朝中的反動，即決定親自將兵去討伐劉備。左右諫道：「袁紹大軍正在河北備戰，今如東征，紹軍必乘虛來襲許都，如何是好！」郭嘉道：「袁紹為人多疑寡斷，行動遲緩，未必能來。劉備方起，正宜乘其羽翼未成而滅之，否則必為後患。」曹操深以為然，即麾兵星夜急進。那時劉備屯兵在小沛，令關羽將兵保護著家眷駐守下邳。劉備自擊走劉岱、王忠，心想曹操方與袁紹對壘，絕不能來，沒有十分提防。不料曹操的大軍竟潮湧而至，猝不及備，迎戰大敗，小沛與下邳的連絡又被切斷。劉備落荒而走，只得向北去投奔袁紹。下邳城也被曹軍攻下，關羽與劉備的妻子一齊被俘。曹操收復了徐州，大獲全勝而回。從興兵到凱旋，一來一往，為時不過半月功夫。

在這半個月中，袁紹在河北果然按兵未動。起初聽說曹操東征，別駕田豐便勸袁紹趕緊去襲擊許城。袁紹因為兒子有病，趑趄未決，而徐州已失。繼聞劉備來奔，紹素慕劉玄德之名，親率左右南出鄴城二百里來歡迎劉備，和劉備聯袂入城。劉備見了袁紹，痛述曹操在朝如何兇暴，人心如何怨憤，勸紹趕緊進兵以討漢賊。袁紹大為振奮，即召集百官，共議伐曹之計。別駕田豐道：「當曹操東征時，該當進兵而不進兵，現在曹操已經得了徐州，還屯官渡，許下已不空虛，襲曹之計，時機已過。不如改用持久之計，以逸待勞。將軍據山河之固，擁四州之眾，外結英雄，內修戰備。然後簡選精銳，分為奇兵，緣河出擾。彼如救右，我則擊其左；彼如救左，我則擊其右。使彼疲於奔命，百姓不能安業，則不需三年，可坐而致勝也。如若輕舉妄動，決成敗於一戰，萬一不得志，則後悔無及！」袁紹不聽。田豐的性情剛烈，強諫不已，激惱了袁紹，認為他有意沮喪軍心，將他械繫下獄，罵道：「你看我此行成敗如何？待我凱旋之時，再與你計較！」於是調動三軍，移檄州郡，大舉南征，來討伐曹操。並命記室陳琳，草擬檄文。

陳琳字孔璋，廣陵人。曾任何進主簿，何進死後，陳琳輾轉避難於冀州，寄身袁紹幕府，主持文書。其文章有如行雲流水，辭氣縱橫，乃當代一大文豪。他奉命之後，便援古證今，旁徵博引，列舉曹操的種種罪狀，寫了一篇洋洋灑灑的檄書。其辭略曰❷❹：

「蓋聞明主圖危以制變，忠臣慮難以立權。曩者強秦弱主，趙高執柄，專制朝命，威福由己，終有望夷之禍，汙辱至今。及臻呂后，祿、產專政，擅斷萬機，決事禁省，下陵上替，海內寒心。於是絳侯、朱虛興威奮怒，誅夷逆暴，尊立太宗❷❺，故能道化興

---

❷❹　原文參見《昭明文選》四十四卷〈為袁紹檄豫州〉，此乃節錄《後漢書·袁紹傳》中文，與《三國志裴註》及《文選》文略有出入。

❷❺　稱漢文帝。

隆，光明融顯。此則大臣立權之明表也。

司空曹操祖父騰，故中常侍，與左悺、徐璜並作妖孽，饕餮放橫，傷化虐人。父嵩，乞匄攜養，因臧買位，輿金輦璧，輸貨權門，竊盜鼎司，傾覆重器。操贅閹遺醜，本無令德，僄狡鋒俠，好亂樂禍。幕府❷⑥董統鷹揚，掃夷凶逆，續遇董卓侵官暴國，於是提劍揮鼓，發命東夏，廣羅英雄，棄瑕錄用，故遂與操參咨策略，謂其鷹犬之才，爪牙可任。⋯⋯表行東郡太守、兗州刺史，被以虎文，授以偏師，獎就威柄，冀獲秦師一克之報❷⑦。而（操）遂乘資跋扈，肆行酷烈，割剝元元，殘賢害善。⋯⋯士林憤痛，人怨天怒，⋯⋯。

會後鑾駕東反，群虜亂政。⋯⋯（操）便放志專行，威劫省禁，卑侮王僚，敗法亂紀，坐召三臺❷⑧，專制朝政，爵賞由心，刑戮在口，所愛光五宗，所怨滅三族，群談者受顯誅，腹議者蒙隱戮，道路以目，百辟鉗口，尚書記期會，公卿充員品而已。

故太尉楊彪，歷典二司，元綱極位。操因眭眦，被以非罪，箠楚并兼，五毒俱至，觸情放慝，不顧憲章❷⑨。又議郎趙彥，忠諫直言，議有可納，故聖朝含聽，改容加錫。操欲迷奪時明，杜絕言路，擅收立殺，不俟報聞。又梁孝王先帝母弟，墳陵尊顯，松柏桑梓猶宜恭肅。操率將吏士，親臨發掘，破棺裸屍，掠取金寶，至令聖朝流涕，士民傷懷。又署發丘中郎將、摸金校尉，所過毀突，無骸不露。身處三公之官，而行桀虜之態，汙國虐民，毒施

---

❷⑥ 「幕府」稱袁紹，當何進被殺時，袁紹曾率兵誅殺宦官。

❷⑦ 此用《春秋左傳》典，秦穆公用孟明為帥，初殽之戰為晉人所敗，後有王官之役敗晉人復前恥。

❷⑧ 漢制「尚書」稱中臺，「御史」稱憲臺，「謁者」稱外臺。

❷⑨ 太尉楊彪歷官司空、司徒，因與袁術有親屬關係，為曹操所誣陷，下獄，劾大逆。此事在本講中從略未述。

人鬼。加其細政苛慘，科防互設，繒繳充蹊，阬穽塞路，舉手挂
網羅，動足蹈機陷。是以兗、豫有無聊之人，帝都有呼嗟之怨。
歷觀古今書籍所載，貪殘虐烈無道之臣，於操為甚。幕府方詰外
姦，未及整訓，加意含覆，冀可彌縫。而操豺狼野心，潛包禍謀，
乃欲撓折棟梁，孤弱漢室，除忠害善，專為梟雄。……幕府奉漢
威靈，折衝宇宙，長戟百萬，胡騎千群，奮中黃、育、獲之士❸，
騁良弓勁弩之勢，并州越太行，青州涉濟、漯，大軍汎黃河以角
其前，荊州下宛、葉而犄其後。雷震虎步，並集虜廷，若舉炎火
以焚飛蓬，覆滄海而注燼炭，有何不消滅者哉？
當今漢道陵遲，綱弛綱絕，操以精兵七百，圍守宮闕，外稱陪衛，
內以拘質，懼篡逆之禍，因斯而作。乃忠臣肝腦塗地之秋，烈士
立功之會也。可不勗哉！……」

　　時曹操正自許城進駐官渡營中，讀到陳琳的檄文，毛骨悚然。即傳
令三軍，緣河布防，加強警戒，秣馬礪兵，準備廝殺。
　　建安五年二月，袁紹自督大軍向黎陽出發，另遣郭圖與大將淳于瓊、
顏良等別率一軍，從白馬津❸渡河，進攻東郡。曹操聞知袁紹遣兵兩路，
分向黎陽、白馬前進，乃與左右商議對策。荀攸獻計道：「我公可指麾大
軍逕向延津集中，作渡河之勢，以引誘袁紹的主力西進。然後以輕騎急
進，去援救白馬，必可破敵。」曹操稱善，遂依計而行。袁紹果然自率主
力，向延津而來。這裡曹操卻自領精兵猛將，銜枚疾走，東趨白馬。走
到距白馬坡十餘里地方，被紹將顏良發覺，急列陣迎戰。時劉備部將關
羽投降在曹操軍中，關羽、張飛素號萬人敵，曹操即令關羽與呂布降將
張遼一同出擊。那關羽眼明馬快，遠遠望見顏良的麾蓋，即縱騎而下，
衝入敵陣，手起刀落，刺良於萬軍之中，斬首而還。顏良一死，士卒崩

❸　中黃伯、夏育、烏獲，皆古之勇士，說見《尸子》與《戰國策》。
❸　為黃河渡口，在黎陽縣西，今河南滑縣北。

退，遂解白馬之圍。然後曹操引軍循河而西，還趨延津擬與大軍會合。這時袁紹已督率大軍，自延津渡河，聽說曹操擊殺了顏良，便令劉備與大將文醜將兵在中途截擊曹操。曹操行距延津不遠，發現了袁紹的軍隊，急令人登高瞭望，望見前面約有騎兵五、六百人，後面的步兵則不知其數。曹操心生一計，即下令叫所有騎兵都解鞍放馬，各尋地勢掩匿，卻將在白馬俘獲的輜重財物，散置在道上。紹軍到來，看見漫山遍野的器仗財寶，爭相掠取，陣勢大亂。只聽得一陣鼓聲，曹操的軍士都紛紛上馬，從掩蔽處一齊殺出，只殺得紹軍大敗而走，文醜陣亡。這顏良、文醜是袁紹手下兩員猛將，方才交兵，便相繼戰歿，軍中士氣大受打擊。

卻說關羽與劉備情若手足，自從徐州失散，不得已而投降了曹操，曹操深愛其才勇，種種優待，百方籠絡，而關羽總是愁眉不展，抑鬱寡歡。關羽與呂布舊將張遼一向友好，曹操便令張遼去慰問關羽。關羽嘆道：「我與劉將軍誓共生死，若得其下落，即當往從，終不能長留在此。但曹公待我恩厚，必報曹公之德而後去！」及至白馬坡前，關羽殺死顏良，曹操特表舉關羽，封為漢壽亭侯，重加賞賜。可是關羽也就在陣前獲知了劉備的消息，回營後，將曹操前後所贈與的賞賜完全封還，留書告別，竟自單騎出走投奔紹軍，而與劉備重相聚首。曹操得訊，為之嗟嘆不已，左右請發兵追趕，曹操道：「彼自各為其主，追之無益！」

袁紹雖然打了兩個敗仗，折失了兩員大將，卻得關羽來歸，軍威復振。加以袁紹的兵多勢大，在河南汝南一帶，有許多黃巾餘黨，聞風響應。曹操被逼，放棄了東郡陣地，而集中兵力於濟河南岸，與袁紹隔河對峙。袁紹置主力於濟北陽武❸❷，曹操置主力於濟南官渡，雙方東西數十里，營壘相望。曹操

關 羽

---
❸❷ 今河南陽武東南。

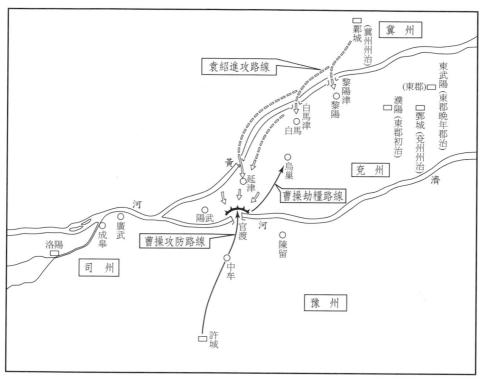

袁、曹官渡之戰形勢圖

屢次出戰，都被袁紹所敗，乃深溝高壘，堅壁自守。袁紹百方攻打，作高櫓，起土山，以居高臨下之勢，俯射曹營，曹營中的軍士，都蒙楯而行。曹操乃作霹靂車，發石擊壞袁紹的樓櫓。袁紹又掘地道以攻曹軍，曹操則在營內作長塹以抵抗。這樣你來我往，從建安五年的五月，相持到九月。袁紹又令劉備別率一軍，與汝南黃巾劉辟聯合，從南面抄擊曹操的後方。曹操腹背受敵，士卒疲敝，糧食將盡，有許多部隊紛紛叛離。曹操實在難以支持，又怕後方發生變化，遂欲撤兵退守許城。而一時猶豫不能決，遂寄書與留守許城的謀士荀彧計議。荀彧立即復書，略曰：

　　「紹悉眾聚官渡，欲與公決勝敗。公以至弱當至強，若不能制，
　　必為所乘，是天下之大機也。且紹，布衣之雄耳，能聚人而不能

用。夫以公之神武明哲而輔以大順，何向而不濟！今穀食雖少，未若楚漢在滎陽、成皋間也。是時劉、項莫肯先退者，以為先退則勢屈也。公以十分居一之眾，畫地而守之，搤其喉而不得進，已半年矣。情見勢竭，必將有變，此用奇之時，不可失也。」

曹操看了荀彧的信，便打消了退志，鼓起勇氣，堅壁以待變。

袁紹的謀臣許攸，見兩軍相持不決，曹操的重兵都在前方，料定許城必然空虛。乃建議袁紹分兵去襲取許城，如果得了許城，奉天子以討曹操，曹操必亡。袁紹不聽道：「我破曹操就在旦夕之間，又何必多此一舉！」許攸近來多次獻策，袁紹都不採納，心中不快。偏偏許攸的家屬又在鄴城犯法，被留守審配捉拿下獄。許攸一怒，就亡奔曹營。曹操聽說許攸來降，真是喜出望外。不及著履，徒跣出迎，執許攸之手道：「子卿（攸字子遠）來，吾事濟矣！」入坐之後，許攸開口便問道：「袁紹勢大，兵多糧足，但不知此間軍中，還有多少糧食？」曹操答道：「還能支持一年。」許攸搖頭說道：「不確！不確！」曹操道：「僅能支持半年！」許攸道：「足下不想破袁氏耶？為何言之不實？」曹操只得苦笑道：「實不相瞞，軍中的糧食，僅能支持一月，為之奈何？」許攸因道：「我公孤軍獨守，外無救援，而糧穀已盡，此誠危急之日也！袁氏今有輜重萬餘乘，存在烏巢地方，雖有守軍而無嚴備，若能以精兵襲擊，焚其積聚，則袁氏不戰而自敗！」曹操大喜！這烏巢地方，在袁紹大營的西北四十里，袁紹派有大將淳于瓊率兵萬人駐守。曹操決定親自出馬，留下曹洪看守大營，自將步騎五千人，都巧裝改扮，打著袁軍的旗號，夜間出發，抄走小路，穿過袁紹的防地，急趨烏巢。途中遇到防軍的盤問，回答說：「是袁公怕曹操劫糧，特派往烏巢增防的軍隊。」防軍都不以為疑。一路無阻，潛至屯糧所在，放起一把大火。那時正當秋冬之際，北地天乾風急，一萬多乘的糧穀，都被燒燃，一時火光沖天，煙焰迷漫。淳于瓊半夜裡驚起，從火中發現了敵人，倉皇應戰，被殺得大敗崩潰，淳于瓊陣亡。士卒被

俘者有一千多人，曹操故意叫人把俘虜的鼻子一齊割掉，然後縱令逃生。

袁紹在大營中，聽到曹操親將襲擊烏巢的消息，便與長子袁譚計議道：「曹操西擊烏巢，官渡大營必然空虛，正好乘此攻下官渡，叫曹操進退無路！」於是下令，令大將張郃、高覽去攻打官渡。張郃道：「曹操出襲，其後方必有布署，官渡大營堅固，非急切所能攻下。倒是烏巢要緊，萬一烏巢有失，糧食被劫，則大事去矣。故應先派重兵，去急救烏巢！」可是謀士郭圖極力附和袁紹的主張，與張郃爭辯不休。最後袁紹還是力促張郃等去進攻官渡，另外撥遣了一支少數的軍隊，去增援烏巢。果然官渡的曹營，守得十分堅牢，張郃、高覽等屢攻不下。那一支派往烏巢的援軍，行至中途，已知淳于瓊陣亡，為之膽寒，及見逃回的敗兵，一個個血流滿面，更加恐怖，竟不戰而退。這敗訊傳到袁紹的軍中，軍中聞聽烏巢的糧食全部燒燬，人人惶恐。郭圖又因失策慚恨，與張郃等發生齟齬，就在袁紹前詆毀張郃，說他聞知前方兵敗，反而洋洋得意，引起袁紹的羞惱，要殺張郃。張郃恐懼，就聯合高覽，一同在陣前叛變，率部投降曹營。恰好曹操從烏巢凱旋，即乘勢指揮三軍，大舉反攻。原來這軍隊作戰，全靠一股士氣，士氣一垮，則整個瓦解。結果，袁紹的幾十萬大軍，竟如山崩河瀉一般，全面敗潰。袁紹、袁譚父子率其隨身的八百騎兵，倉皇渡河亡走。剩下投降的，都被曹操所活埋。紹軍死者七萬多人，喪失的輜重、圖書、珍寶不計其數。袁紹的監軍沮授，也被曹軍所俘。曹操因與沮授有舊，親自出營解縛相慰。沮授道：「冀州失策，自取敗北。我沮授今日智力俱困，是以被擒。」曹操道：「本初無識，不能相用，如今天下喪亂未定，正當與君共同努力！」沮授道：「我父母兄弟都在袁氏軍中，如蒙相愛，但求速死！」曹操勸道：「孤若能早得君，天下不足慮也！」便將沮授留在軍中，厚加款待。可是沮授誓不變節，暗謀北歸，後來終被曹操所殺。曹操既破袁紹，在紹營中搜獲了一大批的祕密文件，原來都是曹操部下通敵的書信。曹操一概不看，令當眾焚燬，說道：「當那危急之時，連我自己尚且動搖，何況眾人！」於是人心皆定！

　　卻說那勸阻袁紹不聽，反被袁紹幽囚在冀州牢獄裡的田豐。有人將袁紹敗北的消息報告他，並且向他道喜說：「先生所料不虛，從此袁公必當重用！」田豐嘆道：「袁公貌寬而內忌，若得勝而喜，我或可倖免；如今戰敗而憤，我絕無生望矣！」果然，袁紹渡過黃河，狼狽北走，一路之上，但聽得軍士們紛紛抱怨說：「假如田豐在此，絕不會有此大敗！」袁紹聽了，不勝慚愧。因與逢紀道：「田別駕當日相勸不聽，如今有何面目相見？」這逢紀一向與田豐不睦，乘機挑撥道：「聽說田豐在冀州獄中，聞知將軍之敗，拍掌大笑說：果不出我之所料！」袁紹大恨，便著人先行返回冀州傳命，就獄中殺死了田豐。袁紹回到冀州之後，雖然收拾餘眾，尚足以自保；然而心情沮喪，意志頹唐，從此鬱鬱多病。官渡之戰，是在建安五年冬十月，這是北方曹、袁兩大勢力的主力決鬥，為兩人興亡成敗之關鍵，也是三國史上一次劃時代的戰役。

　　曹操在建安五年冬天擊敗袁紹，第二年，建安六年（201 年）的春天，就親自帶兵去討伐汝南的劉備。劉備在汝南聯合黃巾餘黨，從事游擊戰。自從袁紹敗北，便與紹軍失卻連絡，成了一支孤軍遊魂，自然抵敵不住曹操大軍的掃蕩。只得亡命南走，去投奔荊州的劉表。劉表也素慕玄德之名，親出郊外迎接，待以上賓之禮，就讓劉備率其殘部，駐屯在襄陽之北，新野地方。這時劉表方平定了長沙地方的叛亂，拓境至五嶺，地方數千里，兵甲數十萬，居處服御，僭擬天子，正是全盛之時，和江東的孫權，一西一東，成為長江上、下游的兩大勢力。曹操追擊劉備，未嘗不想乘勢進取荊州，但因袁紹尚未消滅，有後顧之憂，也就適可而止。

　　袁紹在冀州，憂病交加，於建安七年（202 年）夏五月，嘔血而死。袁紹共有三子，長子袁譚，次子袁熙，乃前妻所生，幼子袁尚乃後妻劉氏所生。袁紹獨鍾愛幼子，想立以為後，而不便明言，便出袁譚為青州刺史，袁熙為幽州刺史，與外甥并州刺史高幹，各治一州。單留下幼子袁尚在身旁，同居於鄴城，意思就是要把冀州傳給袁尚。袁紹的部下，

自然也都明白袁紹的心理，於是各自樹黨，分成了兩派。謀士辛評、郭圖等，附合著袁譚，逢紀、審配等，則擁護袁尚，彼此明爭暗鬥，積不相能。袁紹一死，袁譚立即從青州趕回奔喪，還沒有走到鄴城，審配、逢紀等，已遵遺命擁奉袁尚嗣位為大將軍冀州牧。袁譚心中不平，也自稱為車騎將軍，留屯在黎陽，暫不入冀州，稱說青州地方防務不足，要求冀州撥助兵馬。袁尚便抽調了一些兵馬，派令逢紀率領前往，名為協助，實係監視袁譚。袁譚發覺，一怒之下，將逢紀斬首。這兄弟二人，正要反目，忽然曹操的大軍潮湧而來。原來曹操自官渡戰後，決心要澈底消滅袁紹的勢力，一直在伺機而動。如今聞知袁紹病歿，諸子內訌，遂大舉興兵來襲擊黎陽。時建安七年秋九月。

所謂「兄弟鬩於牆，外禦其侮」，袁譚被攻，不得不求援於袁尚。袁尚也不得不顧念大體，乃親自率兵來救黎陽。這兄弟二人合力抵抗曹操，幾次交兵，都被曹操所敗，就退入黎陽城中，堅壁固守。一面派人傳信給并州刺史高幹，叫他與河東太守郭援，發兵去襲擊曹操的後方。高幹、郭援得信，乃聯合匈奴的南單于呼廚泉共同起兵，進攻河東，並約西涼馬騰從關中起義，一同抗曹。那時河東地方，北部受高幹統轄，南部則為曹操的勢力範圍。當高幹、郭援等引兵南下，所過城邑紛紛陷落，南單于呼廚泉則進據平陽❸。曹操得訊，急令司隸校尉鍾繇發關中之兵，去援救河東。鍾繇先已發覺馬騰不穩，特派人往見馬騰，痛切曉以利害，終將馬騰說服。馬騰為了表示效忠，特遣其子馬超將兵東下，協助鍾繇作戰。這馬超字孟起，生長西北，十分英勇。鍾繇得馬超之助，聲勢大振，即發兵出關，連戰連勝，攻抵平陽。郭援率兵來救，被馬超殺得大敗，超將龐德陣前殺死郭援，一戰而攻下了平陽，收降了南單于呼廚泉。高幹被逼，只得引兵退回并州。

曹操圍攻黎陽，從建安七年九月，苦戰到八年（203 年）二月，終於將黎陽城攻下，袁譚與袁尚退守鄴城。曹操乘勝追擊，追到鄴城附近，

---

❸　今山西臨汾。

遭遇了袁尚的伏襲，打了一個敗仗，損失頗重。謀士郭嘉道：「我兵已疲，不宜再戰。袁氏兄弟，一向不和，勢如水火。今急之則相合，緩之則生變。不如待其變而圖之，可一舉而定也！」曹操深以為然。就留下大將賈信，屯守在黎陽，自率大軍回許休息。果不出郭嘉之所料，曹操方才退兵，袁氏兄弟，便爭鬥起來。

當曹操從鄴城撤兵後，袁譚和袁尚檢討戰爭的失敗原因，這兄弟二人相互埋怨。袁尚責備袁譚的作戰不力，袁譚責備袁尚的供應不足。袁譚要求袁尚給他軍隊補充配備，他願意再去追擊曹操，袁尚置之不理，袁譚憤憤不平。謀士辛評、郭圖素與審配有隙，便乘間說道：「先公之所以出將軍守青州，又令將軍兄弟不和，這都是審配一個人的陰謀。」袁譚越想越惱，便率兵去攻打冀州城，聲稱要和審配清算。袁尚便引兵出城迎戰，袁譚不敵，敗走南皮❸❹。青州地方的將吏，聽說袁氏兄弟相攻，都紛紛叛變。建安八年秋，袁尚又親自帶兵去攻打南皮，袁譚再敗走平原❸❺。袁尚跟踪追擊，圍住平原，畫夜攻打。荊州劉表，前曾聯袁抗曹，自從袁紹死後，曹操的勢力坐大，荊州很受威脅。現在聞知袁氏兄弟不和，深為惋惜，就寫了兩封書信，分致袁氏兄弟，剴切相勸，其辭略曰：

「勿忘先人之仇，棄親戚之好，而為萬世之戒，遺同盟之恥哉！」

袁氏兄弟得信後，全然不睬，相攻如故。而袁譚被攻情急，竟不擇手段，遣使去求救於曹操。那曹操正在許城養精蓄銳，待機而動。忽得袁譚求援之書，即於建安八年冬十月，發兵渡河，去襲擊鄴城。袁尚聞曹操兵來，趕忙解圍回救鄴城，才到鄴城，曹軍忽又掩旗息鼓，不戰而退。

袁尚還是不肯罷休，四個月後，再率兵去攻打平原，卻留下審配、蘇由等，守在鄴城，以防曹操來襲。果然，曹操聽說袁尚出戰，再度興

---

❸❹ 今河北南皮。

❸❺ 今山東平原。

兵，來攻打鄴城。可是這次情形大不相同，曹操調動了三軍主力，親自指揮，那來勢十分兇猛，審配、蘇由等，只得閉城堅守。曹軍圍住鄴城，作土山地道，百般攻打。又繞城鑿塹四十里，深廣二丈，引漳水以灌城。審配督率軍民拼死抵抗，從建安九年（204 年）二月，抗戰到七月，城中軍民死傷過半。袁尚久攻平原不下，見後方危急，只得將兵還救鄴城。袁尚繞從西山小路，行近鄴城十七里的陽平亭地方，臨滏水為營。先著人潛入城中，取得連繫，約定舉火為號，裡應外合。至期，審配指揮軍士，從北城突圍，被城外的曹軍所殺回。曹操則親自將兵，去截擊袁尚，大破尚軍於滏水之上，袁尚敗走藍口。曹操跟踪追擊，尚將馬延、張顗投降，袁尚單騎亡命中山。遺棄的軍資甲仗，不計其數，盡為曹操所得。曹操命人將所獲袁尚之印綬衣物，用高竿挑起，揭示城中，大呼「袁尚已死，還不投降！」城裡的人心大亂。審配猶自拚命督戰，聲稱幽州的袁熙救兵就到，令士卒堅守待援。曹操也親到城邊去行圍，城上的伏弩齊發，險被射中。這樣苦戰到八月戊寅的那天夜晚，鄴城東門校尉審榮突然叛變，開門納敵。那曹操的大軍，像潮水般一湧而入，遂將鄴城攻陷。審配最後還督率殘兵，在城中巷戰，終於力竭被俘。士卒將審配綑綁來見曹操，曹操一見審配，笑道：「那日行圍之時，何弩箭之多耶？」審配咬牙道：「可恨太少！」曹操深愛審配之忠烈，便道：「卿忠於袁氏，該當如此。」因婉言勸其歸降，可是審配意氣激昂，罵不絕口，只得下令推出行刑。有冀州人張子謙素與審配不睦，先已降曹操得官。這天高車駟馬適從刑場經過，突然看見了審配，就大聲喊道：「正南（審配字）！你看我今日比你為何如？」審配大罵道：「你做降虜，雖生猶死；我做忠臣，雖死猶榮！那個羨慕你這偷生無恥的奴才！」行刑之時，審配不肯南向，面北而跪道：「我君在北！」曹操誅賞既畢，叫左右預備下香案祭品，親自前往袁紹墓前，布奠傾觴，不禁想起舊情，慟哭了一番。又頒賜了許多衣物，以安慰袁紹的妻室。

　　卻說，當曹操大軍攻入鄴城，那萬般紛亂的時候，曹操的次子五官

中郎將曹丕，帶領兵丁，闖進了袁紹的府邸，無人阻攔，就一直進入後堂。但見紹妻劉氏坐在堂前榻上，身旁有一年輕女子，披散頭髮，伏在劉氏懷中哭泣。曹丕走近面前，叫劉氏將那女子扶起。但見秋水含情，菡萏帶雨，楚楚如風中弱柳，嬝嬝似月裡嬋娟，真是豔絕塵域，儀態萬方。曹丕怦然心動，搖搖幾不能自持，忙問這女子是何人？劉氏答稱是兒婦甄氏。曹丕乃命左右好生看待，歡喜而出。劉氏看見曹丕這般神情，心中明白，乃安慰甄氏道：「我等不復死矣！」那日夜晚，甄氏便為曹丕所得。原來這甄氏乃是袁紹次子袁熙之婦，自從袁熙出鎮幽州，便留甄氏侍姑在家。這甄氏素負美名，即曹操已久有耳聞，入城之初，忙於軍務，無暇及此。待等機要重事，料理完畢，方才想起，便命左右去取甄氏，不料左右回報：「已為五官中郎將將去矣！」曹操只得苦笑道：「今年破賊正為奴！」也就順水推舟，明令以甄氏賜與五官中郎將。由於這一段烽火孽緣，後來又生出許多幽怨的餘波，我們將來再說。

曹操在建安九年八月攻下鄴城，十月，高幹以并州降曹，曹操仍以幹為并州刺史。袁尚逃到中山，復遭袁譚攻擊，便逃往幽州去投依袁熙。這時袁譚自平原移駐南皮，尚據有平原、河間、甘陵、安平、勃海諸郡，和曹操的關係在依違之間。曹操藉口其態度不明，於建安十年（205年）春正月，突興兵問罪，去討伐南皮，一戰而殺死了袁譚。這袁氏兄弟相爭的結果，一死一亡，許多城鎮，都不戰而下，於是冀州全定。冀州地大物博，濟濟多士，郭嘉勸曹操要多多收納人才，蓋人才的爭取尤重於土地。曹操的看法正與郭嘉相同，於是招攬了一大批的賢俊之士，置之幕府。連前者作檄書辱罵曹操的陳琳，也聞風來歸。曹操見了陳琳笑道：「卿昔日為本初草檄，但可罪狀孤身，又何必要辱及父祖？」陳琳惶恐謝罪，曹操都不究既往，令陳琳與陳留人阮瑀共掌記室。後來，陳琳、阮瑀與同時的文豪山陽王粲、北海徐幹、汝南應瑒、東平劉楨、魯國孔融，共稱「建安七子」。

袁尚逃到幽州去投依袁熙，不料袁熙的部將焦觸、張南鑑於袁氏的

大勢已去，竟舉兵叛變，降了曹操，操封觸、南為列侯。袁熙、袁尚兄弟被逼亡命遼東，逃入烏桓，於是幽州也不戰而下。可是建安十年十月，并州刺史高幹復叛，俘執上黨太守佔據壺關❸以抗命。曹操先命樂進、李典去討伐，不能取勝。到建安十一年（206 年）正月，乃親將出征。從正月激戰到三月，終將高幹擊潰，收復壺關。幹亡命匈奴，匈奴不敢收納，再南走荊州，行至中途被上洛都尉王琰所殺。曹操既平高幹，委署陳郡人梁習為并州刺史，京兆人杜畿為河東太守。兩人講武修文，撫治有方，民情大定。梁習又遣兵肅清邊境，收撫了許多的匈奴部落，安置在汾水流域一帶，使其歸化。於是曹操又完全平定了并州。

　　再說這烏桓、鮮卑，乃是中國東北方的兩個民族，屬於東胡種人，最初居住在滿、蒙之間的山嶽地帶。據《漢書》說：他們分保烏桓、鮮卑兩山，烏桓在南，鮮卑在北，於是在北者，其族稱鮮卑，在南者，其族稱烏桓。自從兩漢征服匈奴，其族逐漸南移，雜居邊外，叛復無常。現在單說這烏桓族，在東漢末年，雜居在遼東、遼西、上谷、漁陽、右北平一帶邊塞之上，部落繁多，而以丘力居大人所部為最強。當靈帝時，屢屢入寇，被白馬長史公孫瓚所擊退。後來丘力居去世，其從子蹋頓繼位，統一烏桓諸部。袁紹與公孫瓚交戰，特別聯絡蹋頓，與之和親結盟，夾攻公孫瓚。及公孫瓚消滅，袁紹矯詔封蹋頓為汗魯王，尊為大單于，因之蹋頓與袁氏深相結納。蹋頓並乘中國之內亂，掠取了邊地的漢民十餘萬戶，聲勢相當強大。如今袁氏破敗，袁熙、袁尚兄弟，投奔烏桓，蹋頓頗念舊情，就收留下袁氏兄弟，並發兵南侵，意欲協助袁氏恢復故土。曹操認為烏桓不平，終為後患，就在建安十二年（207 年），調動三軍，親自統率，從鄴城出發，準備遠征烏桓。諸將都紛紛勸阻道：「袁尚為亡虜，烏桓乃夷狄，何須窮究。倒是劉表與劉備相結，為西南大患，如今深入絕域，萬一二劉聯兵來襲許都，則後悔無及！」唯有郭嘉的見解與眾不同，他認為：「劉景升乃坐談之客，並無遠略。烏桓強悍，若與袁

---

❸　又稱壺口關，在今山西長治東南。

尚相結，再煽動邊民，使死灰復燃，則前功盡棄矣！」曹操的看法完全與郭嘉相同，就絕不遲疑，督師北進。前在徐無山中聚族開荒的義士田疇，從曹操底定幽州，聞其俠義，特遣使撫慰，任命他做蓨縣❸縣令。因為他熟識東北邊境的地理，這次北征，遂奉命隨行。在建安十二年五月，大軍進抵無終。時當夏暑雨潦，道路泥濘淤塞，烏桓又緣險布防，難以進軍。曹操因問計於田疇，田疇道：「此道夏秋經常有水，淺不通車馬，深不載舟楫，實在無法行軍。但去此往東出盧龍塞❸，有一條山險小路，二百里到凡城，再一百八十里到平岡，再前登白狼山，便可望見柳城❹，那柳城便是胡虜的巢穴。昔日右北平郡城原在平岡，本是西漢時的一股舊道。從東漢以來，陷壞斷絕，不通者二百年，然尚有痕跡可尋。現在烏桓正緣無終大路布防，我不妨佯為遇阻撤兵，卻暗用輕騎出盧龍小道，疾趨柳城，掩其不備，或可一戰而擒蹋頓！」曹操稱善。即傳令撤兵，於緣途留下標語，用大字寫著：「方今夏暑，道路不通，且俟秋冬，乃復進軍！」命大軍捲旗荷戈，緩緩而退。曹操卻另揀精銳，親自率領，著田疇為嚮導，越過徐無山，披荊斬棘，覓途疾進。許多老成持重的將領，都堅決反對曹操的冒險，苦苦相勸，而曹操不聽。這烏桓人究竟頭腦簡單，看見曹操的大軍撤退，又發現路旁的標語，竟信以為真，報告蹋頓，蹋頓也就不復為備。這裡曹操的奇兵，經凡城、平岡，嶄山堙谷，穿過了五百里的無人地帶，抵達了柳城附近。蹋頓發覺大驚，以為兵從天降，急集合胡騎，慌忙應戰。雙方相遇於白狼山下，展開一場驚天動地的血戰，曹軍大破烏桓，就陣前殺死了蹋頓單于，虜眾大潰。一時胡漢降者，有二十餘萬人。袁熙、袁尚脫命亡走，去投奔遼東太守公孫康。曹操也就不再窮追，於建安十二年九月，引軍自柳城凱旋。回軍之時，天寒苦旱，二百里無水源，軍中乏食，殺馬數千匹以充飢，雖然得勝，犧牲甚

❸　蓨音修，一作脩縣，今河北景縣。

❸　今河北遷安西北，溯灤河而上，穿燕山入熱河，即今之喜峯口峽路。

❹　今遼寧朝陽境內。

重。及至回到了幽州，喘息方定。曹操急著人調查前出盧龍塞時勸阻出兵之人，人皆惶恐，等待將姓名調查出來，曹操卻按名一一重賞道：「此次行軍，誠乃行險僥倖，雖獲成功，全仗天佑，不足為訓。諸君所言，實是萬全之計，不可以成敗論得失也。以後但凡有知則言，幸勿顧慮！」曹操又認為這次的勝利，是全仗田疇之力，特以五百戶封疇為亭侯。田疇遜謝道：「疇本荒野小民，逃遁邊塞，志在為劉幽州報仇。夙願未酬，心常耿耿，今反因時以邀功，非我志也！」固辭不受封爵，曹操嘉其高潔，也就不相勉強。

　　我們現在須要補述一下這遼東的情形。遼東地方是漢朝東北的極邊，自從漢末黃巾之亂以來，因為地方遼遠，幾成區脫。在靈帝中平六年（189年），朝廷任命公孫度為遼東太守。公孫度字升濟，本遼東襄平人，為人雄武多略。他就任後，整飭地方，誅鋤豪強，法紀森嚴，威申令行。又發兵東伐高句麗，西擊烏桓，揚威於海外。以後中原擾攘，王命不達，這遼東一隅，猶似域外。公孫度謂其左右曰：「漢祚將絕，當與諸卿共圖王事耳！」從此立祖廟，祀天地，乘鸞路之車，建翠鳳之旗，自封為遼東侯、平州牧，儼然自成一國。當青、豫、幽、冀兵慌馬亂之時，這遼東倒成為一片世外桃源之地。許多中原的衣冠名士，如管寧、邴原等❹都前往避難，遂令中國之禮教文化，遠播海外。曹操為了羈縻遼東，曾表公孫度為武威將軍，封永寧鄉侯。建安九年公孫度去世，傳子公孫康。袁熙、袁尚逃奔遼東，公孫康畏懼曹操，不敢收留袁氏兄弟，怕招惹戰禍，就將袁熙、袁尚殺死，遣使齎送其首級與曹操。曹操大喜，即封公孫康為襄平侯，拜左將軍，正式繼承了父位。

　　到這時，袁氏全滅，曹操乃盡有幽、并、青、冀、徐、兗、豫七州，與關中司隸之地，大封其功臣二十餘人為列侯，各據要津。建安十三年

❹　管寧字幼安，邴原字根矩，皆北海朱虛人，均以節操聞於鄉里，黃巾亂起，相將避難至遼東，深得公孫度之優禮。管寧隱居山谷，邴原則住在郡中，由中原逃難至遼東，從原居者數百家，遊學之士，教授之聲不絕。

（208 年），又徵馬騰入京，將西涼也收入掌握。是年，曹操改制，罷三公之官 ❹，復設丞相、御史大夫，而自為丞相。事實上，曹操已是中原霸主，漢天子拱默而已。曹操以冀州鄴城，地當南北樞紐，為軍事之重鎮，特置重兵，握符坐鎮，不時入朝，而經常往來於許、鄴之間。三國歷史發展到這個時候，是第二個段落。

---

❹　東漢以來，以太尉、司徒、司空為三公。今皆罷，而恢復西漢初年之制，設丞相、御史大夫，大權全在丞相。

第三講　赤壁之戰

　　建安十三年，曹操消滅袁氏，統一中原，盡有幽、并、青、徐、冀、兗、豫七州與關中司隸之地。又廢三公之制，自為丞相，總攬百揆。從幽州回到鄴城時，特在鄴城中開鑿了一個大大的玄武池，以操演水軍，準備要渡江南征，以混一天下。這時分疆割據，勉強足與曹氏抗衡的，除了荊州的劉表之外，還有長江上游，佔據蜀漢的劉璋、張魯，與長江下游的孫權而已。

　　劉璋乃是益州牧劉焉之子。劉焉字君郎，江夏竟陵人，為漢宗室魯恭王之後。在漢靈帝時，官至太常卿。當時以地方不靖，王室多故，朝議擬改刺史為牧伯，就委命劉焉為益州牧。益州州治初在綿竹❶，興平元年綿竹大火，官廨府庫都成焦土，乃遷州治於成都。不久，劉焉病歿，治中從事王商與大吏趙韙等，共立焉子璋領益州牧。

　　早在東漢的中葉，有一個神祕的人物，此人姓張名陵，一作道陵❷，乃沛國豐城人，據說是張良的後裔。先在江南龍虎山❸修道，後來輾轉

---

❶　在今四川德陽北，綿竹南。

❷　《後漢書》與《三國志》皆作張陵，唯因為道教祖師，故後世每稱為張道陵。

入蜀，隱居在鵠鳴山中，著有《道書》二十四篇，又造作符籙，惑亂百姓。傳其道者，須出五斗米，世稱「五斗米道」，或稱為「米賊」。張陵臨死，以其經籙印劍傳給他的兒子張衡，張衡又傳其子張魯。這張陵便是後世所尊稱的「張天師」，也就是「道教」的來歷，靈帝時東方的黃巾賊張角、張梁等，和他們也都是一流人物。這張氏在蜀中，三代傳道，信徒眾多，其潛在勢力頗大。尤其張衡之妻張魯之母，既擅媚術，又有姿色，是一個妖嬈的女子，經常出入於州府中，和劉焉有著微妙的關係。就憑著這種特殊關係，劉焉特委署張魯為督義司馬，並且寵信非常。更令張魯將兵北上，襲殺漢中太守蘇固，而佔領了漢中。張魯在漢中以鬼道治民，初來學道的名叫「鬼卒」，信道有成的，號為「祭酒」。「祭酒」各領部眾，其部眾多者號為「治頭大祭酒」。其訓練部屬，教導民眾，都要誠實無欺。如有疾病，則禱告神靈，向天悔過。各地多設傳亭，名為義舍。義舍中多置酒肉，來往旅客，可以自行取用，如敢多取，則必有天譴。百姓犯罪，先須經過三次懺悔，如再不改，方才行刑。這一切措施，真是荒誕離奇，陰陽怪氣。

劉璋字季玉，是劉焉的第三子，一向與張魯母子不睦。而張魯過去依恃著劉焉的寵愛，也從不把劉璋放在眼裡。及至劉焉死，劉璋繼領益州牧，張魯在漢中態度驕橫，全不服從劉璋的號令。劉璋一怒，將張魯留在成都的母親家室，一齊殺死。張魯大恨，就在漢中獨立，與劉璋為仇。這蜀、漢兩地，儼如敵國。

劉璋之為人，寬柔無威儀，不能服眾。又好聽讒諛，不納忠言。蜀中本是天府之國，物產富庶，而劉璋不能理；人才眾多，而劉璋不能用。雖因地方偏僻，沒有捲入戰禍，可是政治腐敗，一片渾沌，士氣消沈，人心渙散。就在劉璋的治下，巴郡❹臨江地方，有一位豪傑之士，姓甘名寧，字興霸，其人勇力善射，遊俠好義。初舉吏，補蜀郡丞，鬱鬱不

❸　龍虎山在江西貴溪境內，兩峰對峙，如龍昂虎踞，故稱龍虎山。

❹　郡治江州，今四川江北。

得志，棄官歸家。後見天下紛紛，不甘寂寞，遂率領僮客八百人，順江而下，去往荊州投奔劉表。劉表不能用，又東走夏口，為江夏太守黃祖所留。一留三載，還是沒沒無聞。甘寧乘間脫走，就來投奔東吳，大為周瑜所賞識，就將甘寧舉薦給孫權，終被孫權所重用。

卻說孫權在建安五年，繼孫策為討虜將軍領會稽太守時，年僅十九歲。賴有張紘、張昭、周瑜、魯肅這班人的忠心輔佐，與吳太夫人的教導有方，才穩定了江東的統治，繼承了父兄的基業。建安七年，吳太夫人病卒❺臨歿之時，召見張昭、張紘等，囑託後事，叫他們好生輔助孫權。到建安八年，各地的山越蠢動，孫權命諸將呂範、程普、太史慈、黃蓋、韓當、周泰、呂蒙等，分別討平之，又有建安、漢興地方的百姓作亂，也被南部都尉賀齊所平，於是江東地方大定。到建安十三年時，孫權已二十七歲，孫權的才略雖不如孫策，而氣度過之，用人決策，也都有果斷。幾年來，國力充裕，軍勢日盛。遂謀西擊黃祖，以報殺父之仇。現在甘寧從黃祖處來，孫權便虛心求教，問以西方的情形。甘寧就將江夏與荊州的軍政內幕，作了一個詳細的報導。他說劉表坐守，兒子又不成材。黃祖昏耄，左右貪汙，戰具不修，將士離心。如果以全力進攻，必能擊潰黃祖，則江夏必得，荊州可取。說得孫權大為興奮，舉酒相酬道：「決定今年西征，即以付卿，有如此酒！卿其勉之！」遂由甘寧參與帷幄，釐定方略。在建安十三年春，孫權調動水陸諸軍，大舉西擊黃祖。黃祖用兩隻蒙衝大艦貫以鉅索，守在沔口❻。艦上弓弩手千人，左右交射，飛矢如雨。權將董襲與淩統為先鋒，各選敢死隊百人，人被重鎧，分乘大舸，突進蒙衝裡，斬斷鉅索，那兩隻大蒙衝順水橫流，敵陣大亂。於是孫權的水軍，一衝而進。權將平北都尉呂蒙，就陣前殺死

---

❺　吳太夫人之卒，《三國志‧吳書‧孫破虜吳夫人》作建安七年，唯《通鑑》作建安十二年，茲仍從《三國志》說。

❻　即夏口，為漢水入長江之口，蓋漢水一稱沔水，或夏水，今之漢口地方，漢時稱為沔口或夏口，其地有沙羨城。

了黃祖的水軍都督陳就。祖軍大敗，權軍水陸並進，追到沙羡城下。黃祖來不及入城，慌忙奪路逃走，被孫權的騎將馮則趕上，手起刀落，劈於馬下，權軍盡俘其男女數萬口而還。這黃祖是劉表的一隻膀臂，久鎮東陲，一旦身亡，使劉表大受打擊。孫權既殺黃祖，整頓軍旅，準備要繼續西進，突然荊州的局面，發生了重大的變化。

卻說荊州牧劉表，為人因循，優柔寡斷，雖擁八郡之地，而無遠慮。這幾年來，命運迍邅，事多拂逆。當曹操北伐冀州時，在荊州作客的劉備，曾力促劉表乘虛去襲擊許城，而表趑趄不前。及至曹操得勝歸來，表又後悔，謂備曰：「恨不用君言，失此良機！」備道：「天下紛紛，未來機會尚多，只要不再錯過，則未足為恨也！」

劉備自從建安六年被曹操所破，亡奔劉表，寄屯在新野，韶光易逝，不覺忽忽六年，客中歲月，非常寂寞。有一日，在劉表的座中，起身如廁，回座時滿面淚痕。劉表詫問其故，劉備淒然道：「我平生不離鞍馬，髀肉皆消，而今久不乘騎，不覺髀裡肉生。日月如流，老將至矣！」那時劉備年已四十七歲❼，人過中年，風塵潦倒，自不免有惆悵之感！劉備在荊州，閒暇無事，遂以遨遊山水，訪友求賢為務。有一天，會晤到襄陽❽名士司馬徽。徽字德操，有知人之明，人稱水鏡先生。和劉備談起，當地有兩位俊傑，號稱「伏龍鳳雛」，乃天下奇才！劉備便向這水鏡先生請教：「何謂伏龍鳳雛?」司馬徽道：「伏龍者，諸葛孔明，鳳雛者，龐士元也！」後來劉備又在新野地方，得到一位名

諸葛亮

---

❼ 劉備卒於魏黃初四年（223 年），享年六十三歲，見〈蜀書·先主備〉，上距建安十二年（207 年）為十六年，則在建安十二年訪諸葛亮時應為四十七歲。

❽ 今湖北襄陽。

諸葛亮隱居隆中

士，姓徐名庶，字元直，博學多才，深為器重。而元直非常謙抑，自稱其才遠不如諸葛孔明。他說：「孔明乃臥龍也！」劉備因之大為嚮往，堅請徐庶邀請孔明來會，徐庶道：「此人難以屈致，將軍如必欲相見，宜枉駕往訪！」

　　原來這諸葛孔明名亮，原籍琅邪陽都人，乃漢司隸校尉諸葛豐之後。父諸葛珪在漢末為泰山郡丞，早歲去世。諸葛亮與其弟諸葛均依靠叔父諸葛玄撫養。諸葛玄與劉表相善，時因東方黃巾作亂，遂應劉表之邀前來荊州。到了荊州不久，便一病身亡。諸葛亮就在荊州落戶，他見天下紛擾，無心仕進，就買了幾畝薄田，搭了幾間草廬，隱居在這襄陽城西二十里的隆中地方，與世俗不相聞問。這隆中在萬山❾西北，風景優美，宋詩人蘇東坡有句詠萬山隆中云：

　　「回頭望西北，隱隱龜背起，傳云古隆中，萬樹桑柘美，月炯轉
　　山曲，山上見洲尾，綠水帶平沙，盤盤如抱珥。」

　　諸葛亮在這隆中，耕田讀書，倒也逍遙自在。那時他不過二十來歲❿，

❾　一稱方山或稱隆中山，在襄陽西北八十餘里，漢水南岸，山勢曲折，風景優美。參見《讀史方輿紀要》湖廣襄陽府條。

劉備三顧茅廬

雖然無意功名，卻是相當自負。平時與當地名士潁川人石韜、徐庶，汝南人孟建，博陵人崔州平等相往還。每逢談論世事，輒抱膝長嘯，旁若無人，常自比於管仲、樂毅，人都笑他誇大，唯有崔州平與徐庶信以為然。

劉備一向求賢若渴，既聞司馬徽與徐庶的一再稱揚，便輕裝簡從，親自去往隆中尋訪諸葛亮。那知事有不巧，兩次都不曾相遇，到第三次方才得見。劉備看那諸葛亮身長八尺，風神瀟灑，果然瓌姿俊逸，名不虛傳，談吐之間，不覺傾倒。因屏退左右，盡吐心曲，向孔明請教道：「漢室傾頹，奸臣竊命，主上蒙塵，孤不度德量力，欲伸大義於天下；然而智慮淺短，未能得志。請問，計將安出？」諸葛亮聽了，略為沈吟，然後說道：「自董卓作亂以來，豪傑並起，跨州據郡，不可勝數，而以袁紹為最強。曹操能以寡擊眾，以弱滅強，不僅天時，亦仗人謀。如今曹操已擁百萬之眾，挾天子而令諸侯，此誠難與爭鋒。孫權佔據江東，已歷三世，地勢險要，民心歸附，此可與為援而不可圖也。唯有荊州地方，北據漢、沔，南通南海，東連吳會，西接巴、蜀。此乃英雄用武之地，恐其主不能守，正天所以賜與將軍，不知將軍之意如何？再則，益州險塞，沃野千里，為天府之國，高祖憑之以成帝業。如今劉璋闇弱，張魯無能，雖然民殷國富，而不能存恤，智能之士，都思得明君。將軍既帝室之冑，又信義著於四海，如

---

⑩ 《三國志‧蜀書‧諸葛亮》稱亮見劉備時年二十七歲，恰比劉備小二十歲。

能收攬英雄，跨有荊、益兩州之地。西和羌戎，南撫夷越，外結好孫權，內修明政治。然後再待機而動，一俟天下有變，可遣一上將軍，將荊州之眾，北向宛、洛，將軍自率益州之眾，出秦川取關中。則百姓誰敢不簞食壺漿，以迎將軍！如此，霸業可成！漢室可興！」這一篇話，把當時的天下大勢，利害取捨，分析得頭頭是道，瞭如指掌。並替劉備畫了一幅全面發展的政治藍圖。劉備聽了，真如醍醐灌頂，茅塞全開，欽服得五體投地，即堅邀諸葛亮出山相輔。諸葛亮也深感劉備知遇之誠，推卻不過，遂隨同劉備來到軍中，做了劉備的軍師。劉備得了諸葛亮，事事請教，親密非常，連那共患難如手足的關羽、張飛都顯得冷落，關、張為之不快，形於辭色，劉備慰解道：「孤之有孔明，猶如魚之得水，願諸君不必多言！」這劉備與諸葛亮的君臣遇合，後來一直成為歷史上的嘉話，關於孔明的出隆中，唐胡曾有詩曰：

「世亂英雄百戰餘，孔明方此樂耕鋤，蜀王不自垂三顧，爭得先生出舊廬！」

荊州牧劉表所生二子，長子劉琦為人忠厚，次子劉琮性情儇薄，而劉表偏愛其次子。劉表後妻蔡氏，又娶其內姪女為劉琮婦。蔡氏之弟蔡瑁，與劉表外甥張允，都為劉表所寵信。他們與蔡氏相結，成為一黨，專門在劉表面前撥弄是非，頌揚劉琮而毀謗劉琦，劉表不免聽信讒言，與長子的情感日疏。劉琦恐懼不寧，終日皇皇，他因一向與劉備相好，新近又結識了諸葛亮，知道諸葛亮足智多謀，便私向諸葛亮請教自安之術，諸葛亮總是避而不答。有一天，劉琦特邀諸葛亮到他家宴樂，相與登樓覽勝。劉琦忽令人撤去樓梯，然後謂亮曰：「今日上不至天，下不至地，言出君口，而入吾耳，可以說否？」諸葛亮無可奈何，乃道：「君不見申生在內而危，重耳居外而安乎？」❶劉琦恍然大悟。適逢黃祖戰死，

---

❶　春秋時晉獻公寵愛驪姬及驪姬所生幼子奚齊，遂害死長子申生，次子重耳逃

江夏危急，劉琦乃自告奮勇，願繼代祖職。劉表正愁這東方門戶，無人可守，便欣然委署劉琦為江夏太守，叫他趕緊將兵赴任。劉琦出鎮不久，而劉表病重，劉琦在前方得訊，趕還省親。蔡氏姊弟，恐怕劉表見了劉琦囑託後事，於己不利，便隔絕內外，不令其父子相見，故意斥責劉琦道：「將軍命你鎮守江夏，現在軍情緊急，責任何等重大，今無故擅離職守，見了將軍，必然震怒，豈不傷害親心，增其疾病，非孝敬之道也！」劉琦只得流涕而去。劉琦才去，劉表便病歿。於是蔡瑁、張允等矯命，共奉劉琮為嗣，繼任鎮南將軍、荊州牧，時在建安十三年秋八月。就在這時，忽然曹操盡起傾國之師，大舉南征，荊州震動。

我們現在要回頭來講曹操。曹操之欲取荊、襄，實居心已久。其整軍經武，積極準備，則從建安十三年春天自幽州還鄴之時開始。建安十三年夏六月，曹操晉位丞相，開府治事，以毛玠、崔琰為相府東、西兩曹掾，司馬朗為主簿，朗弟懿為文學掾，盧毓為法曹議令史，充實了中樞的幹部組織。又分遣心腹大將，張遼屯兵於長社，于禁屯兵於潁陰❷，樂進屯兵於陽翟，以加強地方的防務。為了穩定西陲，特表舉西涼馬騰為衛尉，以其子馬超為偏將軍，將馬騰全家都遷到鄴城，以防其反側。曹操所用的毛玠、崔琰都是廉介之士，主持選舉，澄清吏治。特別提倡一種嚴肅守法的精神，所謂：「拔敦厚，斥華偽，進沖遜，抑阿黨。」原來從東漢桓、靈以來，社會上有種風氣，一般士林，喜歡結黨標榜，徒尚虛聲，不求實際，於是造成君子小人之對抗，演出黨錮宦官之悲劇。風氣所播，遂使一般名士清流，以批評朝政，逃避責任為高潔，無形中成為現實政治的一種阻礙。曹操為了鞏固他的統治，必須打破這種頹風。所以強調法治，嚴申刑賞，鼓勵奉公，而取締朋黨。換言之，就是要消滅在野的個人聲勢，以提高中央的政治權威。在這種政策之下，朝廷百官懾於曹操的勢焰，無不屏聲惕息，唯命是從。獨有一人，不肯向曹操

亡在外，得免於難。重耳後歸國即位，是為晉文公。事見《史記‧晉世家》。
❷ 今河南許昌南，當潁水之陰。

低頭，這人就是名滿天下的孔融。孔融先為將作大匠，現任太中大夫，
當年入朝本是曹操所徵辟。曹操之禮聘孔融，原是為了收攬人心，卻沒
想到，孔融入朝以來，恃才傲物，每與曹操相左。他又舉薦了一位名士，
名叫禰衡❸，上得朝來，當著群臣百官，把曹操羞辱了一頓，因此曹操
深恨孔融。這孔融自幼絕頂聰明❹，讀書成名之後，成了一個純粹的書
生，滿腹經綸，一腔正義。他看不慣曹操的作威作福，言語之間，時多
忤犯。同朝大夫，京兆人脂習常勸誡孔融，說他正直太過，必遭禍災。
可是孔融自負天下重望，何所忌憚，還是率意而行。孔融的交遊最廣，
經常賓客盈門，每嘆道：「座上客常滿，樽中酒不空，則我無憾矣！」昔
日與蔡邕交篤，自邕被害，思念不已。後來偶然發現一位虎賁士❺長得
相貌和蔡邕一般無二，於是每逢歡宴賓客，必將這位虎賁請入座中，向
人稱嘆道：「雖無老成人，且有典型在！」孔融對待朋友，從不在背後說
人短話。人有過錯，當面告戒，退而稱其善；人有優長，則欣然如出諸
己。其為人如此誠懇正直，俠義多情，所以博得人人稱頌，個個欽敬。
卻也正因如此，而遭曹操之大忌。他所忌恨的是這樣一位擁有廣大群眾
的士林領袖，不能合作，對於他的尊嚴是一個嚴重的打擊，則斯人不除，
必為後患。於是暗地裡唆使丞相軍謀祭酒路粹，羅織了一套似是而非莫
須有的罪名，奏上一本，彈劾孔融有大逆不道之罪。原文略曰：

---

❸　衡字正平，平原人，有才辯，能文章。時人莫所許可，但與魯國孔融、弘農
　　楊修友善，孔融薦之朝廷，曹操欲見之，衡素輕曹，有恣言，操憤，以為鼓
　　史而辱之。因大會賓客，衡為「漁陽參撾」，聽者動容。鼓史例須更衣，衡
　　當眾脫衣裸身，而著新衣，以辱曹。操怒，孔融勸衡往謝，操再召見衡，衡
　　又坐營門大罵。曹操乃將衡送往荊州，介紹與劉表，表甚優禮之。後復侮慢
　　於表，表送與江夏黃祖，終被黃祖所殺，死年僅二十六歲，世傳其〈鸚鵡賦〉，
　　載於《昭明文選》。事蹟參見《後漢書‧文苑列傳》。

❹　孔融幼年事，參見《秦漢史話》。

❺　漢之宮廷衛士，一稱虎賁郎，置虎賁中郎將統率之。賁讀如奔，言其勇如虎
　　之奔也。

「少府孔融，昔在北海，見王室不靜，而招合徒眾，欲規不軌，云『我大聖之後，而見滅於宋，有天下者，何必卯金刀』。及與孫權使語，謗訕朝廷。……又前與白衣禰衡跌蕩放言，云『父之於子，當有何親？論其本意，實為情欲發耳。子之於母，亦復奚為？譬如寄物瓶中，出則離矣』。既而與衡更相贊揚。衡謂融曰：『仲尼不死』。融答曰：『顏回復生。』大逆不道，宜極重誅。」

曹操便指令御史大夫郗慮審理這樁案件，慮承操旨，就把孔融判了死罪，為了斬草除根，並將其全家妻兒子女，一齊族誅。可憐孔融有兩個最小的兒女，男年九歲，女方七齡，都寄居在友人家中。這天兩個小孩，正在弈棋。突然家人來報，說：「大事不好，孔大夫被難！」叫他們兄妹趕快逃走。這兄妹二人聽了，卻默然不響，停了片刻，那哥哥嘆道：「覆巢之下，焉有完卵！」果然，俄頃之間，曹操的緹騎到來，把這兩個小孩捉去，一同遇害！孔融一死，連他的文章，也被禁絕。可是曹操之子曹丕，最欣賞孔融的詩文，後來等到曹操去世，曹丕稱帝時，特以重賞徵募孔融的文章，融文得以復集，並被譽為建安七子之一，此乃後話不談。

曹操之誅孔融，除了上述的原因之外，還有一項重大的作用。因為曹操已決定大舉南征荊州，以一統天下，這是在一個空前最大的軍事行動前，例行的鎮壓手段。曹操在建安十三年七月間，已頒下動員令。八月壬子誅殺孔融。孔融方死，曹操就親將大軍出發。這次南征，調動了中原幾十萬大軍，真是鐵騎滿山，旌旗蔽野，浩浩蕩蕩，以雷霆萬鈞之勢，殺奔荊州而來。九月間，曹操的先鋒已經越過南陽，抵達荊州北境。

警報傳來，荊州的軍民慌成一片，劉琮急集左右議籌對策。一時章陵太守蒯越，東曹掾傅巽，與蔡瑁、張允等，都一致認為寡不敵眾，強弱懸殊，除了北面降操外，別無二策。劉琮只得遣使奉節，舉州迎降。曹操竟兵不血刃，長驅而入荊州。

劉備先已從新野移屯樊城，劉琮的降曹，事出倉卒，並沒有通知劉備。及至劉備得到消息，曹操的大軍已經迫境。劉備慌忙率眾渡漢水南走，經過襄陽時，在那萬分緊急之中，還親到劉表的墓上，慟哭了一場。以前曹操在徐州、冀州作戰時，殺戮甚酷，因之荊州有許多士民都不願降操，而素慕玄德之仁義，都要跟隨劉備逃難。劉備就叫他們隨軍而行，那士民越聚越多，集眾到十幾萬人，還有許許多多輜重車輛，一天才走十幾里路。劉備乃令關羽別率水軍，順漢水先行出發。自己帶著步隊和難民緩緩而行，左右十分焦急，都勸劉備放棄了難民，引軍疾趨，趕快佔據江陵以謀抵抗，否則，曹操的大軍掩至，如何得了！劉備嘆道：「凡成大事者，必以人為本，今人來歸我，我何忍棄之！」

卻說曹操到了襄陽，略事布署，聞知劉備業已逃走。他唯恐江陵被劉備所據，則將大費周折。便急忙放下大軍，自率輕騎五千人，來追趕劉備，一日一夜，行三百里，追到了當陽❶⑥，趕上了劉備。一場混戰，只殺得血肉橫飛，伏屍遍野，劉備的軍隊大敗崩潰，十幾萬的軍民與輜重，多被俘虜。劉備的妻子被亂軍衝散，獨與諸葛亮、張飛抄小路落荒而走，走過長阪溪，令張飛率領二十騎兵斷後。張飛立馬在長阪坡橋頭，遠遠看見一支曹操的軍隊追到。張飛瞋目橫矛，大聲喝道：「身是燕人張益德，那個有膽量的，放馬過來，一決死戰！」操兵素知張飛勇猛，都不敢近前，又怕橋邊有伏兵，遂未追擊，而劉備因此得脫。行了一程，諸將漸聚，唯不見趙雲。有人來說，看見趙雲望北而去，想必是投降了曹操。劉備道：「我知子龍，決不棄我！」說話之間，果見趙雲懷抱著劉備的幼子阿斗，滿身血漬，從那亂軍中殺將出來。這時劉備不敢南走江陵，折向西行，緣著小路，走近沔水，得與關羽的水師會合。恰巧江夏太守劉琦也派兵來接，遂相與共奔夏口。

曹操擊潰了劉備，遂進據江陵。江陵與襄陽是荊州兩座大城，都被曹操所佔領。曹操得了荊州，論功授爵。表舉劉琮為青州刺史，封列侯。

---

⑯　今湖北當陽略東。

從牢獄裡放出韓嵩，拜為大鴻臚，以蒯越為光祿勳。其他荊州的降吏，不論大小，都分別任用。又收攬了一批荊、襄的文人學士，如西平和洽、南陽劉廙、河東裴潛、山陽王粲等，都留為丞相府掾，至於收降的荊州水、陸軍隊幾十萬人，也都分別改編，統歸曹操節制。曹操的聲威更盛，準備一鼓作氣，順流而下，來蕩平江東。

現在回頭來講江東的孫權，在殺死黃祖，準備西進時，忽然聽說劉表去世，曹操大軍南下。他急派魯肅為使，趕往荊州，以弔喪為名，去探看荊州的情形。那知行至中途，劉琮已經降曹，荊州情形大亂。在兵荒馬亂之中，與劉備相遇於當陽。魯肅素慕劉備之名，乃乘機結交，託稱孫權意志，殷勤致候。並詢問劉備的行止，劉備道：「我與蒼梧太守吳巨❶有舊，欲往投之。」魯肅便道：「孫討虜聰明仁惠，敬賢禮士，江表英雄，莫不歸附。今已據有六郡之地，兵精糧足，足以立事。為將軍之計，莫若結好東方，共圖大業！」這話其實正中劉備下懷，便欣然同意。魯肅就隨同劉備一齊東行，並勸劉備駐兵於江夏郡東之樊口❶，便於呼應。那時軍情緊急，傳說曹操的大兵即將東下，諸葛亮私向劉備說：「事急矣！請奉命求救於孫將軍！」劉備乃遣諸葛亮為使，偕同魯肅往謁孫權。

原來那時孫權正駐兵在柴桑❶，柴桑與樊口相距匪遙，諸葛亮到了樊口，孫權立即召見，問以劉豫州❷的近況，和曹操的情勢如何？諸葛亮全無隱飾，非常坦白的說道：「海內大亂，將軍起兵江東，劉豫州收眾漢南，與曹操共爭天下。今曹操已平定中原，南破荊州，威震四海，使英雄無用武之地。故豫州遯逃至此，願將軍量力而處之！若能以吳越之眾與中國抗衡，即與曹操絕交！若其不能，只有按兵束甲，北面降曹。

---

❶ 蒼梧郡屬交州，漢末蒼梧太守原為史璜，璜死，劉表以其部下吳巨代之，而據蒼梧、鬱林兩郡之地。

❶ 今湖北鄂城西北，樊水入江口處。

❶ 今江西九江西南，晉時為尋陽縣。

❷ 曹操曾表舉劉備為豫州牧，拜左將軍，故時人尊稱劉備為劉豫州或劉左將軍。

如外託服從之名，內懷猶豫之計，事急而不能斷，則大禍至矣！」孫權道：「如君之言，則劉豫州何不臣事曹操？」諸葛亮道：「夫士各有志，田橫不過齊國一壯士，尚能守義不屈；何況劉豫州乃王室之冑，英才蓋世，群賢仰慕，士之歸心，有如水之歸海。如事不成，是乃天意，豈能降節辱身而為人之下乎！」這幾句話，果然把孫權激動，勃然怒道：「我孫權又豈能舉全吳之地，十萬之眾，受制於人！吾計已決！但若抵抗曹操，非得劉豫州合作不可，未知豫州新敗之後，還有多少兵力？」諸葛亮道：「豫州雖然敗於長阪，關羽的水師並無損失，還有精甲萬人。合劉琦江夏戰士，亦不下萬人。曹操之眾，遠來疲乏，其追豫州，輕騎一日一夜，行三百里，此所謂『強弩之末，勢不能穿魯縞』也！故兵法忌之，曰：『必蹶上將軍！』而且北方之人，不習水戰；荊州新附之兵，迫於威勢，並非心服。故曹操之勢，雖強而實弱。將軍誠能遣派精兵猛將，與豫州協力同心，必破曹軍！然而成敗之機，決於今日！」這一番話，更鼓起了孫權的勇氣。立即召集左右計議，恰好這時曹操的挑戰書到，其辭略曰：

「……近者奉辭伐罪，旌麾南指，劉琮束手。今治水軍八十萬眾，方與將軍會獵於吳。」

其氣勢之凌厲，真是咄咄逼人，孫權看了，十分憤怒，以示群臣。而群臣見書，莫不震恐失色！長史張昭說道：「曹操，豺虎也！挾天子以征四方，動以朝廷為辭，拒之不順。將軍所憑藉者，乃長江之勢，如今曹操已得荊州，擁有劉表之水軍，戰船以千數，此長江天險，已與我共有。兼有步兵，水陸俱下，彼此強弱懸殊。當前之計，不如迎之！」其他眾人，也都紛紛附和張昭的主張，卻唯獨魯肅一人默然不語。孫權聽得心裡煩惱，起身更衣。行至廊下，回頭看見魯肅悄悄的跟來，似有話說，便執手問道：「卿欲何言？」魯肅道：「向才眾人議論，大誤將軍！要知今日之事，似我魯肅之輩，可以迎降曹操，唯將軍則不能！何以言之？我

魯肅輩降了曹操，如曹操交付鄉黨，品評名位，或不失為下曹從事，還可以乘犢車，從吏卒，交遊士林，將來甚至可以做到太守、刺史。如將軍者迎降了曹操，將何所歸宿？願將軍速定大計！絕不可輕信眾人之言！」孫權嘆道：「諸人議論，甚為失望！唯卿此言，乃合孤意！」時周瑜出使在外，魯肅主張最好徵詢一下周瑜的意見，再作決定。孫權立即遣人，將周瑜召回，集合左右親信，又舉行了一次機密會議。周瑜慷慨陳辭道：「曹操名託漢相，實為漢賊。將軍以神武雄才，承父兄之烈，據有江東，地方數千里，兵精糧足，正當橫行天下，為漢家除殘去穢！而曹操又自來送死，真是千載良機，何所疑懼！請言其故；如今北方尚未完全平靖，馬超、韓遂在關西，為曹操之後患。曹操所部都是北方人，今捨鞍馬，仗舟楫，來與吳越爭衡。現當秋冬嚴寒，馬無藁草，中原士卒，又不習水土，必生疾病。凡此，皆必敗之道，而曹操皆冒險不顧，所以謂之送死。竊以為將軍擒俘曹賊就在今日！」孫權被周瑜說得興奮起來，大罵道：「曹操老賊！想要廢漢自立久矣！所忌者，二袁、呂布、劉表與孤耳！如今諸人皆亡，唯孤尚存，是孤與老賊勢不兩立！」說時，拔出腰刀，一刀將前面的案几，砍作了兩截，大聲道：「誰敢復言迎曹者，有如此案！」於是左右都不敢作聲，遂行散會。會後，到了深夜，周瑜再來謁見孫權，詳細剖釋道：「當朝諸人，都被曹操的虛聲所恫嚇。曹軍號稱水步八十萬人，據我調查，實際曹操所率之中原兵馬，最多不過十五、六萬人，且皆久戰疲敝。新收劉表之眾，也僅七、八萬人，又都心懷二意。今彼以疲敝之士，御狐疑之眾，其數縱多，亦不足畏！瑜請得精兵五萬人，自足制之！願將軍勿以為慮！」孫權歡喜，撫瑜背道：「公瑾之言，正合孤心！似張子布等人，顧念妻子家室，都是各自為謀；唯有卿與子敬，能與孤同心協力，此乃天以兩卿贊孤也！唯五萬兵一時恐難卒集，現已有三萬人，船糧戰具全備。卿可與子敬、德謀（程普字）率軍先發。孤當徵調人馬車船，多載輜重，為卿等後援。卿能決勝，最佳！萬一不如意，可即撤兵就孤，孤當與曹賊親決死戰！」遂下令，以周瑜、程普為左右都

赤壁之戰遺址

督，魯肅為贊軍校尉，率軍前進，聯合劉備一同抗曹。

卻說劉備駐軍樊口，派遣邏卒在江邊瞭哨，日夜盼望孫權的救兵。這天突然發現，下游的蒙衝戰艦，連帆而上，看清楚是周瑜的水師，急忙報知劉備。劉備即遣人迎勞，並邀約周瑜泊岸一敘。周瑜答稱：「軍務在身，不得擅離，敢煩屈駕來舟中相見！」劉備即乘單舸渡江，來艦上謁見周瑜。問瑜：「發兵抗曹，共有戰卒多少？」瑜答以：「三萬人！」劉備蹙眉道：「未免太少！」周瑜笑道：「兵在精不在多，即此已足用！豫州，你但放心，看我破曹！」劉備見那周瑜威風凜凜，號令嚴肅，不覺愧喜交集。即還營整軍，與周瑜同進。

這時曹操的戰艦，浩浩蕩蕩，從江陵順流而下，與周瑜的水師相遇於赤壁。這赤壁在今湖北嘉魚縣境，陸溪口附近。北岸為烏林磯，南岸為赤壁山，江流洶湧，地勢險峻。時為建安十三年十一月，正是隆冬時候，江風寒冷，曹操的北軍，果因不習水戰，已有疾病。前鋒甫一接觸，即行失利。曹操乃將大型的戰艦，都集中在北岸，使其首尾相接，排成了一座方陣。士卒馳驟其上，如履平地，一時軍威大盛，曹操心中十分得意。這一天夜晚，曹操坐在艦上，與將士飲酒取樂。仰見皓月當空，碧天如洗，遠看萬頃江濤，一望無際；覺宇宙之無窮，感人生之須臾。

想起了平生抱負，當前運會，不禁悲歡交集。忽然，一隻烏鵲從北岸林中驚起，繞樹數匝，向南飛去。曹操觸景生情，乘著酒興，橫槊高歌，吟成〈短歌行〉❷一首，其辭曰：

「對酒當歌，人生幾何！譬如朝露，去日苦多！慨當以慷，憂思難忘。何以解憂？唯有杜康。青青子衿，悠悠我心。但為君故，沈吟至今。呦呦鹿鳴，食野之苹。我有嘉賓，鼓瑟吹笙。明明如月，何時可掇？憂從中來，不可斷絕。越陌度阡，枉用相存。契闊談讌，心念舊恩。月明星稀，烏鵲南飛，繞樹三匝，何枝可依？山不厭高，海不厭深，周公吐哺，天下歸心。」

周瑜的水師泊在南岸，看北岸曹操的陣容浩大，頗以為憂。瑜將黃蓋獻策道：「如今敵眾我寡，難以持久，曹操的舟艦首尾相接，正好用火攻破之！」這句話提醒了周瑜，撫掌稱善。又與黃蓋密訂了一個詐降之計，令黃蓋派人偷渡到北軍，暗通消息，接洽投降。曹操心想兩軍強弱懸殊，南軍必然震恐，又聞知孫權的抵抗，群臣多持異議，唯權與周瑜一意孤

赤壁之戰想像圖

❷　曹操〈短歌行〉見於《樂府詩集》與《昭明文選》，均不詳作於何時，後世傳說為南征荊州時，臨江橫槊而作，故蘇東坡之〈赤壁賦〉有「釃酒臨江，橫槊賦詩」之語，茲姑附於此。

行，定會激出軍中的內變，故坦然不以為疑。這裡黃蓋準備好鬥艦十艘，裡面滿裝燥荻枯柴，灌油其中，外面裹以帷幕，上建旌旗，船後各繫走舸。一切停當，專待出發。無奈時當冬令，正是西北風氣節，卻偏巧一天，東南風大作。於是黃蓋率領著十隻鬥艦，順風張帆，直向北軍駛進，其勢如飛。曹操偕同將士，正在營前觀望。有人看見，指道：「黃蓋來降矣！」大家歡喜鼓掌，從容以待。看那船將要駛近，突然船上火起，一剎那，成了十隻火船，直衝入北軍陣中，北軍的舟艦立被引燃。一時火烈風猛，北艦又連在一齊，擺脫不開，一艘接著一艘的燒起來。頃刻之間，江面煙燄障天，成了一片火海。那火一直延燒到岸上，把岸上的營帳也燒著。但聽得人喊馬嘶，有如鼎沸，燒死與溺斃者不計其數。黃蓋等見

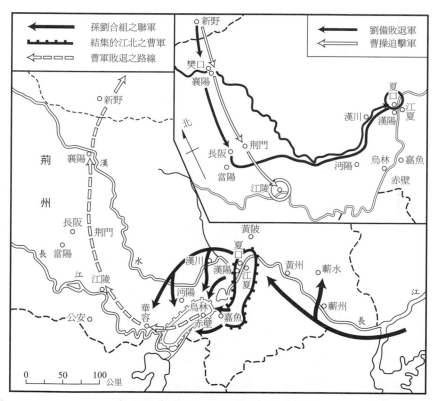

赤壁戰前的荊、襄形勢（208年秋）

火勢一發，即解登走舸，順流脫走。周瑜指麾三軍，乘勢猛攻，金鼓震天，水陸並進。操軍大亂，紛紛奪命逃走，幾十萬甲兵，被殺得土崩瓦解，遺棄的屍體，漫江蔽野。劉備則督率所部，緣途截擊。曹操不敢由正面撤退，帶領著殘兵敗將，繞從華容小道逃走。那道路泥濘不通，先叫那老弱步兵負草填途，然後縱騎踏過。可憐那些老弱殘兵，被人馬所蹂踐，陷死在泥裡的，又不計其數。周瑜和劉備的追兵，一直追到南郡❷❷地方，才被曹操的後援部隊所阻遏。曹操著令曹仁、徐晃守住江陵，樂進守住襄陽。自己回到北方，點一點人馬，連陣亡帶飢疫而死者，損失了一大半的軍隊。這一場赤壁大戰，使得全面局勢為之扭轉，而周郎英名，聲震天下！

周郎公瑾破曹之時，年僅三十四歲，他和孫郎伯符同年僅小一月，所以吳太夫人在時，把周瑜和孫策看做親兄弟一般。自孫策死後，吳太夫人教孫權事瑜如兄長，凡事都要向他請教才行。這周瑜許多地方也頗似孫策，不僅智勇雙全，多謀善戰；而且英姿俊發，風流倜儻，更多才多藝。他還有一項特長，就是精通音律，每逢燕會，聞聽樂聲有誤，必頻頻回顧。故時人有諺曰：「曲有誤，周郎顧！」或稱之為「顧曲周郎」。這顧曲周郎的妻室小喬，又是江南國色，英雄美人，並世無儔！所以後來文人歌詠周郎與赤壁之戰的詩句為最多，如唐李白〈詠赤壁〉：

「二龍爭戰決雌雄，赤壁樓船掃地空。烈火張天照雲海，周瑜於
此破曹公。」

清趙翼〈赤壁〉：

「依然形勝扼荊襄，赤壁山前故壘長。烏鵲南飛無魏地，大江東
去有周郎。千秋人物三分國，一片山河百戰場。今日經過已陳跡，

---

❷❷ 南郡屬於荊州，郡治江陵，即今湖北江陵。

月明漁父唱滄浪。」

而以宋蘇軾的一首〈念奴嬌〉，最為後人所傳誦，其辭曰：

「大江東去，浪淘盡，千古風流人物。故壘西邊，人道是，三國
周郎赤壁。亂石崩雲，驚濤裂岸，捲起千堆雪，江山如畫，一時
多少豪傑。遙想公瑾當年，小喬初嫁了，雄姿英發，羽扇綸巾，
談笑間，強虜灰飛煙滅。故國神遊，多情應笑我，早生華髮。人
生如夢，一尊還酹江月。」

赤壁大戰之後，孫權乘勝，分東西兩面進攻。孫權自率一支大軍，
從東方渡江，經由濡須，進攻淮南重鎮合肥❷❸。從建安十三年冬十二月，
攻打到十四年（209 年）的春三月，攻打不下。曹操的援軍湧至，孫權
遂行撤兵。曹操乃置重兵於合肥，開芍陂屯田，與孫權的南軍成為對峙
之局。西面在長江上游，周瑜與劉備分道並進，周瑜將兵進至南郡，與
曹仁對壘於江陵城下，則從建安十三年冬十二月激戰到十四年的十二月，
整整打了一年。曹仁所部死傷殆盡，無力支持，而撤守襄陽。周瑜終於
得了江陵，而盡有南郡之地。於是西自夷陵，東迄吳會，長江以南，全
為孫權所有。孫權以周瑜功高，特拜為偏將軍，領南郡太守，擁重兵，
屯守在江陵。以程普為江夏太守，引兵屯沙羨。以呂範為彭澤❷❹太守，
呂蒙為尋陽❷❺縣令，亦各置重兵，緣江為守，布置了一道堅強的防線，
與北方的曹軍相對抗。曹操見孫權軍事布置得這般周密，周瑜的作戰又
如此屬害，知非純恃兵力所能取勝，乃派遣了一位辯士，往遊說周瑜。
此人姓蔣名幹，字子翼，九江人，自幼與周瑜同學，才氣縱橫，馳名於

❷❸　今安徽合肥。
❷❹　今江西湖口東。
❷❺　漢末之尋陽縣，在今湖北黃梅西南，長江北岸，遙與九江相對。

江淮之間。在建安十四年冬，布衣葛巾，來謁見周瑜於南郡。瑜見幹，早已料知其意，便親自出營相迎，挽手而入。笑謂幹道：「子翼辛苦！不惜遠涉江湖而來，為曹氏作說客耶？」因領蔣幹周覽營中的倉庫軍資，器械甲兵。然後設盛宴款待，又示以服飾珍玩之多。乃道：「夫大丈夫處世，遇知己之主，外託君臣之義，內結骨肉之恩，言聽計從，禍福與共。即使蘇秦、張儀復生，掉其三寸不爛之舌，豈能相動哉！」兩人談笑盡歡，直到酒闌人散，蔣幹始終無一語提到軍國之事。盤桓了幾天，蔣幹辭別了周瑜，回到鄴城，向曹操復命道：「周郎雅量高致，非言辭所能間也！」

　　再說劉備率同諸葛亮與關羽、張飛、趙雲等，將兵自江夏南徇，長沙、武陵❷、桂陽❷、零陵四郡太守，都不戰而降。劉備就派諸葛亮為軍師中郎將，都督零陵、桂陽、長沙三郡，而以趙雲領桂陽太守，扼守住荊南門戶。諸葛亮長於治略，安撫地方，調整賦稅，以充軍實。於是劉備的元氣復充，軍威日壯。當赤壁破曹之初，劉備表舉劉琦為荊州刺史，不一年，而劉琦病卒，孫權就表舉劉備領荊州牧。可是周瑜屯守江陵，駐兵在長江北岸，就把南岸之地分給劉備，而令備屯兵於油口，改油口之名為公安❷，成為周瑜與劉備分治荊州的局面。孫權為了攏絡劉備，將其小妹嫁與劉備為夫人，兩家結為姻親。孫氏才貌雙全，而性情剛猛，饒有父兄之風。閨闥之中，婢女百餘人，都手執兵刃，環侍左右。溫柔鄉裡，別有一番森嚴氣象，使得劉備每入內寢，輒感驚心動魄，坐臥不安，說不出是香甜苦辣那種滋味。家庭中的氣氛如此，而政治環境也頗尷尬。雖名為荊州牧，並不能全有荊州之地，尤其周瑜駐兵江北，給劉備以很大壓力。劉備覺得行動如此不自由，就憑仗著這郎舅關係，親自前往京口❷去謁見孫權，要和孫權當面商議，希望能全督荊州八郡

---

❷　今湖南常德。

❷　今湖南郴縣。

❷　今湖北公安東北，也稱油江口。

❷　今江蘇鎮江，其地濱江，形勢險要，孫權時自吳遷都於此。

之地。臨行之時，軍師諸葛亮認為此行非特無功，而且十分危險，堅決的勸阻，劉備不聽。及至到了京口，見了孫權，談判的結果，果然不得要領。這時周瑜從南郡遣人送了一封機密的書信給孫權，大意略謂：

> 「劉備以梟雄之姿，而有關羽、張飛熊虎之將，必非久屈為人用者。愚謂大計宜徙備置吳，盛為築宮室，多其美女玩好，以娛其耳目，分此二人，各置一方，使如瑜者得挾與攻戰，大事可定也。今猥割土地以資業之，聚此三人，俱在疆場，恐蛟龍得雲雨，終非池中物也。」

幸而孫權見信，心中猶豫，想當此同力抗曹之時，不該自相忌害，就沒有扣留劉備，仍禮送劉備返防。及至劉備回到公安，好久以後，才從情報中獲得這項機密消息，不禁出了一身冷汗，深嘆諸葛亮有先見之明，也從此對於孫吳有了戒心。

就在劉備回返公安之時，周瑜也從南郡進京述職。周瑜向孫權建議：宜趁此曹操新敗未敢蠢動之時，發兵溯江西上，進取蜀漢，然後再與關中的馬超、韓遂相結，南北夾攻，以滅曹操。孫權深以為然。計畫擬俟周瑜返回江陵任所，即行起兵。不料周瑜西行，走到中途，突然一病不起，竟死在巴丘。時在建安十五年（210 年）冬，上距赤壁之戰，不過兩年。周瑜死時，年僅三十六歲，一代英豪，盛年夭折，如果周瑜不死，可能這天下局勢又自不同。周瑜平素待人，上和下睦，最為吳中將士所愛戴，赤壁一戰，更成眾望之所歸。初在東吳將領之中，以程普資位最高，對於周瑜的態度，一向傲慢，而周瑜曲意容忍，終將程普感服。後來程普每對人說：「與周公瑾交，如飲醇醪，不覺自醉！」所以吳中人士，聞周瑜之喪，無不流涕。尤其孫權，折失了一隻股肱，為之慟哭！周瑜在臨歿前，有遺書一封，上呈孫權，舉魯肅以自代，其書略曰：

「人生有死，修短命矣，誠不足惜，但恨微志未展，不復奉教命耳。方今曹公在北，疆場未靜，劉備寄寓，有似養虎，天下之事，未知終始，此朝士旰食之秋，至尊垂慮之日也。魯肅忠烈，臨事不苟，可以代瑜。人之將死，其言也善，儻或可采，瑜死不朽矣。」

孫權看了周瑜的遺書，即以魯肅為奮武校尉，代領瑜兵。魯肅的才氣雖不如周瑜，但為人忠厚，器識恢弘，別有一種大政治家的風度。所以他接任之後，和周瑜的看法頗有出入，他力勸孫權，將荊州完全借與劉備，讓他有安身立命之處，好同心抗曹。孫權終於接受了魯肅的主張，把荊州的長沙郡分為長沙、漢昌❸❶兩郡，以魯肅為漢昌太守，屯兵於陸口❸❶，而將漢昌以西的荊州全境，包括南郡江陵，全都讓與劉備統治。

以前劉備在荊州作客時，本已廣結人緣。現在正式做了荊州的主人，統有大江南北五郡之地，於是地方上有許多才智之士，都被劉備羅致在幕下，一時賢俊雲集。如襄陽人龐統、馬良，南陽人陳震、李嚴等，都做了劉備的新幹部。馬良字季常，兄弟五人並有才名，而以馬良為最。馬良生就異相，眉中雜有白毛，鄉里為之諺曰：「馬氏五常，白眉最良！」劉備特辟良為從事。龐統字士元，即前水鏡先生所誇稱之「鳳雛」。劉備先以為耒陽縣令，政事不理，劉備深為失望。魯肅特致書劉備曰：「龐士元非百里才，使處治中別駕❸❷之任，始能展其驥足耳！」劉備乃召見龐統，與之懇談，果然見解不凡。便聘為治中從事，與諸葛亮並為軍師中郎將。於是伏龍、鳳雛聯璧爭輝，關、張、趙雲共為輔弼，劉備的聲勢大盛！

在荊州的極南為交州，東漢的交州，也就是西漢的交州刺史部，所領七郡之地為：南海、鬱林、蒼梧、交阯、合浦、九真、日南，包括今

---

❸❶ 今湖南平江。

❸❶ 今湖北嘉魚西南陸溪口。

❸❷ 州牧或刺史之下，有治中從事史與別駕從事史。治中從事史居中治事，管理眾曹，故稱「治中」；別駕從事史，常從刺史行部，別乘一傳車，故稱「別駕」。

廣東、廣西兩省與越南之地。在東漢的末年，天下大亂，交州地方也發生紛擾，交州刺史朱符為夷賊所殺。交阯郡太守蒼梧人士燮，發兵平亂，就乘勢竊據。以其弟士壹領合浦太守，弟士䵋領九真太守，弟士武領南海太守。這兄弟四人，霸佔了四郡之地，而以士燮為領袖。士燮熟讀《左氏春秋》，深通兵法，在東南二十餘年，儼然一州之主。出入鳴鐘擊磬，儀仗鼓吹，蠻民焚香跪拜，夾道迎送，其威風不減當年的南越王趙佗。劉表在荊州時，委署吳巨為蒼梧太守，據有蒼梧、鬱林兩郡，遂與士燮分治交州。赤壁戰後，孫權、劉備佔領了荊州。孫權就在建安十五年任命步騭為交州刺史、征南中郎將，前往經略交州，到了蒼梧，殺死吳巨。士燮震恐，便遣使上書歸命，並送其子士廞入質。孫權乃拜士燮為左將軍、龍編侯，仍令鎮守龍編❸。士燮從此歲時入貢南方的珍奇異物，諸如翡翠、玳瑁、犀角、象牙之屬，交州遂成為孫權的藩屬。孫權的版圖，乃自長江流域拓展到南越，佔有了半個中國。北方的曹操見孫權勢力日益鞏固，而孫、劉聯歡，合作無間，就暫時放棄了南進的企圖，而以全力從事內政的建設，藉以挽回赤壁之戰的挫折。

　　曹操在建安十四年春回到北方，經過了一年的休養生息，元氣恢復。他感覺要建設一個國家，必須要拔取和培植人才，而人才的標準，要講求實際的才能。他非常不喜歡東漢以來，一般知識分子的標榜虛飾之習。於是在建安十五年春，下了一道「求賢之令」，原文曰：

　　「自古受命及中興之君，曷嘗不得賢人君子與之共治天下者乎！及其得賢也，曾不出閭巷，豈幸相遇哉？上之人不求之耳。今天下尚未定，此特求賢之急時也。『孟公綽為趙、魏老則優，不可以為滕、薛大夫』。若必廉士而後可用，則齊桓其何以霸世！今天下得無有被褐懷玉而釣於渭濱❸者乎？又得無盜嫂受金❸而未遇無

---

❸　今越南河內。

❸　褐，粗布衣，賤人所服；玉，至寶。賤人而有大才，謂之被褐懷玉。《老子》：

知者乎？二三子其佐我明揚仄陋，唯才是舉，吾得而用之。」

後來曹操在建安十九年（214 年）、二十二年（217 年），又以同樣的語意，下過兩次命令，一次比一次強調他重才不重德的主張，這就是歷史上著名的「魏武三詔令」。這是一種大聲疾呼的號召，來打倒禮教；這是完全違背兩漢的道德傳統，是一種思想上的反動。其動機，是基於法家的功利觀念與現實主義，而曹操的觀念就是純以法家思想為出發點。他的目的，是要揭穿那道德的假面具，來求取現實的利益。殊不知道德名教是一種精神堤防，它和現實利害並非完全衝突，實可相輔而行。如矯枉過正，而加以摧毀，一旦堤防崩潰，人慾橫流，則不可收拾。這也是形成後來魏晉南北朝三百年大暴亂的原因之一。可是在當時，曹操是針對那萎靡麻痺的東漢政治，打了一針興奮劑，確也收取了一時之效；但對整個人類歷史來說，還是得不償失！

曹操見其政權日益穩固，一則為了炫耀，再則為了享樂，在建安十五年的冬天，於鄴城西北隅，面臨漳水，建造了一座宏偉的銅雀臺❸❻。畫棟飛甍，傑閣凌雲，上有樓房一百二十間，迴廊曲折，極土木之巧。在那樓頂上，鑄有大銅雀一隻，舒翼奮尾，其勢欲飛，故取名銅雀臺。曹操因為經常駐節在鄴城，就將他的嬌妻美妾與珍玩寶貨，都放在這銅雀臺中，以娛心目。在那銅雀臺完工之時，大舉慶祝，歡宴群臣將士，置酒作樂，歌舞連宵。又攜諸子登樓眺望，令各賦詩以記盛。諸子之中，以四子曹植最為多才，那時年方十九歲，應命援筆而成，寫了一篇〈登臺賦〉，其文曰：

「是以聖人被褐懷玉。」呂尚年七十釣於渭濱而遇周文王。參見《史記・齊太公世家》與《說苑》。

❸❺ 漢初，周勃、灌嬰等嘗讒陳平，謂其居家時曾盜其嫂，又輔高祖時，高祖嘗賜以多金任其使用，令間楚。參見《史記・陳丞相世家》。

❸❻ 一稱銅爵臺。

「從明后而嬉游兮，登層臺以娛情。見太府之廣開兮，觀聖德之
所營。建高門之嵯峨兮，浮雙闕乎太清。立中天之華觀兮，連飛
閣乎西城。臨漳水之長流兮，望園果之滋榮。仰春風之和穆兮，
聽百鳥之悲鳴。天雲垣其既立兮，家願得而獲逞。揚仁化於宇內
兮，盡肅恭於上京。惟桓文之為盛兮，豈足方乎聖明！休矣美矣！
惠澤遠揚。翼佐我皇家兮，寧彼四方。同天地之規量兮，齊日月
之暉光。永貴尊而無極兮，等年壽於東王。」

真是詞采華茂，頌揚盡工，曹操看了，哈哈大笑，愉快非常。

曹操的作威作福，眾人雖表面歌功頌德，而背後議論實多，就有人
勸戒曹操韜晦。其實曹操心裡，也完全清楚外界對於他的指責，覺得有
表明一下自己心跡的必要。於是親自執筆，撰寫了一篇〈讓縣自明本志
令〉，在建安十五年十二月公布天下。原文頗長，茲節錄如下 ❸⓻：

「孤始舉孝廉，自以本非巖穴知名之士，恐為世人之所凡愚，欲
好作政教以立名譽，故在濟南，除殘去穢 ❸⓼，平心選舉。以是為
強豪所忿，恐致家禍，故以病還鄉里。時年紀尚少，乃於譙東五
十里築精舍，欲秋夏讀書，冬春射獵，為二十年規，待天下清乃
出仕耳。然不能得如意，征為典軍校尉 ❸⓽，意遂更欲為國家討賊
立功，使題墓道言『漢故征西將軍曹侯之墓』，此其志也。而遭值
董卓之難，興舉義兵。後領兗州，破降黃巾三十萬眾；又討擊袁
術，使窮沮而死；摧破袁紹，梟其二子；復定劉表，遂平天下。

---

❸⓻ 《三國志‧魏書‧武帝操》中裴松之註，引《魏武故事》錄其原文甚長，茲
篇節錄係據《通鑑》文。

❸⓼ 操始為濟南相，國中長吏多阿附貴戚，贓汙狼藉，操盡奏免之，姦宄逃竄，
境內肅然。

❸⓽ 漢靈帝中平五年，曹操被徵為典軍校尉。

身為宰相，人臣之貴已極，意望已過矣。設使國家無有孤，不知當幾人稱帝，幾人稱王！或者人見孤強盛，又性不信天命，恐妄相忖度，言有不遜之志，每用耿耿，故為諸君陳道此言，皆肝鬲之要也。然欲孤便爾委捐所典兵眾以還執事，歸就武平侯國，實不可也。何者？誠恐己離兵為人所禍，既為子孫計，又己敗則國家傾危，是以不得慕虛名而處實禍也！然兼封四縣，食戶三萬，何德堪之！江湖未靜，不可讓位；至於邑土，可得而辭。今上還陽夏、柘、苦三縣，戶二萬，但食武平萬戶，且以分損謗議，少減孤之責也！」

這確是一篇明達爽快的好文章，與其〈短歌行〉相媲美，寫得非常坦白，而且充滿了豪情與霸氣，在政治上頗收宣傳之效。這兩年來，曹操整頓內部，鞏固中樞，待中樞穩定，遂又繼續經略四方。曹操當前之所慮，一為江南，一為西北。江南已成相持之勢，暫時無隙可乘，遂集中目標於西北。在西北抗命的，有漢中的張魯與西涼的馬超。馬超是馬騰的長子，英武善戰，有萬夫不當之勇。馬騰被徵入朝，全家都遷居鄴

馬　超

城，獨有馬超不來。他統領著馬騰的舊部，與韓遂相結合，盤據在隴西，始終態度不明，是曹操一樁心病。曹操想要討伐馬超，又恐師出無名。就在建安十六年（211 年）的春天，明令關中的司隸校尉鍾繇準備討伐張魯，另遣大將夏侯淵為征西護軍，率兵從河東與鍾繇會合，同時散布謠言，以刺激馬超的反應。馬超、韓遂等果然恐懼，以為襲己，就聯合西北的軍人楊秋、侯選、程銀、李堪、張橫、梁興、成宜、馬玩等十部皆反。西涼馬隊的行動如飛，瞬息之間，已由隴西抄越

長安而佔領了潼關。屯聚在潼關內外的有十幾萬人，擋住了夏侯淵的去路，切斷了關內外的聯絡，一時西北全面震動。曹操以曹仁為安西將軍，去增援夏侯淵。兩人都不是馬超的對手，屢戰不利，曹操便令前方堅壁勿戰。延至建安十六年秋，曹操親自出馬，八月間到了潼關，見兩軍夾關對峙，各不相下。曹操乃暗令將軍徐晃、朱靈率領步騎四千，從河北偷渡蒲阪，先據河西為營。然後曹操自督大軍陸續渡河，關上的矢下如雨，曹軍將士都蒙盾而行，相繼繞到潼關的後方，渭水的北岸。馬超只得放棄了潼關，撤兵關內，再與曹操緣渭河作戰。雙方激戰到九月，曹操的大軍又潛渡渭水，而與馬超、韓遂會戰於渭南。馬超、韓遂終於支持不住，遣使求和。曹操用賈詡之計，接受和談，在和談期間，雙方暫時停戰。這一天，曹操乘馬出巡，在兩軍陣前和韓遂相遇。曹操原本與韓遂有舊，兩馬相交，彼此就在馬上攀談起來。曹操故意和韓遂談些昔年在京都的舊話，談得高興時，拊手歡笑，狀至親密。那些西方的羌胡士卒，也都圍攏上來觀看，越聚越多，圍了好多重。曹操顧笑道：「爾等都要看我曹操麼？我曹操也和別人一樣，並非有四目兩口，但胸中略多智謀耳！」及至歸營之後，馬超頗覺詫異，究問韓遂在陣前與曹操所談何話？韓遂道：「所談不過家常耳！」馬超卻不相信。曹操又作書與韓遂，而故意將書信中的文字塗塗抹抹。信被馬超發現，更加懷疑，從此兩人失和。曹操與馬超的談判，終於破裂，雙方的戰端復開。曹操集中兵力，大舉進攻，這一場會戰，因為馬超、韓遂不能合作，被打得大敗崩潰。成宜、李堪等陣亡，楊秋逃往安定，馬超、韓遂逃往西涼。十月，曹操自長安北征安定，楊秋投降。到十二月間，曹操完全平定了關中之亂。因為歲末嚴冬，西北荒寒，也就沒有再去窮追馬超、韓遂。留下夏侯淵屯兵長安，曹操自回鄴城。第二年，發覺馬騰與其子馬超暗通消息，遂將馬騰全家兩百多口，一齊族誅。

這次曹操的關中大戰，原本是說要討伐張魯，雖因與馬超決鬥，曹軍並未逾秦嶺，可是蜀漢地方已經震動。尤其劉璋膽小，怕張魯滅亡，

則蜀中難保，故非常恐惶。原來早在建安十三年，曹操下荊州降劉琮的時候，劉璋已經慌張，特遣別駕張松前往荊州，去向曹操致敬，以獻殷勤。曹操方當軍書旁午，叱咤風雲之時，根本沒有理睬張松。張松討得一場沒趣，廢然而返。及至赤壁大戰，曹操兵敗，劉備領了荊州牧，張松便說曹操如何跋扈，劉備如何仁義，又同為宗室，力勸劉璋斷絕曹操而與劉備相結納，劉璋欣然同意。張松又舉薦軍議校尉法正為使，往荊州去連絡劉備。法正字季直，右扶風郿縣人，以北人客居蜀中，不為劉璋所重視，平居悒悒不得志。卻一向與張松友善，兩人都恨劉璋無能，均有擇主而事之意。這次奉使到了荊州，果蒙劉備熱烈款待，法正為之心折，回到蜀中，便盛稱劉備之德。從此二劉之間，書使往還不斷。孫權自從周瑜死後，秉瑜遺策，曾派人與劉備商議，計畫要聯合進取蜀漢，被劉備嚴辭拒絕。劉備說：「與璋同為宗室，共扶漢業，何能自相攻伐，予曹操以可乘之機；如必欲伐蜀，則願披髮入山，示不失信於天下！」孫權見劉備說得義正辭嚴，只得暫作罷論。其實，劉備是自有用心，在伺機而動。這次曹操大舉進兵關中，威脅蜀漢，張松便再向劉璋獻策道：「曹操兵力強大，如從關中南征，張魯一定束手被擒。曹操再憑張魯之資，以圖益州，則益州必亡。如今能抵抗曹操者，唯有劉豫州，何況豫州與將軍同宗，而為曹操之深仇。如能迎接豫州前來相助，先請其討伐漢中張魯。滅了張魯之後，合梁、益之眾，據山川之固，以抵抗曹操，則曹操縱來亦無能為力也！」劉璋撫掌稱善，認為事不宜遲，就派遣法正，率兵四千人，到荊州去迎接劉備。主簿黃權諫道：「劉左將軍素有英雄之名，不知請來蜀中，如何相待？待以部曲之禮，自然不可；如待以上賓之禮，則一國不容二君。客有泰山之安，則主有累卵之危！不若閉境自守，以待時清。」又有從事王累，將自己倒吊在州門之上，以死力諫。可是劉璋一概不聽。

　　法正到了荊州，代表劉璋歡迎劉備入蜀。卻暗中自相結納，備示殷勤，把蜀中的山川形勢，虛實險要，都告訴了劉備。諸葛亮與龐統又一

同鼓勵，認為機不可失。劉備大喜，就留下諸葛亮與關羽、張飛、趙雲等，守在荊州。自偕龐統、法正，率領了步兵數萬人，長驅入蜀。劉璋命地方官吏，要熱烈招待，緣途供張極盛。經過巴郡時，巴郡太守嚴顏拊心長嘆道：「此所謂獨坐窮山，放虎自衛者也！」劉備取道墊江北上，與劉璋相約，見於涪城❹。劉璋也率領了步騎三萬人來會，雙方的甲士如雲，旌旗耀日。劉備與劉璋，兩人相互頌揚，劉璋推劉備行大司馬，領司隸校尉；劉備推劉璋行鎮西大將軍，領益州牧。飲酒高會，歡敘了百餘日，劉璋又頒贈給劉備軍士許多賞賜。然後禮送劉備北上，去討伐張魯，將白水關❹一帶的駐軍，都撥給劉備指揮。劉備率領諸軍進駐於葭萌關❹，卻按兵不動，以觀望軍情。時在建安十六年冬，正是曹操擊潰馬超之時。

　　卻說孫權聞知劉備私行入蜀，心中大為不快！便遣派水師前往荊州，將妹妹接回，無形中和劉備割斷了姻婭關係，從此孫、劉兩家有了裂痕。建安十六年，孫權從京口徙治秣陵。建安十七年（212 年），在秣陵築石頭城建以為都，取名建業❹。這建業城面臨大江，崗巒起伏，氣勢雄偉，有王者之象。又用呂蒙之策，在建業的上游，歷陽西南，緣濡須水作船塢，建為水師根據地，以禦北軍。

　　呂蒙字子明，汝南富陂人，初為孫策部下小將，勇敢善戰，屢破賊立功。以有膽略，為周瑜、魯肅所拔識，積功為尋陽令。這尋陽地方非常險要，當長江中游，為軍事重鎮。而蒙出身行伍，不學無術，孫權嘗勸其讀書，謂：「身當重任，不可無學！」呂蒙辭以軍務太多，無暇及此，孫權道：「非欲卿治經為博士，但當涉獵書史，略知往事，自有進益。」呂蒙乃開始讀書，果然大有心得。一日魯肅經過尋陽，和呂蒙談起國事，

❹　今四川綿陽。

❹　今四川青川東。

❹　今四川昭化西北。

❹　即今之南京，初名建業，後至晉時，避愍帝諱改名建康。

大為驚訝道：「君之才略如此，已非復吳下阿蒙！」呂蒙笑道：「士別三日，刮目相待，兄抑何見事之晚！」呂蒙探勘長江下游的地理，認為濡須的形勢最為險要。原來這濡須水發源於巢湖，東南流入長江，北為濡須山，南為七寶山，兩岸石壁，一水中流，故一稱石梁河。呂蒙建議，緣濡須兩岸建塢，成偃月之形，可以掩蔽陸上步騎，水中舟艦，進可以攻，退可以守。許多將士反對說：「上岸殺賊，洗足入船，何用塢為？」呂蒙道：「不然！軍家勝敗無常，有備無患；萬一失利，在戰爭緊急時，就水尚不及，那得入船。」孫權稱善，就完全採納了呂蒙的計畫。及至濡須塢築成，果然成為軍事要塞。孫權乃置重兵於北岸，從歷陽至濡須，布置了一道防線，營壘相望，謂之「江西營」。

　　曹操在建安十七年春正月，回到鄴城，聲威更隆，詔賜操贊拜不名，入朝不趨，劍履上殿，如蕭何故事。這時距離赤壁之戰，已經四年。曹操未忘前恥，就在當年冬十月，親率大軍再來討伐孫權，這次是從東方進兵，取道合肥而以建業為目標。孫權聞知曹操南征，一面整軍備戰，一面致書求助於劉備，希望劉備能從上游鉗制曹操。曹操的大軍，在建安十八年（213 年）春進抵濡須口。孫權在前方的軍隊只有七萬人，據險抗戰。曹操將孫權的江西營壘突破數處，卻攻打濡須塢不下。雙方相持經月，曹軍的損失甚重。曹操看見孫權的戰船森列，甲仗鮮明，軍伍整肅，進退有節，不禁嘆道：「生子當如孫仲謀，如劉景升兒子，豚犬耳！」曹操前經赤壁之敗，對於江上用兵，存有戒心，料知這次又難以取勝。正在猶豫，忽然軍前送來孫權一封書信，曹操拆開一看，信中有這樣兩句言語：

　　　　「春水方生，公宜速去！」

　　曹操笑示左右道：「孫權不欺孤！」遂撤兵北歸，曹操於四月回到鄴城，五月就晉封為魏公，加賜九錫之典，仍以丞相領冀州牧。這時從關

中傳來消息，那逃往西涼的馬超，又復捲土重來，反攻隴右諸郡。

　　原來馬超在西涼，聞知曹操將其父馬騰全家二百多口，一齊斬首，慟哭流涕，披麻戴孝，盡起所部兵馬，煽動西北羌胡，就趁曹操之南征，大舉反攻，以報不共戴天之仇。那攻勢猛烈，一時隴上郡縣，紛紛陷落，只有涼州刺史韋康守住了冀城❹（漢陽郡治）未下。馬超從建安十八年的正月，攻打到八月，終將冀城攻破，殺死韋康。曹操令駐在長安的夏侯淵將兵去討伐馬超，又被馬超所敗，西北大亂。馬超佔據冀城，自稱征西將軍領并州牧，都督涼州軍事。時有參涼州軍事楊阜，逃出冀城，潛往求救於其外兄姜敘。敘時為撫夷將軍，屯兵於歷城❺，歷城在冀城之南，相距不過兩百里。姜敘乃與楊阜合謀討超，先遣人混入冀城中，聯絡冀城降將梁寬、趙衢為內應。在十八年九月，姜敘、楊阜自歷城起兵，突攻馬超，馬超親將出城迎戰。不料梁寬、趙衢從中叛變，關閉城門，不令馬超回城，並將馬超的妻子全家殺死。裡外夾攻，一場血戰，將馬超殺得大敗。馬超進退失據，乃亡走漢中，去投奔張魯。魯封馬超為都講祭酒，並遣兵助超去反攻涼州，還擊姜敘。姜敘不敵，求救於夏侯淵。這次夏侯淵調發大兵西征，以大將張郃督步騎五千為先鋒。與馬超大戰於祁山❻，馬超大敗潰走。夏侯淵乘勝而西，又擊韓遂於顯親，擊破氐王千萬於興國❼，又平定了高平、屠各等地，使得馬超在西北的根據地，完全喪失。馬超無所歸依，又與張魯失和，輾轉南走，經由武都，亡入氐中。

　　現在回頭來說劉備。劉備從建安十六年冬，駐軍葭萌關，一直按兵觀望，軍師龐統一再勸劉備乘虛襲取成都，佔領益州，而劉備遲疑未決。延至十七年冬，忽然接到孫權告急的書信，便藉口要東歸去救荊州，而

---

❹　此為西北涼州之冀縣，地在今甘肅甘谷南。

❺　在甘肅成縣北。

❻　今甘肅西和西北。

❼　今甘肅秦安北，其地向為氐人所據。

移師南下，並致書劉璋告以去意，請其資助兵糧。張松聞知，急寫信與劉備曰：「今大事垂立，如何釋此而去乎？」沒想到這封書信，被張松之兄廣漢太守張肅所揭發。劉璋大怒，立即收斬張松，下令益北諸將嚴守關隘，不得放劉備通過。劉備就近誘殺了白水軍帥楊懷、高沛，麾軍急進，一戰而攻下涪城。劉璋諸將劉璝、冷苞、張任、鄧賢等，都敗退綿竹。劉璋增派將軍李嚴、費觀，督率綿竹諸軍抵抗，李嚴、費觀竟迎降於劉備。於是備軍大盛，分遣諸將略取附近州縣。劉璝、張任與劉璋之子劉循，再退守雒城❹⑧。劉備進擊雒城，與張任大戰於雁橋，張任陣亡，劉璝、劉循就退入城中，堅守不出。軍師龐統督師攻城，不幸中流矢而死。劉備圍攻雒城，從建安十八年的夏天，攻打到建安十九年的夏天，才將雒城攻下。這戰事綿延了一年多，劉備的損失也極重大。

再說，諸葛亮在荊州，聽說蜀中的戰事爆發，便留下關羽駐守江陵，急率張飛、趙雲等，將兵溯江西上，去援助劉備。一路勢如破竹，攻抵江州。巴郡太守嚴顏引兵抵抗，為張飛所生擒。張飛罵道：「大軍到境何不投降？而敢拒戰？」嚴顏大聲道：「我州有斷頭將軍，無降將軍！」張飛大怒，變色瞋目，令左右牽出砍頭。嚴顏笑道：「砍頭就砍頭！又何須發怒！」張飛欽其忠勇，立改容下位，親釋其縛，終將嚴顏勸降，待以上賓之禮。江州既下，諸葛亮分兵為兩路；令趙雲率領一軍，溯江直上，取道外水為西路，連克江陽❹⑨、犍為❺⓪。令張飛率領一軍，北溯涪江，取道內水為東路，連克巴西❺①、德陽❺②。遂與劉備大軍會合，共攻成都，一時諸軍雲集，劉備的聲勢大盛。劉備聽說馬超亡命在氐中，氐中就在益州西北，距離成都不遠，特遣人去遊說馬超，邀其合作。馬超也素慕

❹⑧　今四川廣漢。

❹⑨　今四川瀘縣。

❺⓪　今四川宜賓。

❺①　今四川閬中。

❺②　今四川遂寧。

劉備禮賢重士，又同與曹操為敵，就欣然復書情願歸命，隨即率其西涼人馬來會師成都。劉備見馬超來歸，大喜道：「孟起來，我得益州矣！」果然，馬超兵到後不及十天，劉璋就率領百官開城投降。這劉璋父子兩代，在益州也有二十餘年，儼然自成一國，一旦喪亡，君臣相顧，莫不流涕！時在建安十九年秋。

劉備得了成都，好不歡喜！連日慶祝，大饗士卒。蜀中地方本來富庶，備盡取其府藏金寶，以分賜將士，諸將士為之歡聲雷動。於是論功行賞，分官授爵。劉備本人，自以左將軍領益州牧。諸葛亮為軍師，有畫策入援之大功；法正迎接劉備入蜀，一直跟隨在劉備身旁，備之得蜀，正計最多；遂以諸葛亮為軍師將軍，益州郡太守，法正為揚武將軍，蜀郡太守。裨將黃忠隨從入蜀，自葭萌南征益州時，忠衝鋒陷陣，勇冠三軍，特拜黃忠為討虜將軍。張飛、趙雲隨諸葛亮自荊州入援，張飛原為征虜將軍、新亭侯，現加領巴西太守，趙雲則拜翊軍將軍。馬超雖然新到，但素有聲威，特拜平西將軍，封都亭侯。此外，所有蜀中歸降的將士，劉備一律收容，分別任用，其有德望者，尤被尊重。如董和原為成都令、益州太守，平素居官清正，為百姓所愛戴，劉備特以為掌軍中郎將，署左將軍府事，與諸葛亮同職任事。遇有軍機重務，共為商談，不分彼此。他如主簿黃權拜為偏將軍，護軍李嚴拜為犍為太守，費觀拜為巴郡太守，許靖為左將軍長史，龐羲為左將軍司馬，劉巴為左將軍西曹掾，伊籍為左將軍從事中郎，彭羕為治中從事。以前在劉璋治下，無論得意與不得意的人才，都為劉備所錄用，於是上下咸安，人情大定。劉備為了獎勵功臣，打算將成都許多富戶的田宅充公，用以分賜將士。趙雲以為不可，他說：「當年霍去病說：『匈奴未滅，何以家為！』如今國賊尚在，國難未除，將士豈能苟安！必待天下平定之時，然後各返桑梓，歸耕故鄉，才是合理。何況益州百姓，經兵亂之後，所望否極泰來，安居樂業；今奪其財產，以私所愛，豈不大失人心！」劉備恍然大悟，遂取消了原議。

劉璋投降後，劉備還以振威將軍印綬❸，將劉璋與其家屬，送往荊州公安安置。劉璋不敢違拗，只得淒然就道。劉備又想起在荊州的關羽有留守之功，特遣使慰勞，以襄陽太守、蕩寇將軍，加都督荊州軍事。關羽之為人，一向心高氣傲。聞諸將封功授爵，不無怏怏；尤其聽說劉備對於馬超特別垂青，心中不服，就致書諸葛亮詳問馬超究竟是何等人物？諸葛亮復書曰：

> 「孟起兼資文武，雄烈過人，一世之傑，黥、彭之徒，當與益德並驅爭先，猶未及髯之絕倫逸群也。」

原來關羽長鬚拂胸，素有美髯之稱。這幾句話說得關羽開心，不覺掀髯大笑，以來書示左右，遂不復介意。

諸葛亮以軍師將軍益州太守兼署左將軍府事，佐劉備治理蜀中，得大展抱負。其政治原則，重視整飭綱紀與提高效能。循名責實，執法森嚴。蜀中一般官吏，過去散漫成習，不耐約束，因之頗有怨言。法正勸亮道：「昔高祖皇帝入關，約法三章，秦民感德。如今初得益州，不能專憑威力，宜多施恩惠以結人心！」諸葛亮道：「君但知其一，未知其二。秦皇暴虐，刑政太酷，百姓憤怒，故匹夫一呼，而天下土崩！高祖皇帝承秦皇暴政之後，故必須以寬濟猛。今劉璋不同於秦皇，自劉焉以來，兩代昏庸無能，賞罰不明，威刑不肅。一般官吏，大都貪位自私，不守法紀，在上者則一味優容。須知寵之以位，位極則賤；順之以恩，恩竭則慢，政事敗壞實由於此。我今矯劉璋之弊，要威之以法，法行則知恩；限之以爵，爵加則知榮。使恩威並用，百廢乃舉，此乃以猛濟寬之道。」法正大為嘆服！諸葛亮這番話，成為政治上的名言。果然，蜀中的政治經過諸葛亮的一番大力整頓之後，那情形大大不同。史稱：「吏不容奸，人懷自厲，道不拾遺，強不侵弱，風化肅然！」

---

❸　劉璋先受漢封為振威將軍。

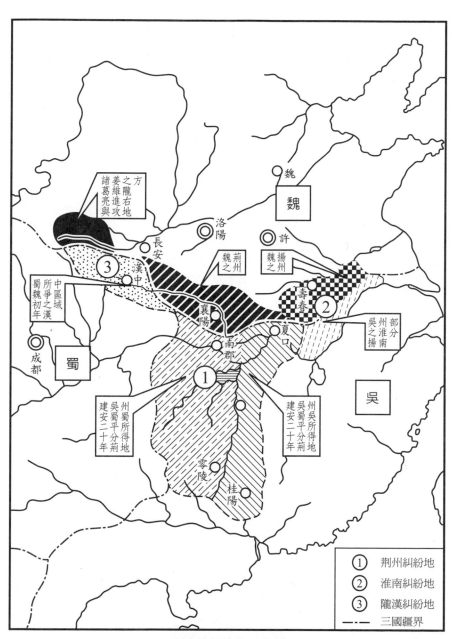

諸葛亮與
姜維進攻
之隴右地
方

魏

洛陽

許

魏荊
之州

魏揚
之州

長安

漢中

③

蜀魏初年
所爭之漢
中區域

成都

蜀

襄陽

南郡

夏口

壽春

②

吳州
之部
揚分
　淮
　南

吳

①

荊州吳
吳蜀所得地
建安二十年
蜀平分荊

荊州吳
吳蜀所得地
建安二十年
蜀平分荊

零陵

桂陽

① 荊州糾紛地
② 淮南糾紛地
③ 隴漢糾紛地
—·— 三國疆界

三國糾紛地帶形勢圖

　　劉備自從佔有蜀中，便以益州為根據，荊襄為門戶，而與中原曹操，江東孫權，成為鼎足三分之勢。並聯孫抗曹，待機而動，諸葛亮「隆中對」的政治藍圖中，第一頁的計畫已經實現。三國歷史的發展，到這時又是一個段落。

第四講　曹丕篡漢

　　漢建安十八年五月，獻帝下詔，以冀州十郡之地❶封曹操為魏公，以丞相領冀州牧如故，又加九錫之典，袞冕之服，軒縣之樂，六佾❷之舞。秋七月，魏公曹操在鄴城始建宗廟社稷。十九年三月，又詔魏公操位在諸侯王上，改授金璽、赤紱、遠遊冠。魏公操常居鄴城，威風無比，百官承旨，群僚聽命，儼然是一國之尊。那住在許都深宮中的漢獻帝，名為天子，不啻獄囚，生活得悽悽慘慘，全無自由。曹操在封魏公之後，就把他的三個女兒，一同納入宮中為貴人，外表忠親，內懷控制。卻說漢獻帝的原配伏皇后，是侍中伏完之女，在初平元年進入掖庭為貴人，興平二年立做皇后。後來跟著獻帝逃難，顛沛流離，歷盡艱辛，和獻帝算是患難夫妻。自從遷都許城之後，夫妻二人幽居深宮之中，事事仰承曹操的鼻息，真是度日如年。那年為了衣帶詔之事，伏皇后親眼看見董貴人身懷六甲，竟被曹操拖出斬首，全不留情，為之心驚肉戰！曾將那幕兇暴的情況，寫了一封私信，密告她的父親伏完，叫他相機以圖曹操。

---

❶　河東、河內、魏郡、趙國、中山、常山、鉅鹿、安平、甘陵、平原。

❷　六八四十八人。

伏完是個謹慎小心的人，得到這封書信，深自隱密，始終沒有發動。建安十四年，伏完去世。不知怎的，延至建安十九年的秋天，這事突然被人揭發。曹操大怒。就在當年十一月，派遣御史大夫郗慮，持節策往收皇后璽綬，以尚書令華歆為副使，帶著武士，洶洶闖入皇宮。伏皇后嚇得躲入夾壁牆中，華歆命武士拆毀宮牆，硬把皇后拖將出來。漢獻帝與郗慮一同坐在前殿，眼見皇后被髮赤足，牽出殿庭，望著皇帝哭道：「不能救我一命麼？」獻帝答道：「我也不知命在何時！」回顧郗慮道：「郗公，不想到天地間竟有這等事！」可憐這伏皇后，終被下入暴室而死。所生兩皇子，也被酖殺，兄弟宗族連帶死者一百多人。事後不到兩個月，就策立曹操的次女，貴人曹節為皇后❸。

這奉命捕殺伏皇后的尚書令華歆，原來就是當年被孫策所趕走的豫章太守。他在建安四年讓出豫章，暫居江南，因為他是個負有盛譽的名士，素為曹操所仰慕，特遣使徵聘入都，拜為議郎，參司空軍事。復由議郎而侍中，而尚書令，成了曹操的一位心腹人。這華歆字子魚，乃平原高唐人，自幼與北海人邴原、管寧相友善。三人一同遊學，都以氣節相尚，時人把他們三人比做一條龍，歆為龍首，原為龍腹，寧為龍尾。相傳有這樣一段故事，有一天，華歆和管寧同在園中鋤菜，一鋤鋤出了一塊黃金，管寧明明望見，揮鋤如故。華歆卻俯首拾起，看了一眼，然後丟開。又有一天，兩人同席讀書，聽見門外有貴人經過，車馬喧赫，管寧專心致志，若無其事，而華歆放下書本，慌忙出外去張望。管寧乃割席分坐曰：「子非吾友也！」後來天下大亂，管寧避跡遼東，終身不仕；華歆卻先附袁術，後依曹操，歷事兩朝，位列三公。這兩人的人格操守，出處進退，果然不同！

曹后的策立，是在建安二十年（215 年）春正月。是年三月，曹操

---

❸ 曹操三女：長名憲，次名節，次名華。《後漢書·皇后紀下》亦稱獻穆曹皇后諱節，魏公曹操之中女也。建安十八年，操進三女憲、節、華為夫人，小者待年於國，十九年並拜為貴人，及伏皇后被弒，明年立節為皇后。

親自統領大軍十萬人，西行入關，去討伐張魯。曹操的戰略，是先肅清隴右，再進攻漢中。派遣大將張郃、朱靈等，從武都攻入氐中，先將武都的氐人擊破。曹操則自將大軍出散關❹，進兵河池❺，又擊潰了氐王竇茂，屠其城。隴西一帶，大為震動，駐在西平❻金城平時態度曖昧的軍帥麴演、蔣石等，共斬送韓遂首級，惶恐奉命，於是西涼全定。曹操遂循瀘水而南，繞抵漢中之陽平關❼。陽平關是南鄭的門戶，居高臨下，地勢險峻。張魯之弟張衛，率精兵數萬人，把守關口，曹操屢攻不下，士卒死傷如積，遂下令撤兵。張衛見操軍撤退，乃弛緩戒備。那知曹操是以退為進之計，趁張衛的鬆懈，令大將夏侯惇、許褚率軍從側面回攻突襲，果然一戰而擊破張衛，攻下了陽平關，殺死衛將楊任，張衛潰走。陽平一陷，張魯不敢抵抗，就放棄了漢中，亡走南山，投奔夷王杜濩、朴胡。曹操就率領大軍進入了南鄭，盡得魯之府庫珍藏。然後分兵略地，漢中城鎮皆紛紛歸附，連巴中諸夷王朴胡、杜濩、任約等，也都震恐遣使乞降。曹操就分封朴胡為巴東❽太守，杜濩為巴西太守，任約為巴郡太守，謂之三巴。這三巴夷王一降，張魯失了掩護，無處藏身，只得偕同家屬出山請降，曹操並不深究，即拜魯為鎮南將軍，封閬中侯。此時曹操的聲威所布，蜀中一日數驚。丞相主簿司馬懿獻策道：「劉備用詐術俘虜劉璋，蜀人未必心服，今乘勢進兵，勢必瓦解，此機不可失也！」曹操道：「人苦不足，既得隴，復望蜀邪！」❾即以夏侯淵為都護將軍，督張郃、徐晃等，屯守在漢中，自將大軍北還。計從三月出師，到十一月張魯投降，前後僅僅八個月而完全平定了漢中。曹操於建安二十一年(216

---

❹　一名大散關，為秦嶺間孔道之一，在今陝西寶雞西南。

❺　在大散關西南，今甘肅徽縣。

❻　今青海西寧。

❼　今陝西沔縣西北。

❽　劉璋曾分巴郡地置巴東郡，郡治在今四川奉節東北。

❾　語出《後漢書‧馮岑賈列傳》，參見《秦漢史話》。

年）春二月回到鄴城，四月便自魏公晉爵為魏王。七月間，南匈奴單于呼廚泉也畏威來朝，晉謁魏王。魏王曹操乘勢將呼廚泉軟留在鄴城，而將內附的南匈奴，分為左、右、南、北、中五部，分住在并州境內。左部住在太原茲氏縣，右部住在祁縣，南部住在蒲子縣，北部住在新興縣，中部住在大陵縣，各立其貴人為帥，另以漢人為司馬以監督之。更令匈奴右賢王去卑為監國，監國住在平陽。這匈奴五部❿，日後都改姓為劉，又稱劉氏五部，就是後來西晉五胡亂華時劉氏匈奴的來歷。這是歷史上一樁大事。

現在回頭來說這南方孫、劉的局面。在建安十九年，劉備襲取益州，趕走劉璋，孫權聞知，想起當年擬與劉備共取西蜀被劉備所拒絕，那時劉備說得何等義正辭嚴，卻原來口是心非，因大罵道：「猾虜！乃敢挾詐如此！」於是遣派中司馬諸葛瑾為使者，前往西蜀，去向劉備討回荊州。這諸葛瑾字子瑜，原來就是諸葛亮的胞兄。當黃巾之亂，諸葛亮流寓襄陽，而諸葛瑾避難江東，遂一歸劉備，一依孫氏。諸葛亮還有一個兄弟，名喚諸葛均，也出仕劉備。這兄弟三人，分仕二國，而各忠其主。諸葛瑾的為人最為謹厚，深獲孫權之器重。在赤壁戰前，諸葛亮過江求救時，孫權極愛其才，因令諸葛瑾勸其弟來歸。諸葛瑾道：「我弟已失身於人，委質定分，義無二心。弟之不留，猶瑾之不往也！」孫權為之嗟嘆不已。現在諸葛瑾奉命到了成都，謁見了劉備，說明來意，劉備一味推諉說道：「我今方圖涼州，待等得到涼州之後，定以荊州奉還不誤！」諸葛瑾見了諸葛亮，無一語及私。他幾經交涉，不得結果，便回江東復命。孫權恨道：「此乃久假不返，全以虛言抵賴！」也就不徵求劉備的同意，逕行委派了長沙、零陵、桂陽的長吏，前往接收三郡。到了荊州，都被關羽逐回。孫權大怒，立即調兵遣將，派呂蒙將兵二萬人前去攻取三郡。呂蒙善於用兵，兵到之處，長沙、桂陽兩郡，皆望風而服，唯有零陵太守郝

---

❿　左部太原茲氏，在今山西汾陽；右部祁縣，即今山西祁縣；南部蒲子，在今山西隰縣；北部新興，在今山西忻州；中部大陵，在今山西文水。

普守城不降，呂蒙就引兵攻打，戰況激烈。

劉備在西蜀，聞知荊州有變，急率兵東下，駐軍公安，以為關羽的後援。關羽則將領所部兵馬，自江陵前進，與魯肅部眾相遇於益陽，孫權也進駐陸口，為諸軍節度，這雙方旗鼓相對，劍拔弩張。魯肅在前方的軍隊，僅有一萬人，不足應敵，乃飛羽急調呂蒙撤圍北上助戰。那呂蒙得了軍書，不動聲色，照舊的猛攻零陵，全不鬆懈。卻暗地裡找到了一位郝普的故人，名叫鄧玄之，讓他進城去勸郝普投降。呂蒙和鄧玄之慨然說道：「郝子太（郝普字）慕法古人忠義之事，惜不知時務，如今左將軍（劉備）為夏侯淵所困於漢中，無法抽身。關羽方與主上（孫權）在南郡對壘，也不能分兵南下。子太孤軍無援，城破就在旦夕，而軍令森嚴，無所容情。子太忠於其主，視死如歸，但又何忍令百歲老母，戴白受戮，請先生以此意明告子太，望子太三思！」玄之奉命入城，就將這番話宛轉說與郝普，郝普果然感動，立即開城投降。於是三郡皆下，呂蒙就整軍北上，與魯肅會師，吳軍士氣大振。這時東西兩軍對峙，即待會戰，魯肅欲先禮而後兵，特折束邀約關羽在陣前答話，關羽向不示弱，復書如約來會。至時，雙方軍隊撤離百步，魯肅與關羽各自帶領隨從數將，單刀來到陣前，兩馬相交，彼此行禮如儀。魯肅先開口，責備劉備、關羽不該強佔三郡之地，久久不還。關羽道：「烏林之役，左將軍親冒矢石，殺退曹兵，豈能徒勞無功，沒有一塊安身之地？」魯肅道：「不然，記得當年初見劉豫州於長阪之時，豫州所餘殘兵不過數百人，那時計窮力竭，走投無路，是我主上憐愍豫州，出全力為豫州破敵，事後又不惜土地士民，使有庇蔭。

關羽、魯肅陣前相會

不料豫州一味矯情偽飾，屢失諾言。如今已得西蜀，不能再說無安身之地，何以還要霸佔荊州？似此貪而無信，凡夫尚且不可，況乎人主！」關羽一時語塞，赧然而退。同時漢中軍情緊急，益州震動，劉備在公安，後方的軍事文書，一日數至，乃訓令關羽停戰，就前方與孫權、魯肅議和。魯肅是一向主張和劉以抗曹的穩健派，從中調處，於是雙方各自讓步，成立了和約。約定以湘水為界，平分荊州，長沙、江夏、桂陽以東屬孫權；南郡、零陵、武陵以西屬劉備。約成之後，劉備急急引兵還蜀，仍留關羽屯兵江陵，鎮守荊州。這次孫、劉兩家雖然臨戰罷兵，而雙方的敵視，也從此開始。

卻說劉備趕回成都時，曹操已經完全佔有了漢中，復委署三夷帥朴胡、杜濩、任約為三巴太守，使曹操的勢力，侵入了巴中。劉備特派偏將軍黃權，將兵擊走三夷帥，曹將張郃督軍增援反撲，又為巴西太守張飛所擊退。這樣，才算穩定了巴山以南的蜀中之地。

從建安二十年的秋天，經二十一年，到二十二年的春天，孫權和曹操爭奪江北、淮南之地。起初孫權進攻合肥，後來曹操進攻濡須，彼此皆不能下，戰事互有勝敗，成為相持之勢。於是法正勸劉備，乘曹操在注意經略東方之時，出兵去襲取漢中。法正說：「曹操留夏侯淵、張郃屯守漢中，此兩人才略，皆不如我之將帥，故討之必克。如能取得漢中之地，廣農積穀，待釁而動。上則可以傾覆曹操，匡復漢室；中則可以蠶食雍、涼，開拓西土；下之，亦可以固守蜀漢為持久之計。此天與之機，時不可失也！」劉備深以為然。就調動蜀中人馬，率領了張飛、趙雲、馬超、黃忠等諸驍將，大舉北伐，來進攻漢中，時在建安二十三年（218年）夏。曹操聽說劉備北伐，親自進駐關中長安，坐鎮指揮。劉備大軍，出劍閣，入漢中，與夏侯淵、張郃之軍，相持於陽平關。雙方激戰經年，備軍屢次失利，就從陽平關撤守定軍山，這定軍山在沔水之南，山勢陡聳，險峻非常。夏侯淵既勝而驕，懷輕敵之心，率軍猛烈追擊，仰攻定軍山的大營。備軍居高臨下，鼓譟迎戰，將淵軍擊敗。討虜將軍黃忠，

縱馬馳下，手起刀落，斬夏侯淵於馬下。曹操所委署的益州刺史趙顒，也同時陣亡。淵、顒一死，曹軍大亂，潰退沔北。時為建安二十四年（219年）春正月。消息傳到長安，曹操大驚，急親率大軍，出斜谷，越秦嶺，進兵漢中，來與劉備決戰。劉備聞知笑道：「以今日之勢，曹公雖來，亦無能為也！我必得漢川矣。」就用穩紮穩打，以逸待勞的戰略，分兵扼守要害，避不與曹軍交鋒，卻另遣奇兵，不斷的繞出北山腳下，去截擊曹軍的後方糧道。從春天相持到夏天，曹軍死傷日多，而後方糧食不繼。曹操進不得戰，守又難支，陷入了困境，心中十分煩惱矛盾。這晚正在營中用餐，軍吏適來請示口令，曹操一眼看到盤中食餘之雞肋，順口便道：「雞肋！雞肋！」遂以雞肋為令。隨軍主簿楊脩聞知，立即收拾行裝，準備起程，人問其故，楊修道：「雞肋者，棄之為可惜，食之無所得，主公以此為令，我知其必還也！」果然，第二天，曹操就下令班師，率領諸軍全面撤退，竟自動的放棄了關中之地。曹操臨行之時，看那秦嶺棧道的艱難，漢川谷地的深險，顧謂諸將道：「南鄭直為天獄，其中斜谷五百里石穴耳！非有萬全之計，不可用兵！日後須牢牢切記！」曹操雖然忍痛犧牲了漢中這塊重要戰略地域，卻自喜得全師而還，此兵法所謂：「見勝而戰，知難而退！」

曹軍既退，劉備就率領將士進入南鄭，而全有漢中之地。這對於劉備，是一項非常輝煌的大勝利。於是在建安二十四年秋七月，劉備自稱漢中王，舉行了一個隆重的即位典禮。在沔水之陽，造了一座高大的壇場，屆時，群臣百官，侍立壇下，周圍將士環列，氣象森嚴。但見旌旗蔽空，香煙繚繞，漢中王在鼓樂喧闐，歡聲雷動中，登壇受賀，十分威武！這劉備歷盡憂患，一生坎坷，到這時總算是揚眉吐氣！他環顧左右，見舊日諸將，都已老大，想要找擇一個新人才，來鎮守這新疆域。近來頗賞識牙門將軍魏延，覺其智勇雙全，堪當重任，便拜為鎮遠將軍，領漢中太守。這魏延字文長，乃荊州義陽人，以部曲隨劉備入蜀，屢立戰功。但是少年後進，資望卑微，今驟登顯位，一軍皆驚。漢中王當著群

臣諸將，問魏延道：「今委卿重任，不知卿之方略如何？」魏延應聲答道：「若曹操舉天下而來，請為大王拒之；若使偏將將十萬之眾而來，請為大王吞之！」漢中王哈哈大笑，深壯其言，就留下魏延將兵鎮守在漢中，自率諸將返回成都。到了成都，又分封群臣諸將，以許靖為太傅，法正為尚書令，關羽為前將軍，張飛為右將軍，馬超為左將軍，黃忠為後將軍。諸葛亮道：「黃忠名望，非關、馬之倫，如今令其同列，張、馬在軍中，親見其功績，自無說辭，但關羽遠在荊州，聞之恐將不快！」劉備道：「我自有處理。」黃忠遂與關羽等人齊位，賜爵關內侯。劉備又派益州前部司馬費詩，齎奉王旨，往授關羽印綬。費詩到了江陵，宣讀了旨意，關羽聽了，果然不服，怒道：「大丈夫終不與老兵同列！」不肯受拜。費詩解慰道：「夫立王業者，自有用人之術。想當年蕭何、曹參與高祖皇帝，是自幼親舊，而陳平、韓信乃亡命之徒，中途來歸，反居蕭、曹之上，後來班位以韓信為最高，從不聞蕭、曹有何怨言，蓋疏不間親。如今漢中王功業崇隆，與君侯休戚與共，猶如一體，其關係非比尋常。但求同獎王業，不必與一般眾人，來計較官位之高低，爵祿之尊卑！」關羽恍然大悟，立即受拜。

關羽之為人，英勇蓋世，忠義無雙。他的左臂曾受箭傷，每逢陰雨輒骨痛，醫生說是箭毒入骨，必須要破臂刮骨以療毒。關羽便坦然伸臂，令醫生割治。血流如注，而羽啗炙飲酒，談笑自若，其沈勇如此。但是性情過於高傲，剛強有餘，而權謀不足。所守荊州之地，當魏、蜀、吳三國之衝，其間外交政治的關係，錯綜複

關羽刮骨療毒

雜，縱橫捭闔，非關羽所能應付。魯肅駐兵陸口，與關羽為鄰，一意想連絡關羽，以敦睦修好，可是關羽總是不睬。孫權又遣使向關羽求親，欲娶羽女為兒媳，關羽道：「我虎女焉配犬子！」竟將說親的使者罵回，把孫權氣壞。因之吳、蜀關係，日益惡化，實未能貫徹諸葛亮「聯吳制魏」之國策。魯肅在建安二十二年的冬天去世，孫權遂以呂蒙為漢昌太守，接任魯肅的遺缺。呂蒙是個激進派，與魯肅的持重作風不同。他認為關羽乃熊虎之將，驕氣凌人，其君臣又慣用詐術，反覆無常，建議孫權要相機以襲取荊州，孫權也有同感。於是東西的矛盾日深，危機潛伏，而關羽不覺。

劉備既得漢中，遣派宜都❶太守孟達，從秭歸❷北攻房陵❸，殺死房陵太守蒯祺。同時，遣其養子副軍中郎將劉封，從漢中順沔水東下，與孟達會師，又相繼攻下上庸❹、西城❺。這上庸、西城與房陵，是漢水上游三重鎮，下游便是襄陽、樊城。三城既得，襄、樊便在望中。

現在關羽看見蜀漢局面發展得如此迅速，認為襄、樊已是囊中之物，諸將皆紛紛立功，自己豈甘寂寞。就在建安二十四年秋七月，留下南郡太守麋芳守在江陵，將軍傅士仁守在公安，自統水陸諸軍，大舉北伐襄、樊。時曹操從弟安平亭侯征南將軍曹仁鎮守樊城，將軍呂常鎮守襄陽。關羽自率主力大軍進攻樊城，另遣別將襲擊襄陽。曹操得訊，急命左將軍于禁與立義將軍龐德，將兵往增援曹仁，進屯於樊城之北。八月間，大霖雨，山洪暴發，漢水高漲，關羽乘勢掘堤以灌樊城。一時平地水深數丈，樊城郊外一片汪洋，水陸不分。于禁所率七軍，甲仗輜重一齊淹沒，于禁偕諸將登高避水，關羽則乘大船往來攻擊，禁力窮投降。唯有

❶　今湖北宜都。
❷　今湖北秭歸。
❸　今湖北房縣。
❹　今湖北竹山。
❺　今陝西安康。

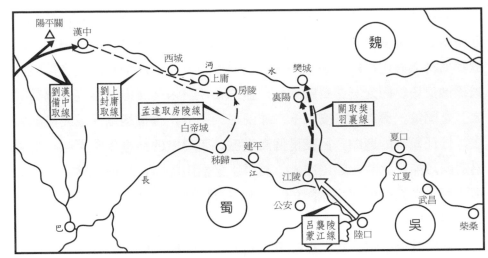

219 年漢中與荊襄之戰形勢圖

龐德站在河堤上，被甲執弓，箭不虛發，拼死力戰。從平旦戰至日中，矢盡，復以短兵肉搏，左右死傷殆盡，獲得一隻小船，龐德搶躍上船，欲渡就樊城。中途水盛船覆，遂為關羽所俘，不屈而死。曹操聞之嘆道：「于禁從我三十年，何意臨危處難，反不如一龐德邪！」

　　于禁的援軍既沒，關羽乃以全力圍攻樊城，城垣為水所灌，多處崩壞，城中人心恟恟。有人勸曹仁棄城逃走，汝南太守滿寵堅持以為不可，道：「山水暴發，來去皆速，絕不會持久，宜堅守以待變！」曹仁乃督眾繼續死守。軍民日有死傷，城中人馬只剩下幾千，城不沒者數板❶❻。關羽的戰船，重重圍困，內外交通，完全隔絕。沔南的襄陽城，也同樣的危急。曹操所委署的荊州刺史胡脩，與南鄉太守傅方，也都投降了關羽。關羽又分遣遊騎去襲擊附近的郡縣，從許城以南到南陽一帶，都全面騷動。有幾個縣份的軍民，竟殺死縣吏以響應關羽。風聲所播，連許城中的人心，也不穩定。曹操這時方從關中回到洛陽，那不利的情報，紛紛而來，不免有些著慌，乃集合群臣，商議對策。有人主張，遷徙許都以

❶❻　城高二尺為一板。

避其鋒。軍司馬司馬懿極力反對，並獻策道：「于禁之亡，乃被水所困，非戰之失，國家並無大損，何至張皇失措。劉備之與孫權，乃貌合神離，孫權並不願關羽得志。如遣人去聯絡孫權，共圖關羽，許以事成，盡與以江南之地，則樊城之危可不戰而自解。」曹操深以為是，便一面遣使江東，一面調遣大將徐晃再率兵前往拯救曹仁。徐晃進至樊北，看見水勢仍盛，就屯兵在關羽的外圍，待機進擊。

卻說呂蒙，自從繼代魯肅鎮守陸口以來，一直處心積慮要襲取荊州，但表面上卻儘量的與關羽結歡，尊禮備至。及至關羽北伐，呂蒙正在病中，便在病榻上寫了一封密表給孫權，其辭略曰：「羽討樊城而多留備兵，必恐蒙圖其後故也。蒙常有病，乞分士眾還建業，以治疾為名。羽聞之，必撤備兵，盡赴襄陽。我大軍浮江，晝夜馳上，襲其空虛，則南郡可下而羽可擒也！」書發之後，即向外宣稱病篤。孫權得書心喜，立即派人露檄❶❼召蒙東歸。呂蒙奉命，即扶病就道。途經蕪湖，遇逢定威校尉陸遜，陸遜驚道：「西方軍情緊張，如何遠離東下？」呂蒙嘆道：「怎奈病體難支！」陸遜又道：「關羽矜其驕勇，意驕而志逸。如今但務北進，不顧東方。如聞君病，必益懈弛，可出其不意以取之。謁見至尊時，宜好自為計！」呂蒙又長嘆道：「關羽猛勇，難與為敵。況久據荊州，恩信已著，實未易圖也！」及至呂蒙到了建業，見了孫權，決定了進兵方略之後，孫權問蒙陸口之任，誰可接代？呂蒙乃道：「陸遜意思深長，才堪重寄，必能完成任務。而遜又無大名，非關羽所忌，最為適當。但到任之後，務誨其外自韜晦，內察形便，方能成功！」於是孫權明令以陸遜為偏將軍右部督，代替呂蒙。陸遜到了陸口，立即遣使致書關羽，極力推崇關羽的偉大，而深自謙抑，更在字裡行間，隱示效忠自託之意。關羽得書欣喜，遂將後方的留守軍隊，儘量抽調到前線去作戰。

就在這時，曹操的祕使到了江東，與孫權取得連繫。孫權復書，願以討羽自效，但囑操須嚴守祕密，不得洩漏軍機。曹操得書歡喜，即與

---

❶❼　露檄不封，故使關羽知之。

左右計議，左右皆道：「此事務須保密！」獨董昭道：「不然，此事如絕對守密，是徒助孫權成功，於我未必有利。夫軍事尚權，宜答孫權以守密而故意洩漏之。如此，則有兩便：如關羽得知，還兵自救，則樊圍可以立解，而令關羽與孫權相鬥，我坐待其敝。如關羽不還救，亦可搖其軍心而振我士氣。此計之上也！」曹操稱善。即將孫權的來書謄錄多份，送到前方，令徐晃分別射入樊城與關羽營中。城中守軍獲書歡舞，士氣大振。關羽得書，以為是詐，作戰如故，但軍中已有狐疑，鬥志漸懈。

建安二十四年冬十月，孫權以呂蒙為大都督，督率諸軍進襲江陵。呂蒙先到尋陽布署，然後從尋陽發兵西進，分乘小舟，三三五五，陸續浮江而上。令兵士著便衣，化裝做商民模樣，在舟上搖櫓，而伏精兵於艦艫之中，晝夜兼行。遇有江邊的屯候，乘其不備，或殺或俘，故關羽的守兵，全然不覺。吳兵一路無阻，而攻到江陵。糜芳與士仁倉皇失措，都不戰而降。呂蒙遂入據江陵，獲得關羽的將士家屬，皆不許殺害，一一撫慰。又從牢獄裡放出曹操的降將于禁，送往建業。並嚴申軍令，不得騷擾百姓。有一個士兵，是呂蒙的同鄉，拾取了民家一隻斗笠。呂蒙道：「我不能顧念鄉情，而壞軍法！」立即揮淚行刑，將那士兵斬首示眾。於是三軍震慄，道不拾遺。呂蒙又親率左右，到閭里中去存問耆老，寒者賜衣，病者賜藥。所有公府中的金銀財物，都封閉不動，以等待孫權。

孫權聽說呂蒙果然克復了江陵，好不興奮，立即駕臨荊州，協助呂蒙安撫地方，分遣將士平定附近郡縣。論功行賞，即拜呂蒙為南郡太守，封孱陵侯，賜錢一億，黃金五百斤。以陸遜為右護軍，鎮西將軍，領宜都太守，封婁侯，令屯兵夷陵❶⑧，守住峽口以防蜀兵之東下。陸遜字伯言，乃吳郡人，初在孫權幕府中為令史，後出為海昌屯田都尉，頗有治績，又平鄱陽賊，立功拜定威校尉。孫權嘗與討論世務，深愛其才，遂將姪女嫁與陸遜，結為姻親。復經呂蒙之推薦，由漢昌太守而宜都太守，負起封疆重任。那時陸遜的年紀，也不過三十七歲，在東吳將才之中是

---

⑱　今湖北宜昌。

一位後起之秀。

在九、十月之間，沔江上游的山洪下落，樊城一帶的水勢漸退。曹操自洛陽進駐摩陂督戰，徐晃大舉進攻。關羽的軍心不穩，屢戰失利。及至江陵失守的消息證實，關羽驚慌，不得不撤圍南走，途中心情緊張，連續派遣急足去探視荊州的情形。這些使者回到荊州，都受到呂蒙的特別優待，被分別引導至各將士家中去看望，那些將士的家屬，又都紛紛拜託使者帶信報告平安。及至使者回報，諸將士得知家門無恙，莫不歡慰，也就喪失了鬥志，一路之上，紛紛散走。關羽行至當陽東南的麥城**⓳**地方，只剩下了十餘騎隨從，被吳將潘璋、馬忠所俘，關羽與其子關平一同遇害。

呂蒙雖然建立殊勳，但因扶病作戰，辛勞過度，甫行受封，即發病而死，其死幾乎與關羽同時，孫權為之非常哀痛。呂蒙這次的奇襲荊州，殺死關羽，在戰術中是一個傑作，在政局中則是一個突變。因此突變，而使當時的國際局勢，全面改觀。原本是孫、劉聯盟以抗曹，而今一變為孫、曹合作以制劉。劉備從取南鄭，稱漢中王，下房陵三城，到關羽圍攻襄、樊，水淹七軍，聲威之盛，如日中天，使曹瞞變色，中原震撼。誰知轉瞬之間，荊州失陷，關羽身亡，蜀漢聲威，又落千丈。這前後不過幾個月的光景，而風雲詭譎，翻覆數變。這一番風雲變化，對於劉備固然是個慘重的打擊；但對於孫權來說，究竟是為得為失，亦復難言！周瑜、魯肅與呂蒙為東吳三傑，三任荊州，其政見戰略，各有不同，功過如何，也是見仁見智，難有定論！

曹操在摩陂，聞知孫權已襲取了江陵，樊城圍解，關羽身亡，便表舉孫權為驃騎將軍，假節領荊州牧，封南昌侯。孫權特遣使入貢，上表稱臣，措辭十分恭順，並稱說天命，勸魏王正號稱尊，以順輿情。曹操看了，即將權書出示群臣，笑道：「是兒欲踞吾著爐火上邪！」侍中陳群奏道：「漢祚已終，非至今日，殿下功德巍巍，群生注望！孫權之稱臣勸

進，實乃天人之應，所謂異氣同聲。殿下誠宜即正大位，何用懷疑！」曹操道：「若大命在吾，吾為周文王矣！」

　　講到這裡，我們要補述一事。原來關羽的失敗，主要原因，固然由於呂蒙的偷襲江陵，還有一個原因，是劉封、孟達之失援。關羽之所以決心進攻襄、樊，是因為劉封、孟達攻克上庸、西城、房陵三城，控制了漢水的上游。關羽從南郡北伐，計畫與劉、孟同時進兵，以鉗形攻勢，拿下襄、樊。及至樊城鏖戰，不料劉、孟之師竟遲遲不到。關羽一再催促，劉、孟推稱：「山郡初下，人心未附，不能擅離！」而始終未發一兵一卒，以致貽誤軍機，戰局改觀。劉、孟又何以按兵不動，則是因為兩人不和，發生齟齬。原來劉封本是羅侯寇氏子，長沙劉氏之甥，劉備初到荊州時，膝下猶虛，就收撫了劉封為養子。在劉備入蜀時，劉封業已二十多歲，頗有武藝，氣力過人。後隨諸葛亮、張飛溯江入援，立有戰功。劉備既定漢中，便派劉封自沔水東下，去和進攻房陵的孟達會師，以進取上庸、西城。可是劉封之為人，性情暴戾，與孟達會師之後，每倚勢欺凌孟達，兩人屢生衝突，不能合作。及至關羽戰歿，孟達既懷不平，又加恐懼，便率部叛降於魏王。魏王發兵，助孟達反攻劉封，劉封不敵，亡走成都，於是上庸、西城、房陵三城皆沒於魏[20]。魏為置新城郡，遂以孟達為新城太守，曹魏乃完全佔有漢水中游，可以進逼南鄭。這是繼襄、樊戰後，又一重大的戰略地域之變化。荊州失守，關羽之亡，對於劉備是個晴天霹靂，再見劉封逃回，三城失落，更是恨氣沖天，一怒之下，就將劉封斬首。劉備之與關羽一向情如手足，關羽一死，劉備悲憤萬狀，誓欲雪荊州之恥，報關羽之仇，就要興兵去討伐孫權。可是就在這時，北方政局發生了一連串的變化，先是曹操去世，接著曹丕篡漢，天下震動，劉備不得不按兵觀望，以等待局面的澄清。

　　在建安二十四年冬，吳、蜀解體，孫權降曹，是給曹操又帶來一個

---

　　[20]　上庸、西城、房陵三城沒於魏時在黃初元年秋七月，時曹操已死，曹丕繼位為魏王。

統一的機運，這是自赤壁戰後曹操最得意的時候，可是天不由人，曹操突然患了重病。趕從摩陂北返，於建安二十五年（亦即延康元年或黃初元年，220 年）春正月，剛剛到了洛陽，就不治身亡，享年六十六歲。這一代梟雄，終歸黃土。假設曹操不死，這天下局面又不知如何變化？

　　魏王曹操臨歿之時，次子曹丕留守在鄴城，三子曹彰駐軍在長安，其他幾個年長的兒子也都不在側，身旁只有幼子曹良。這曹良後來改名曹幹，是曹操晚年所生的兒子，特別疼愛。不幸其生母早死，收歸王夫人撫養，常帶在曹操的左右。這時曹操在病榻之上，斷斷續續，口述遺命，叫人錄下以告曹丕說：「此兒三歲亡母，今五歲又失父，將以累汝！」說罷淚下。又吩咐身死之後，即葬於西陵墓田❷，告諸姬妾道：「我諸婕妤姬人，常住銅雀臺中，在臺上設八尺穗帳，帳中陳設靈位。朝晡上供脯糒，每月十五日，可向帳前作妓樂。汝等應時登銅雀臺，以望我西陵墓田！」又說道：「我所藏香料，可分與諸夫人。諸夫人平時在舍中無事，可作履組賣。我歷官所得綬，藏在庫中，所餘之裘，可別為一藏，或分與諸兄弟。」❷人生到此，方覺霸圖皆空，眼前是落得一片淒涼，所以語語酸楚！正如後來陸機〈弔魏武帝文〉所云：「夫以迴天倒日之力，而不能振形骸之內；……雄心摧於弱情，壯圖終於哀志」也。

　　曹操既歿，群臣遵從遺囑，將他靈柩運回鄴城，就安葬在城西高陵墓田。為防後人盜墓，多置疑冢，故久久無人能知曹操的真墳何在。記得清查慎行有詩云：

　　「分香賣履獨傷神，歌吹聲中總悵陳。到底不知埋骨地，卻教臺上望何人？」

又唐詩人張說有一首〈鄴都引〉也說得非常愴涼，其辭曰：

---

❷　西陵墓田在鄴城西，一稱高陵。

❷　曹操臨歿，託付幼子與分香賣組之事，僅見陸機〈弔魏武帝文〉，而不載〈魏書〉。

「君不見魏武草創爭天祿，群雄暝眦相馳逐。晝攜壯士破堅陣，夜接詞人賦華屋。都邑繚繞西山陽，桑榆汗漫漳河曲。城郭為虛人代改，但有西園明月在。鄴傍高冢多貴臣，娥眉曖睩共灰塵。試上銅臺歌舞處，唯有秋風愁殺人。」

　　卻說曹操共有二十五子，長子曹昂為劉夫人所生，死於宛城張繡之役。次子曹丕字子桓，三子曹彰字子文，四子曹植字子建，皆卞后所生。曹彰勇武過人，手格猛獸，力敵萬夫，曹操嘗勸其讀書，曹彰道：「大丈夫當如衛青、霍去病，將十萬之眾，馳驅沙漠，立功建號，何能做博士邪！」後來果然屢破烏桓、鮮卑，數建奇功。他生就一副異相，頷下黃鬚如棘，故人稱為「鄴下黃鬚兒」。曹植與曹彰則全然異趣，自幼遍讀詩書，過目成誦，下筆萬言，是個文學天才。為人不治威儀，不修邊幅，典型的風流才子。每逢進見問對，只要談起學問辭章，總是應對如流，因之深得曹操的歡心，有意以為嗣子。在建安十九年封植為臨淄侯，曾一度代曹操留守鄴城，極見寵任。故曹操的左右，如西曹掾丁儀，儀弟黃門侍郎丁廙，與主簿楊脩，都與曹植深相結納，共為輔翼，屢勸曹操立植為儲。曹操有些猶豫，暗中訪問群臣，尚書崔琰、僕射毛玠、東曹掾邢顒等，均表示反對。這風聲傳播出去，五官中郎將曹丕大為恐慌。他知道太中大夫賈詡足智多謀，便向他請教自安之術，賈詡道：「願將軍恢弘德度，朝夕孜孜，不違子道，如此而已！」於是曹丕謹言慎行，謙恭自守，不求有功，但求無過。有一次曹操出征，曹丕、曹植並在路旁送行。曹植稱頌功德，語語動聽，人人矚目，曹丕悵然自失，朝歌令吳質在一旁低聲與曹丕耳語道：「王當行，流涕可也！」於是曹丕始終一言不發，及至分別之時，涕泣而拜，左右為之歔欷。曹操始覺曹植雖多華辭，而誠心不如曹丕。又有一天，曹操屏退左右，私問賈詡以立儲之事，賈詡默然，久之不對。曹操道：「我與卿言，為何不答？」賈詡道：「適有所思！」操問：「所思何事？」詡道：「正思袁本初、劉景升父子耳！」曹操大笑，

從此態度大變。加之一般宮人多被曹丕收買，經常幫他說話。於是在建安二十二年，正式立曹丕為魏王太子。曹植的性情簡率，行為向不檢點，既不得為太子，更加放縱。一日冒犯禁令，乘車行馳道中開司馬門出❷，曹操大怒，立將公車令坐死，並嚴申諸侯禁科。時曹操提

曹植墓，位於今山東東阿魚山

倡儉約，不許貴族婦女衣著錦繡，有一天在銅雀臺上眺望，遠遠望見一個周身錦繡的貴婦，光彩奪目，招搖而過，詢知原來就是曹植之妻，曹操又復震怒，立下手諭賜死。從此曹植寵愛大衰，憂讒畏罪，皇皇不安，乃問計於主簿楊脩。楊脩字德祖，弘農人，為太尉楊彪之子，袁紹之甥。建安中舉孝廉，除郎中，以才思敏捷，博學多文，為曹操所聘為主簿。其人聰明絕頂，最能猜度曹操的心事，當曹操寵信曹植時，便極意與植結歡，而兩人同好文學，遂成密友。現在曹植被疏，他就教導曹植，該當如何如何，以挽回曹操的歡心。又替曹植擬具了許許多多的答案，告訴曹植，如果遇到那類問題，便採用那項答案。後來曹操每逢有手教下來，曹植的答疏立即呈上，如響斯合，無不稱旨。曹操覺得有些奇怪，便著人調查，旋即將此內幕揭穿。原來楊脩有一個短處，是鋒芒太露，守口不嚴，經常在有意無意之中觸發曹操的隱私，已久為曹操所忌。此事一發，曹操認為楊脩與曹植有結黨弄權的陰謀，就判了「漏泄言教，交關諸侯」八個字的罪狀，將楊脩斬首。這楊脩一死，曹植的處境更窘，便終日以酒解愁，常在醉鄉。

曹操既卒，曹丕即以太子繼位為丞相、魏王，領冀州牧。尊卞后為王太后。令王弟鄢陵侯曹彰，臨淄侯曹植等，皆就國。不久，臨淄監國謁者灌均希旨奏稱：「臨淄侯植醉酒悖慢，劫脅使者。」魏王丕乃貶植為

❷　時法令：司馬門唯天子車駕出始得開。

安鄉侯，又以罪誅丁儀、丁廙兄弟，於是植黨皆盡。這以後魏王丕對於曹彰、曹植的約束極嚴，手足之間，情感十分黯淡，有多少悲劇，下面再說。

魏王丕即位之後，中央政府的人事組織，不免有一番更動。朝中三公，以太中大夫賈詡為太尉，御史大夫華歆為相國，大理王朗為御史大夫。賈詡以謀略先事董卓，後事李傕，再事張繡，終勸張繡投降曹操。以後又屢獻奇策，為曹操所重用，由執金吾、太中大夫，而做到太尉。華歆就是前面所說，那少負盛名，見利忘義，幫助曹操逼殺伏皇后的狠心人。那王朗和華歆是一種類型的人物，早年也是一位名士，後為會稽太守，也與華歆一樣，被孫策趕走，北歸曹操，由諫議大夫、少府卿、大理卿，而做到御史大夫。這三個人的歷史，前面已經講過，這裡再作一番歸納，以說明他們的人品，都是久歷官場，老於世故，慣會趨炎附勢之人。在這三公之下，還有一個次要的人物，就是尚書陳群。群字文長，潁川人，為東漢大名士陳寔之孫，鴻臚卿陳紀之子，初為曹操之西曹掾，後官侍御史、御史中丞，而侍中、尚書。其人嫻法令，有智略，特為曹操、曹丕父子所器重。在曹丕的新政府組織就緒時，他曾貢獻了一項新猷，他建議朝廷，改良過去的選舉制度，創立「九品官人法」，為朝廷採納實施，這在歷史上是一件非常重大的事件。

原來在兩漢時士子的出路，主要由於「察舉」之一途。「察舉」的名目繁多，諸如：「賢良」、「方正」、「直言極諫」、「茂才」、「異等」、「孝廉」、「孝悌」、「力田」……等。而西漢重「賢良」，東漢重「孝廉」。東漢時並明白規定，每年大郡要察舉孝廉二人，小郡要察舉孝廉一人。「孝廉」者，孝子廉吏之謂也。「察舉」的程序，是由地方政府從民間選拔出人才，而舉薦於中央。其選拔的標準，是根據地方輿論，即所謂「鄉評」，「鄉評」是以德行為主而才能次之，如「賢良」、「方正」、「孝廉」、「孝悌」都是德行的代名詞。東漢一朝的士人由孝廉出身的為最多，就連曹操也是孝廉出身。可是這種「察舉」制度，到了東漢晚葉，發生了許多流弊。

第一、是權勢的請託，使察舉不公。第二、是士人的矯情偽飾，使名實不符。在桓、靈時有童謠說，「舉秀才，不知書，舉孝廉，父別舉。」第三、是單有一班主持鄉評的在野名流，操輿論之權，往往左右社會，製造朋黨，構成一種特殊勢力。再則從漢末黃巾、董卓之亂以來，百姓流離，這察舉制度事實上已名存而實亡。我們知道，曹操是個循名責實的人，他老早就反對漢末那種有名無實的察舉。所以他三下求賢之令，不次用人，以期打破傳統，拔取真材，早在軍中已經實行了這種九品論人的方法❷，不過到曹丕執政時，經陳群的策畫，才正式建為制度而付諸全面的施行。

究竟何謂「九品官人法」？這「九品官人法」，一稱「九品中正制」。其制是廢除了察舉時代那些「賢良」、「方正」、「孝廉」、「茂才」……等五花八門的名辭，而將天下人才，籠統一般的，分為三等九品，即上上、上中、上下、中上、中中、中下、下上、下中、下下。特別設置一種專主選拔的官吏，名為「中正」，州置「大中正」，郡置「小中正」。「大中正」例由中央官吏兼職，而由司徒選任之；「小中正」則由「大中正」推薦。大、小中正之下，皆有屬員，名為「訪問」，分別擔任訪查人才的工作。關於人才的評核，有三種記錄：一為「品」──即「九品」；二為「狀」，「狀」即包括才德的一種評語；三為「簿閥」，「簿閥」就是家世。由這三項記錄來決定一個人才的標準，由國家循序來銓敘錄用，此之謂「九品中正制」。這「九品中正制」有三大作用，第一是打破舊門閥、舊秩序，第二是打破過去純以品德為主的選舉標準，而才德兼重，第三是把過去的鄉評之權，收歸政府，由中央政府來統制人才，藉以掃除私人的勢力。這種新制度，頗能收一時權宜之效，可是後來行之既久，又發生許多新的流弊，這留待後面再談。因為「九品中正制」是影響三百餘年社會風氣的一椿大事，所以在這裡特別提出，加以說明。

卻說魏王曹丕之當政，和他的父親曹操又不同。曹操雖然老奸巨猾，

---

❷ 所謂「軍中倉卒權立九品」，原本是一個臨時應變的辦法。

曹 丕

多少還有些顧慮與偽飾，曹丕則肆無忌憚，用權行事，與天子是一般無二，那漢朝的形式已全無存在的必要。魏王曹丕將建安二十五年改元延康，就在延康元年的秋天，有太史丞許芝，左中郎將李伏等，引據圖緯，述說天命，以為魏當代漢。尚書陳群，侍中辛毗，與群臣劉曄、傅巽、衛臻、桓階、陳矯、董巴、司馬懿等，都紛紛上書勸進，魏王不許。到了冬十月乙卯之日，漢獻帝舉行告廟之典，使行御史大夫張音持節奉璽綬詔典，禪位於魏。魏王丕又再三的上書辭讓，辭不獲已，就在許城之南七十里的繁陽地方，建造一座受禪臺。於十月辛未之日，魏王丕登壇受璽綬，即皇帝位。燔燎，告天地，改元黃初，大赦天下。東漢一朝自光武中興，至此，凡一百七十二年結束。漢獻帝劉協退位之後，被封為山陽公，此後又十四年卒於國中，享年五十四歲。

曹丕受禪時，年三十四歲，承父業而有天下，是為魏文帝。魏文帝即位，尊其父操為武皇帝，王太后卞氏為皇太后。群臣各進位封爵有差，再改相國為司徒，御史為司空。正式建都於洛陽，大營洛陽宮室。以許城為魏王龍興之地，改名為許昌，繁陽為受禪之所，改名為繁昌。此時滿朝之中，無論是漢室舊臣，或魏朝新貴，無不歌頌魏德，而貶抑前朝。唯有散騎常侍㉕衛臻與眾不同，特別解釋這受禪之義，乃是以德讓德，好比堯舜之授受；並非以有道伐無道，如湯武之革命。於是盛稱漢德之

㉕ 「散騎」與「常侍」在秦漢之初為兩官，散騎官騎從乘輿之後，故稱散騎。常侍則常侍於禁中，多用宦官，故稱中常侍。至魏黃初元年始合併二者為一官，稱為「散騎常侍」。掌規諫不典事，騎而散從，以後遂為顯職。

美，說得頗為激動。魏文帝聽了很不自在，連示眼色，那衛臻方才住口。文帝乃笑作結論道：「天下之珍，當與山陽共之！」其實曹丕君臣這一切做作，無非是逢場作戲，掩人耳目而已！

　　當漢獻帝遜位之初，道路紛紛訛傳，說漢天子已被曹丕所害。這消息傳到了成都，漢中王劉備慟哭流涕，為漢獻帝發喪成服。於是蜀中群臣也相競上書陳述符瑞，請漢中王正號稱尊，以繼承漢統。劉備就在曹丕稱帝後的第二年，夏四月丙午，即皇帝位於成都西北之武擔山南，大赦天下，改元章武，是為蜀漢昭烈皇帝，在歷史上習稱蜀漢劉先主。先主以諸葛亮為丞相，許靖為司徒，置百官，建宗廟，立吳氏為皇后，子劉禪為太子，次子永為魯王，三子理為梁王。這時距離荊州淪陷，關羽被害，已一年零五個月，先主痛定思痛，終難忘此奇恥大恨。國是既定，決計要緊飭三軍，大舉去討伐孫權。翊軍將軍趙雲諫道：「當今國賊，乃是曹氏父子，並非江東孫權。若先滅曹魏，報了國仇，那孫權可不征而自服。如今曹丕篡位，弒殺君親，天下人人切齒。正當趁此時機，興師討逆，北伐秦中，東取洛陽，此所謂上應天命，下順人心，中原義士，誰不裹糧策馬以迎王師。不該置魏而攻吳，是捨本以取末，況且戰端一開，恐欲罷不能，殊非上策！」一時百官勸諫者頗多，可是劉備在感情激動之中，一概不聽。近年劉備最親信的人是法正，可惜法正已死，遂無人可以轉移劉備的意志。廣漢處士秦宓，通曉天文，上書稱天時不利，興兵必敗。劉備震怒，把秦宓下獄治罪，經眾人一再求情，才將秦宓恕免。唯一同情劉備的，只有張飛。他聽說要討伐孫權替關羽報仇，是無比的興奮。晝夜督促所部，趕辦軍器甲仗，剋日出征，準備與劉備大軍會師於江州。張飛的性情，一向暴躁，最好鞭撻士卒，現在盛怒之中，用刑益峻。帳下有兩員小將，名叫張達、范彊，被鞭撻得不能忍耐，竟刺死張飛，攜其頭顱，順流而下亡奔孫權。劉備正在等待張飛的行軍消息，突報飛營都督有表章到，劉備驚道：「噫！飛死矣！」覽表，果然！不禁失聲大哭！關羽之仇未報，而張飛又死，劉備更加悲憤。

　　時諸葛瑾代呂蒙為南郡太守，聞說劉備將要興兵東征，乃以私人名義，寫了一封書信給劉備，以求緩師。其辭略曰：「陛下以關羽之親，何如先帝❷⁶？荊州大小，孰與海內？俱應仇疾，誰當先後？若審此數，易如反掌？」劉備置之不理。就在蜀漢章武元年（魏黃初二年，221 年）秋七月，大舉東征。以丞相諸葛亮輔佐太子，留守在成都。劉備親自督率諸軍，起傾國之師，以將軍吳班、馮習為先鋒，一戰而擊破吳將李異、劉阿於巫縣❷⁷。大軍進至秭歸，緣江一帶的蠻夷都紛紛響應，勢如狂風驟雨，荊州全面震動。吳王孫權急令鎮西將軍陸遜為大都督，調發諸將朱然、潘璋、韓當、徐盛、宋謙、孫桓、鮮于丹等，各率所部，統受陸遜節制，合力抵禦蜀軍。

　　這東西的戰端既開，迫令吳主孫權不得不加強與曹魏的聯繫。特派使者，卑辭厚禮，上表稱臣於魏文帝曹丕，並遣送于禁北還。曹丕見孫權如此恭順，心中歡喜，召見使節，面加獎慰。群臣希旨，都高呼萬歲。于禁鬚髮皆白，形容憔悴，見了曹丕，泣涕頓首。曹丕表示不究既往，慰以荀林父、孟明視的故事❷⁸，但命于禁須往鄴城去謁拜高陵。于禁奉旨，到了西陵墓園，只見那陵宮的牆壁上畫著水淹七軍的故事，上面戰船上威風凜凜的站著關羽，這一旁是龐德，怒髮衝冠，戟指大罵，表示不屈之狀；那一旁跪著于禁，在叩首求饒。于禁大為羞慚，回到家中，就發病而死。

　　魏文帝曹丕策封孫權為吳王，加九錫之典。特派太常卿邢貞，齎奉策書，前往江東傳旨。邢貞到了東吳，吳王孫權親率百官，出都亭迎接。那邢貞高坐車上，看見了孫權，並不下車，縱馬長驅直入都門。一旁激

---

❷⁶　時傳稱獻帝已殂，故稱先帝。

❷⁷　在今四川巫山東。

❷⁸　見《左傳》，春秋時晉大夫荀林父與楚戰，敗於邲，晉景公不究其罪，復用之以取赤狄。秦大夫孟明視為晉所俘於殽，後被釋還，秦穆公不究其罪，用之以霸西戎。

惱了張昭，上前攔住車騎，大聲喝道：「夫禮無不敬，法無不行，使君如此尊大，豈以江南弱小，無方寸之刃乎！」邢貞聽了，慌忙下車。中郎將徐盛站在行列之中，回顧左右道：「我等為武將者，不能奮身疆場，為國家北伐許、洛，西吞巴、蜀，致令吾君受邢貞之辱！」說時摩拳攘臂，涕泗縱橫。邢貞回到行館中，不勝感嘆道：「江東將相如此，非久居人下者！」吳王接受了策命，派遣中大夫東郡人趙咨，隨同邢貞入朝謝恩。到了洛陽，謁見了魏文帝，文帝曹丕問道：「不知吳王為何等人主？」趙咨答道：「聰明，仁智，雄略之主也！」曹丕道：「何以言之？」趙咨道：「納魯肅於凡品，是其聰也；拔呂蒙於行陣，是其明也；獲于禁而不加害，是其仁也；取荊州兵不血刃，是其智也；踞三州之地，以虎視天下，是其雄也；不惜屈身以事陛下，是其略也！」曹丕又問道：「不知吳王學問如何？」趙咨道：「吳王浮江萬艘，帶甲百萬，任賢用能，志在經略。偶有餘閒，也博覽書史，但不效書生之尋章摘句耳！」曹丕復問道：「吳可征否？」趙咨坦然答道：「大國有征伐之威，小國有抗禦之力！」曹丕道：「吳懼魏乎？」趙咨道：「雄兵百萬，江漢為池，何懼之有！」曹丕道：「不知吳國如大夫者，有幾人？」趙咨答道：「聰明特達之士，八、九十人，如臣者，車載斗量，不可勝數！」這趙咨應對如流，辭色不屈，曹丕心中，暗暗稱嘆，對於東吳也就不敢輕視。為了試探孫權的反應，又遣使要求吳王進貢雀頭香、大貝、明珠、象牙、犀角、玳瑁、孔雀、翡翠等珍寶奇物。東吳群臣議道：「荊、揚歲貢，有常典，魏國索取此類額外珍玩之物，實於禮不合，應予拒絕！」吳王道：「我正有事西方，為了江南百姓，不得不忍耐一時。何況此物區區，在我無異瓦石，何須吝惜。而彼在居喪之中，竟求取珍玩，又何禮之可言！」就完全依照魏使所開列的項目，一一納貢。孫權對曹魏如此委曲求全，是為了集中力量，來抵抗劉備的進攻。

　　卻說劉備的大軍浩蕩東下，馬步兵緣著長江兩岸前進。黃權為鎮北將軍，督率江北諸軍，劉備自己督率江南諸軍，又遣侍中馬良深入南岸山地，以金銀收買五谿諸蠻。劉備所率領的這支江南主力大軍，在章武

二年（黃初三年，222 年）春正月，從秭歸前進至夷陵、猇亭，自巫峽至夷陵，緣江連營數百里，以張南為前部都督，馮習則為全軍大都督。東吳這方面的三軍統帥是大都督鎮西將軍陸遜。陸遜嚴命諸將依險設防，固守勿戰。陸遜道：「劉備起傾國之師而來，急於復仇，志在速戰，我當以逸待勞，以避其鋒。待其銳氣銷磨，自有變化。」諸將奉命後，私下裡紛紛議論，都以陸遜膽怯。陸遜以後進之士，一旦擢登眾人之上，身為大都督，諸貴戚宿將，心懷不平，多有矜持，不服調遣。陸遜按劍道：「劉備乃天下梟雄，雖曹操亦懷畏懼，今番決戰，正是大敵當前，成敗利鈍，關乎國家存亡。諸君與遜同受國恩，應協力齊心，殺敵報國。國家所以委屈諸君，相與共事，誠以僕尚有尺寸可稱。今既受主上之命，則國法森嚴，概不由己！有望諸君各盡職責，不得推卸，而軍令有常，勢不容情！」於是言出法隨，無敢違拗。陸遜又上書孫權詳述戰略，孫權即下令付託陸遜以軍事全權，陸遜乃得從容調度，穩紮穩打，無論蜀兵如何挑戰，總是不理。從正月雙方相持至六月，蜀兵毫無進展，兩軍形成膠著之勢。

　　長江上游的形勢，從巫峽到夷陵，兩岸層巒疊嶂，遮蔽天日，江水中流，迴旋激湍，一瀉千里，直到夷陵地界水勢方緩。從夷陵以東到夷道縣境，緣江才有一條狹長的隘地，再從夷道以東到荊州、江陵，方是一望無垠的沼澤平原。當時劉備的大軍，就是集中在從夷陵到夷道的這條狹長的隘地，緣著長江南岸，依山臨水為營，營寨連綿不斷，而置大營於猇亭。猇亭屬夷道縣，地在今湖北宜都縣西北。陸遜的軍隊就堵在這夷道縣口，把劉備的大軍困在那條緣江的狹地上，不得發展，後方山路的運輸補給又極艱難，時間一長，軍心渙散，士氣大沮。到了章武二年閏六月，陸遜突然下令，全面反攻。諸將又議論道：「要反攻就該早反攻，如今縱令敵軍深入五、六百里，相持七、八個月，敵人的營壘已固，如何能破？」陸遜道：「諸君有所不知，破敵正在今日，速擊勿疑！」陸遜觀察天時地勢，應用火攻。令前驅軍士，各執茅草一束，點燃起來，順

風縱火，向敵營衝進。那時正是東南風氣節，江濱風猛，風助火威，瞬將營帳燃著，那些營寨偏又連在一起，於是一座跟著一座的燃燒起來。陸遜的大軍乘勢猛襲，一時火光沖天，殺聲震野。蜀軍大敗崩潰，都督馮習、張南與胡王沙摩柯，一齊陣亡。劉備的四十幾個營寨，完全燬滅，被打得全軍覆沒。劉備慌忙西走，率領殘兵攀登馬鞍山憑險抵抗。陸遜親督諸軍，從四面圍攻，肉搏而前，又將蜀兵攻潰，死者數萬人。劉備於深夜奪命逃走，取道山間小路，輾轉逃至白帝城❷❾。所有舟船器械，水陸軍資，損失殆盡，屍骸塞江而下。劉備到了白帝，慚恚憤恨道：「不料我乃為陸遜所辱，豈非天乎！」

　　吳王孫權聞知陸遜大破劉備，驚喜非常，立加遜輔國將軍，領荊州牧，封江陵侯。過去一班輕視陸遜的將士，也無不嘆服。徐盛、潘璋等乃紛紛上書吳王，稱蜀兵實不堪一擊，當乘勝西進，擒殺劉備，收取蜀漢，以為一勞永逸之計。孫權以眾意諮詢陸遜，陸遜復書，以為得意不可再往，應適可而止，況蜀地險峻，窮寇莫追。而當前之真正敵人，實在北而不在西，當養精蓄銳，以防曹丕。孫權深以為然，遂停止西進。

　　劉備之大敗崩潰，倉皇西走。黃權所督江北軍隊不及撤退，即被吳軍截斷了歸路。進退維谷，就在黃初三年八月，率所部北降曹魏。蜀中得訊，有司劾權以叛國之罪，請收其妻子。劉備嘆道：「孤負黃權，權不負孤也！」待其家屬如故。黃權入朝洛都，魏文帝曹丕慰勉有加道：「卿捨逆而效順，是欲追蹤陳平、韓信乎？」黃權嘆道：「臣受劉主殊遇，降吳既不可，回蜀又無路，是以歸命陛下。敗兵之將，免死已幸，又何古人之可慕邪？」曹丕嘆為仁者之言。遂拜為鎮南將軍，加侍中，封育陽侯。旋有蜀中降人，傳說黃權妻子為劉備所殺，曹丕欲代權為其妻子發喪。黃權又道：「臣與劉備，一向以誠相待，彼必明我心跡，此事斷然不確！」已而果然。此外，在南路群山中負命宣慰五谿的白眉馬良，也不得回頭，而陷身死在蠻中。這黃權與馬良在蜀中都是數一數二的人才，今一降於

---

❷❾　今四川奉節東。

北，一死於南，對於劉備都是慘重的損失。

劉備驚憂羞憤，逃到白帝城，就一病不起。這病勢一天沈重一天，留守在成都的丞相諸葛亮奉命趕到白帝城時，劉備業已病篤。就在病榻上，託孤於諸葛亮，命亮與尚書令李嚴一同輔佐太子，劉備愴然說道：「君才十倍於曹丕，必能安國家定大事。若嗣子可輔則輔之，如其不才，君可取而代之也！」諸葛亮涕泣道：「臣敢不竭股肱之力，效忠貞之節，繼之以死！」時太子劉禪在成都，劉備又作遺詔給太子，其辭略曰：

> 「朕初疾但下痢耳，後轉雜他病，殆不自濟。人五十不稱夭，年已六十有餘，何所復恨，不復自傷，但以卿兄弟為念。射君到，說丞相嘆卿智量甚大，增修過於所望，審能如此，吾復何憂！勉之，勉之！勿以惡小而為之，勿以善小而不為。惟賢惟德，能服於人。汝父德薄，勿效之。」

劉備諸子，唯有魯王在側。因將魯王劉永喚至榻前，囑道：「我死之後，汝兄弟應事丞相如事父，事事請教而後行！」一番囑託之後，綿延至章武三年（黃初四年，223年）四月癸巳而病歿，歿年六十三歲。五月，自白帝城移柩回成都，葬於惠陵，諡為昭烈皇帝，而改白帝城名為永安。後來宋詩人黃庭堅讀蜀史至此，有一首七律慨嘆劉先主，其詩曰：

> 「蓋世英雄不自知，暮年初志各參差。南陽隴底臥龍日，北固樽前失箸時。霸主三分割天下，宗臣十倍勝曹丕。寒爐夜發塵書讀，似覆輸籌一局棋。」

關於劉備死後，民間有一椿傳說的故事，其事雖不見正史，但可為談助。傳說吳王孫權之妹孫氏，自從當年被孫權自荊州接回江東，住在吳宮中，抑鬱寡歡。及聞夷陵大戰，先主死於永安，感懷身世，便投江

而死，據稱那投江之處，即今安徽蕪湖縣西之蠐磯。後之好事者，便在
蠐磯上建造了一座靈澤夫人廟，以祭享孫氏。又不知何人，在那廟前集
了一副楹聯，十分淒惋，其辭曰：

「思親淚落吳江冷，望帝魂歸蜀道難。」

清代大史學家兼詩人趙甌北先生，對此事也將信將疑，於是也作了
一首〈蠐磯靈澤夫人廟詩〉，不勝感慨係之。其詩曰：

「我讀蜀志搜異聞，沈淵軼事無明文。要知夫人性英烈，自有一
死留清芬。猇亭師敗聞應悸，況堪更瀝崩城淚！生不能歸蜀道難，
此水猶從巴峽至，或者遊魂可逆流，欲問永安宮裡事。杜鵑啼罷
血紛紛，白帝城高國土分。一樣望夫身殉處，可憐悲更甚湘君！
空江煙雨迷離合，還似蒼梧日暮雲！」

第五講 諸葛武侯

蜀漢章武三年（魏黃初四年）夏四月劉先主病殂永安宮，追諡「昭烈皇帝」。丞相諸葛亮奉喪還成都，留下中都護李嚴鎮守永安。五月，太子劉禪即位，年方十七歲，是為蜀漢後主。尊吳皇后為皇太后，改元建興，封丞相諸葛亮為武鄉侯，領益州牧，開府治事。事無大小，不分內外，都取決於丞相。諸葛亮乃約官職，修法制，發教書，督勵群僚，事必躬親。那宮府中的案卷簿籍，堆積如山，諸葛亮一一校閱，嘗至深夜不寢。主簿楊顒看丞相如此辛勞，便婉言相勸道：「夫治國有體，應當層層負責，不必越分代勞。拿治家作譬喻，主人使奴執耕稼，婢典炊爨，雞司晨，犬守夜，牛負重，馬駕車，各盡其職，所求皆足，主人公可以雍容高枕，無為而治。如今主人一旦要百事躬親，必致形疲神困，而終無一成。這並非其才智不如奴婢雞狗，實在是有失為主之道。所以古人說：『坐而論道，謂之王公，作而行之，謂之士大夫。』故邴吉不問死人而憂牛喘❶，陳平不知錢穀，而謂自有主者❷，此誠明於大體。今明公為治，不惜親自校閱簿書，汗流終日，豈不太勞！」諸葛亮聽他說得有理，深為感謝。不久，楊顒病故，諸葛亮為之垂泣三日。其實諸葛亮的事必

---

❶　參見《秦漢史話》。

❷　參見《秦漢史話》。

躬親，也是因為國家艱難，人才零落，萬不得已而為之。

有一天，尚書鄧芝和諸葛亮談道：「如今主上幼弱，國勢阽危，應當派遣一員大使，去與東吳恢復和好才是。」諸葛亮撫掌道：「此言正獲我心！我為此事，思慮已久，所以遲遲不曾決定者，因為難得這適當的人選。今經足下提醒，倒使我發現了一位最理想的人選。」鄧芝問道：「但不知其人為誰？」諸葛亮笑道：「便是足下！」於是即以鄧芝為中郎將，前往東吳去修好。

自從吳、蜀破裂，吳王孫權對於曹魏是百般的奉承。可是魏主曹丕篡漢以來，氣勢咄咄逼人，孫權也深感窮於應付，卻又不敢決裂。正在這時，鄧芝到了東吳，孫權心中矛盾，猶豫不決，所以久久沒有接見。鄧芝乃自行上書求見，略曰：「臣今來，亦欲為吳，非但為蜀也！」這兩句話打動了孫權，權即召見鄧芝，坦白的說道：「孤誠願與西蜀和好，但恐蜀主幼弱，國小勢危，一旦為魏所乘，反不能自保耳！」鄧芝道：「合吳、蜀兩國，有四州之地。大王乃命世之英雄，諸葛亮亦一時之豪傑。蜀有山川之險，吳有三江之固。兩國合作，共為唇齒，則進可兼併天下，退可鼎足而立。大王若委身以事魏，魏主必令大王入朝，或使太子為質。如不從命，則興兵伐罪，蜀亦將乘勢順流而下。如此，則江南之地，恐非復大王之所有也！」孫權默然不語，半晌而後答道：「君言是也！」遂毅然與曹魏絕交，而恢復吳、蜀的盟好。

明年春，吳王孫權派遣輔義中郎將吳郡人張溫報聘於漢。這張溫字惠恕，乃是江東名士，相貌修偉，文辭辯捷。奉命到了成都，諸葛亮盛宴款待，百官咸集，群賢畢至，唯獨蜀中名士左中郎將廣漢人秦宓未到。諸葛亮幾次派人促駕，那秦宓才施施而來。張溫看這人如此傲慢，便問：「秦宓何人？」諸葛亮道：「秦宓乃我益州學士也！」張溫頗不服氣，及見秦宓，相貌不揚，更加輕視。開口便問難道：「秦君既稱學士，果有學乎？」秦宓道：「蜀中五尺童子皆知學，何況於小人！」溫因問道：「可知天乎？」秦宓道：「何得不知！」溫問道：「天有頭乎？」宓曰：「有之！」溫問：「頭

在何方?」宓曰:「在西方!《詩》云:『乃眷西顧』,可知頭在西方。」溫又問:「天有耳乎?」宓道:「有,天處高而聽卑,《詩》云:『鶴鳴九皋,聲聞於天』,天若無耳,何以能聽?」溫又問:「天有足乎?」宓道:「有,《詩》云:『天步維艱』,若其無足,何以能步?」溫又問:「天有姓乎?」宓道:「姓劉!」問:「何以知之?」答道:「天子姓劉,故以知之。」張溫道:「可知日生於東乎?」秦宓道:「雖生於東而沒於西!」答問如響,應聲而出,張溫大為折服,嘆蜀中之有人!從此吳、蜀兩國,信使往還不絕。再一次鄧芝奉使入吳,和吳王孫權談得非常親切。孫權道:「若得天下太平,二主分治,不亦樂乎?」鄧芝答道:「天無二日,土無二王。如併魏之後,不知天命何歸;到那時,則君將各茂其德,臣將各盡其忠,提桴擊鼓,戰爭方始耳!」孫權聽了,不以為忤,反而哈哈大笑。

　　這吳、蜀聯盟的消息,傳到了北方,魏文帝曹丕大為震怒。即召集群臣,商議興師伐吳。侍中辛毗諫道:「方今天下新定,土廣民稀,不宜用兵。先帝幾次南征,都是臨江而罷。為今之計,莫若養民屯田,待十年後而用之,可以一戰而定矣!」曹丕道:「如卿所說,那麼該將敵虜之禍,遺留給子孫麼?」辛毗道:「昔周文王以伐紂之功,遺留給周武王,又有何不可?」曹丕不聽。就在黃初五年(224年)八月間,留下尚書僕射司馬懿鎮守在許昌,自率水軍御駕親征。循淮水而下,經由壽春進兵到廣陵。吳安東將軍徐盛於南岸布置疑兵,植木衣葦,構造了許多疑城假樓,從石頭到江乘連綿數百里,一望無際。江面上則排滿了蒙衝戰艦,聲勢浩蕩。那時江水正盛,波濤洶湧。曹丕站在船頭,看見這一片茫茫森森的氣象,不禁嘆道:「魏雖有武騎千群,無所用之,江南尚未可圖也!」會逢暴風漂蕩,龍船幾乎覆沒,未曾交戰,先已受了一場虛驚。於是耀兵江岸,略屯駐了幾天,便引軍北還。

　　諸葛亮之所以要恢復吳、蜀的和好,主要是為了聯盟以抗曹,貫徹當年隆中所訂的國策。然而在抗曹之前,必先肅清內亂,以免後顧之憂。原來早在章武二年,先主劉備興兵伐吳的時候,在蜀漢的南面,益州郡❸

地方，有土酋雍闓趁勢造反，殺死了太守正昂，並勾通交州刺史士燮，附降於東吳，吳王乃遙封雍闓為永昌❹太守。雍闓又使蠻酋孟獲，煽動當地的蠻夷，全面叛變。連牂柯❺太守朱褒、越嶲❻夷王高定都響應雍闓，於是南疆大亂。及至先主駕崩白帝城，丞相諸葛亮開府治事，以國家新遭大故，遂撫而未討。到了建興三年（225年），經過了一番休養生息，政局穩定，國力充裕，諸葛亮這才決定以全力來討伐南蠻。

諸葛亮南征的戰略，是分東西兩路進兵，採取合圍包抄的計畫。東路派遣門下督巴西人馬忠，由牂柯郡而南，進攻黔江流域。諸葛亮則自率大軍為西路，由越嶲郡而南，繞經今川西地方，直入雲南省境，然後會師於南中。諸葛亮在建興三年春三月，從成都督師出發。馬氏五常馬良之弟馬謖，為人足智多謀，素為諸葛亮所器重，時為參軍，諸葛亮派他留守，未能隨同出征。臨別之時，馬謖送出郭外數十里，諸葛亮握手言道：「今日遠行，請惠良規！」馬謖道：「南人恃其險遠，不服已久，今日破之，明日復反。我公將來如大舉北伐，難保其不再叛變。若將其斬盡殺絕，既非仁者之情，亦為事勢所不可能。夫用兵之道，攻心為上，攻城次之；心戰為上，兵戰為下。願公服其心而已！」諸葛亮深為嘆服。

諸葛亮大軍出發之後，以破竹之勢，一路掃蕩，殺死雍闓與高定。五月間，渡過瀘水❼，率領庲降❽都督李恢，深入益州郡。門下督馬忠，也平定了牂柯以南的群蠻，來與諸葛亮的大軍相會合。遂與蠻酋孟獲大戰，孟獲大敗被俘。諸葛亮知道孟獲深得當地夷漢人心，便引導孟獲參觀營陣的布署，問道：「你看我的軍威何如？」孟獲道：「我以前不知虛實，

❸ 益州郡並非益州，益州是當今之四川省。漢之益州郡治滇池，在今雲南晉寧。

❹ 漢永昌郡治不韋，在今雲南保山。

❺ 漢牂柯郡治且蘭，在今貴州福泉。

❻ 漢越嶲郡即今西康西昌。

❼ 《水經注》犍為朱提縣西八十里有瀘津水，廣六、七百步，深數十丈，多瘴氣，鮮有行者。其地應在今四川宜賓西南，長江上游，金沙江下游一帶。

❽ 今雲南曲靖。

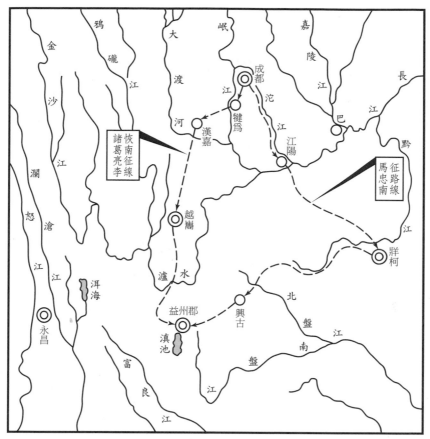

諸葛武侯征南夷形勢略圖

所以失敗，早知你的布置如此，我定能取勝！」諸葛亮大笑，便將孟獲釋
放，叫他重整三軍，再行決戰。結果，又被諸葛亮所俘。孟獲還是不服，
諸葛亮又縱令再戰，如此七縱七擒，最後孟獲嘆道：「公天威也！南人不
復反矣！」於是諸葛亮將南蠻徹底征服，把地方上所有的騷亂完全肅清，
一直進兵到滇池以西。益州、永昌、牂柯與越嶲四郡皆平。諸葛亮改益
州郡為建寧❾，復分割建寧、永昌兩郡之地，增置雲南郡❿；分割建寧、

---

❾　蜀之建寧郡，郡治味縣，亦即廡降，今雲南曲靖。

❿　蜀之雲南郡，郡治雲南，今雲南祥雲。

牂柯兩郡之地，增置興古郡❶，合為六郡之地。對於地方吏治，重加甄審，凡不得民心之官吏一齊裁汰。仍用當地的土酋為長吏，務以安民為本，然後不留兵不留糧，全師撤退。許多將領反對諸葛亮這種措施，認為是將征服的土地，又復放棄，一場苦戰成為無代價的犧牲。諸葛亮乃為他們解釋這其中的道理說：「戰爭的目的是為了長治久安，成功與否，要從遠處著眼，不能只顧眼前的得失。如果我們現在要強行統治南中，盡委漢人為官吏，我們會遭致種種困難。因為若留漢官，必留漢兵，若留漢兵，必需軍糧。那麼要需多少兵員，多少軍糧，方能鎮壓南蠻，此一不易也。蠻人新破，父死兄亡，我留漢官、漢兵以鎮之，容易激起仇恨，難免報復，此二不易也。我今恩威並施，而感之以德，要使蠻人徹底心服。所以決定不留兵不留糧，而令夷漢相安，此治本之道也！」眾乃無語。於是諸葛亮任命馬忠為牂柯太守，王伉為永昌太守，呂凱為雲南太守，這三人都忠貞精幹，寬弘有度。又施行了一套統馭夷人的政策：第一、用官爵以羈縻夷酋，首拜孟獲為御史中丞以示恩榮。第二、夷有生夷、熟夷之別，熟夷文化較高，接近漢人，生夷最為野蠻，乃令熟夷僱用生夷為部曲而給以金帛，以為攏絡。第三、挑選夷人中的精壯為官兵，遷往蜀中，分置五部都尉，以消弱其實力。第四、頒布教令，嚴禁夷漢仇殺，以調和矛盾。第五、鼓勵夷人進貢方物如金銀丹漆、耕牛戰馬之屬，以增加財賦。因此蜀中獲得許多物資，國以富饒。諸葛亮平定南蠻凱旋之後，果然終亮之世，南蠻不曾叛變。而諸葛亮所遺留下的威德聲望，在中國的西南一帶，久久不衰。南中既定，諸葛亮乃得以全力，整軍經武，以備北伐。

現在暫且放下蜀漢，回頭來談曹魏。魏文帝曹丕，自從黃初五年伐吳無功而還，耿耿於懷。明年春，文帝召集群臣計議，又要再舉南征。宮正❷鮑勛諫道：「吳、蜀相依，憑山阻水，其勢難拔。往年龍舟漂蕩，

❶　蜀之興古郡，郡治宛溫，今雲南硯山。

❷　官名，即御史中丞。

聖躬蹈危，今又勞兵遠襲，使中國消耗，敵虜玩威，臣竊以為不可！」這鮑勛說話，不免過於直率，引起曹丕的震怒，立將鮑勛貶職。黃初六年（225 年）五月，曹丕親率大軍，再度御駕南征。八月，舟師自譙城順淮水南下，十月，到達廣陵故城。緣著長江北岸，把那陣勢擺開，戎卒十餘萬，旌旗數百里，好不威武。文帝顧盼自雄，十分得意，就在馬上吟了一首觀兵之詩，其辭曰：

> 「觀兵臨江水，水流何湯湯。戈矛成山林，玄甲耀日光。猛將懷暴怒，膽氣正縱橫。誰云江水廣？一葦可以航！不戰屈敵虜，戢兵稱賢良。古公宅岐邑❸，實始翦殷商。孟獻營虎牢，鄭人懼稽顙❹。充國務耕植，先零自破亡❺。興農淮泗間，築室都徐方。量宜運權略，六軍咸悅康，豈如〈東山〉詩❻，悠悠多憂傷！」

曹丕正欲揮兵渡江，偏偏那時正值十月隆冬季候，朔風凜冽，江上多冰，吳人又嚴兵固守，北軍的舟艦竟不得入江。只見彤雲密布，山川糾紛，王師雖盛，竟無用武之地！曹丕忍不住又是長嘆一聲道：「嗟乎！此固天所以限南北也！」終於再度引兵北歸。吳揚威將軍孫韶，趁魏兵撤退，派遣大將高壽率領敢死隊五百人，抄出北軍之後，要截曹丕。曹丕行至中途，伏兵四起，倉皇應戰，奪命而走，副車羽蓋，都被吳軍所獲。魏戰船千艘，因冰凍水淺，阻滯不得行動。幸虧尚書蔣濟，設法臨時開鑿了許多條地道，放進湖水，才把擱淺的船隻，引入淮水，徐徐撤退。這次的南征，果不出鮑勛之所料，折失了許多軍資器仗，勞民傷財，而一無所得。直到十二月年底，曹丕才回到洛陽。一路上受了風寒，加以

---

❸ 古公即古公亶父，為周之先王，由豳遷都岐山下之周原，遂建周室。

❹ 晉悼公時營虎牢以逼鄭，參見《左傳》。

❺ 趙充國屯田破先零羌，事見《秦漢史話》第十四講。

❻ 《詩經・豳風》中有〈東山〉篇，詠周公東征歸來事，語多憂傷。

驚憂懊喪，到了都中就一病不起。病中策立皇子曹叡為太子。這病勢日益沈重，延至五月丁巳而歿，享年不過四十歲。

這魏文帝曹丕之為人，「天資文藻，下筆成章，博聞強識，才藝兼該❶」，但是器度狹小，性情陰沈，有乃父曹孟德之陰狠，而無其豪氣。他在位六年，算是曹魏的開國之主，對於國家政治，既沒有什麼特殊的建樹，而對於家人骨肉，又極其冷酷。拿手足之情來說，從他即位以來，對於兄弟群王的約束極嚴。他和曹彰、曹植是同胞兄弟，而屢加迫害，多次貶抑。黃初三年，文帝封曹彰為任城王，封曹植為鄄城王。四年，任城王入朝京師，忽得暴病而死，傳說為文帝所害。文帝又欲害死曹植，卞太后哭道：「你已殺死我任城，不能再殺我鄄城！」❶有一天，鄄城王曹植入朝，這兄弟二人談起詩文，文帝曹丕半真半假的說道：「我聽說你有捷才，我要限你在七步之中，成詩一首；如若不成，我要行大法！」曹植應聲而成曰：

「煮豆燃豆萁，豆在釜中泣，本是同根生，相煎何太急！」❶

文帝為之慚愧，就沒有下手。曹植為曹丕所逼，心情非常苦悶。在黃初四年，朝罷東歸，出了洛陽城，行經洛水之濱，正是黃昏時候，看那煙波浩淼，兩岸景物如畫，不禁心神搖蕩，思潮起伏，在矇矓恍惚之中若有所見。因感昔日屈原之作〈離騷〉，又想起宋玉與楚王說神女之事，遂託辭宓妃（水神名）作了一篇〈洛神賦〉。無非假託人神之隔閡，以喻

---

❶ 引陳壽《三國志·魏書·文帝紀》評。

❶ 文帝害死任城王與卞太后語則《世說新語·尤悔》，但原文太后曰：「汝已殺我任城，不得復殺我東阿！」按此時曹植為鄄城王，封東阿王在明帝時，故改為鄄城。

❶ 此從明萬曆程氏《曹集》刻本。但《世說新語·文學》，作「煮豆持作羹，漉菽以為汁；其在釜下燃，豆在釜中泣。本是同根生，相煎何太急。」

東晉顧愷之「洛神賦圖卷」宋摹本

君臣之相違。至於有無其他的戀愛背景，則不得而知。曹植才高八斗，為一代文宗❷，而〈洛神賦〉最膾炙人口，被目為曹子建的代表作，情辭絕豔，意婉而約，原文曰：

　　「余從京域，言歸東藩。背伊闕，越轘轅❷。經通谷，陵景山。日既西傾，車殆馬煩。爾迺稅駕乎蘅皋❷，秣駟乎芝田。容與乎陽林❷，流眄乎洛川。於是精移神駭，忽焉思散。俯則未察，仰以殊觀。睹一麗人，於巖之畔。迺援御者而告之曰：『爾有覿於彼者乎？彼何人斯？若此之豔也！』御者對曰：『臣聞河洛之神，名

❷　《蒙求集註》李翰曰：「謝靈運嘗云：天下才共有一石，曹子建獨得八斗，我得一斗，自古及今同用一斗，奇才敏捷，安有繼之？」

❷　伊闕山又名龍門山，在洛陽南。轘轅亦山名，在河南偃師東南。

❷　蘅即杜蘅，香草名，蘅皋香草之地也。

❷　一作楊林。

曰宓妃。然則君王所見，無迺是乎？其狀若何？臣願聞之。』余告之曰：其形也，翩若驚鴻，婉若遊龍。榮曜秋菊，華茂春松。髣髴兮若輕雲之蔽月，飄飄兮若流風之迴雪。遠而望之，皎若太陽升朝霞；迫而察之，灼若芙蕖出淥波。穠纖得衷，修短合度。肩若削成，腰如約素。延頸秀項，皓質呈露。芳澤無加，鉛華弗御。雲髻峨峨，修眉聯娟。丹唇外朗，皓齒內鮮。明眸善睞，靨輔承權❷④。瓌姿豔逸，儀靜體閑。柔情綽態，媚於語言。奇服曠世，骨像應圖。披羅衣之璀燦兮，珥瑤碧之華琚。戴金翠之首飾，綴明珠以耀軀。踐遠遊之文履，曳霧綃之輕裾。微幽蘭之芳藹兮，步踟躕於山隅。於是忽焉縱體，以遨以嬉。左倚采旄，右蔭桂旗。攘皓腕於神滸兮，采湍瀨之玄芝。余情悅其淑美兮，心振蕩而不怡。無良媒以接懽兮，託微波而通辭。願誠素之先達兮，解玉佩以要之。嗟佳人之信修，羌習禮而明詩。抗瓊珶以和予兮，指潛淵而為期。執眷眷之款實兮，懼斯靈之我欺。感交甫之棄言兮❷⑤，悵猶豫而狐疑。收和顏而靜志兮，申禮防以自持。於是洛靈感焉，徙倚彷徨。神光離合，乍陰乍陽。竦輕軀以鶴立，若將飛而未翔。踐椒塗之郁烈，步蘅薄而流芳。超長吟以永慕兮，聲哀厲而彌長。爾迺眾靈雜遝，命儔嘯侶。或戲清流，或翔神渚。或采明珠，或拾翠羽。從南湘之二妃❷⑥，攜漢濱之游女❷⑦。歎匏瓜❷⑧之無匹兮，詠牽牛❷⑨之獨處。揚輕袿之猗靡兮，翳修袖以延佇。體迅飛鳧，

---

❷④ 靨輔俗稱「酒窩」，權即顴骨，在顴骨下有兩個酒窩。

❷⑤ 李善註引《韓詩內傳》說：「鄭交甫行於漢水之濱，遇兩女子，贈以佩玉，納之懷中，行逾十步，失其佩玉，回顧二女，忽然不見。」

❷⑥ 漢劉向《列女傳》，述堯妻舜以二女，長女娥皇，次女女英，後舜死於蒼梧，二妃往尋，亦死於江湘之間，遂為湘水之神。

❷⑦ 《韓詩》：「漢有游女，不可求思。」薛君註：「游女，漢神也。」

❷⑧ 匏瓜星名，一名天雞星，在河鼓星東。

❷⑨ 牽牛星名，與織女星隔天河相對，俗傳每年七月七日始一會。

飄忽若神。陵波微步，羅韈生塵。動無常則，若危若安。進止難期，若往若還。轉眄流精，光潤玉顏。含辭未吐，氣若幽蘭。華容婀娜，令我忘飡。於是屛翳 **㉚** 收風，川后 **㉛** 靜波。馮夷 **㉜** 鳴鼓，女媧 **㉝** 清歌。騰文魚 **㉞** 以警乘，鳴玉鸞以偕逝。六龍儼其齊首，載雲車之容裔。鯨鯢踴而夾轂，水禽翔而為衛。於是越北沚，過南岡。紆素領，迴清陽。動朱脣以徐言，陳交接之大綱。恨人神之道殊兮，怨盛年之莫當。抗羅袂以掩涕兮，淚流襟之浪浪。悼良會之永絕兮，哀一逝而異鄉。無微情以效愛兮，獻江南之明璫。雖潛處於太陰，長寄心於君王。忽不悟其所舍，悵神宵而蔽光。於是背下陵高，足往神留。遺情想像，顧望懷愁。冀靈體之復形，御輕舟而上遡。浮長川而忘反，思綿綿而增慕。夜耿耿而不寐，霑繁霜而至曙。命僕夫而就駕，吾將歸乎東路。攬騑轡以抗策，悵盤桓而不能去。」

關於這〈洛神賦〉，後人有一個附會 **㉟** ，說曹子建當年和曹丕的皇后甄氏也有一段愛情。黃初四年，曹植入朝的時候，甄氏已死。曹丕留植飲宴，酒醉賜以甄后鏤金玉帶枕，曹植不覺感泣。及還渡洛水，夜夢甄氏自來，說道：「妾本託心君王，其心不遂，此枕是我在家時所從嫁，前與五官中郎將，今與君王！」說罷，遂薦枕席，歡情交集。醒來，悲喜不能自勝，遂作〈感甄賦〉，後為明帝所見，改為〈洛神賦〉云云 **㊱** 。這本

㉚ 風神。

㉛ 川后即河伯，水神。

㉜ 亦水神，又相傳為陰陽之神。

㉝ 女神名，曾煉石補天。

㉞ 飛魚也。

㉟ 感甄之說，見清胡克家重刊之宋尤袤李註《文選》刻本中之李善註所引說。然在明袁氏及茶陵陳氏《六臣註文選》本中所載李善註文，均無此說。疑為後人妄增。

是一段無稽之談，不知怎的，以訛傳訛，成為一樁家喻戶曉的故事。這鄄城王曹植，在黃初四年徙封雍丘王，太和三年（229 年）徙封東阿王，六年（232 年）徙封陳王，一直被朝廷所擯棄，悒悒不得志。自以懷才莫展，屢上書求朝見，求自試，而朝廷始終不睬，竟抑鬱而歿，嘗有〈七哀〉一首以自傷，其辭曰：

> 「明月照高樓，流光正徘徊。上有愁思婦，悲歎有餘哀。借問歎者誰？言是宕子妻。君行踰十年，孤妾常獨棲。君若清路塵，妾若濁水泥。浮沈各異勢，會合何時諧？願為西南風，長逝入君懷。君懷良不開，賤妾當何依？」

東阿王和甄后之間的關係，雖是子虛烏有，但是甄后之死，卻是一樁非常悲慘的故事。從這樁事實，可以說明魏文帝曹丕，對於夫婦之情是如何冷酷！

原來這甄后，就是建安九年，曹丕在鄴城中搶來的袁熙之婦。曹丕初得甄氏，因為她長得美貌，非常寵愛。甄氏為曹丕生了一兒一女，兒即皇子曹叡，女即東鄉公主。在曹丕即位稱帝之年，封甄氏為夫人，時距建安九年，已是十六年，甄氏已年長色衰。有郭貴妃與李貴人相繼得寵，甄氏日被冷落，頗有怨言，再加以郭、李的讒毀，就在黃初二年六月，被曹丕所賜死，死得非常凄慘。甄后方才斷氣，郭貴妃就策立為皇后。郭后令人將甄后被髮覆面，用粃糠塞口，草草的裝殮。這事在宮廷中是諱莫如深，可是皇子曹叡年事漸長，頗聞其事。後來有一天，曹叡隨同他父親，到郊外行圍射獵。發現了母子兩鹿，文帝曹丕一箭射死了那隻老鹿，回頭就叫他兒子去射那隻小鹿。曹叡泣道：「陛下已殺其母，臣不忍再殺其子！」曹丕聽了，便放下弓箭，為之惻然！

㊱ 關於感甄之妄，清何焯曾列舉種種理證，以斥其說之謬，參見《義門讀書記》及清胡克家《文選考異》。

　　曹叡在黃初三年封平原王，黃初七年（226 年）五月立為太子，及文帝去世，遂繼位稱帝，是為魏明帝。中軍大將軍曹真，鎮軍大將軍陳群，征東大將軍曹休，撫軍大將軍司馬懿，共受遺詔輔政。明帝即位時，年方二十一歲，他在做皇子的時候，一向潛心讀書，深居簡出，從不接見大臣，識者甚稀。即位之初，也沒有召會臣僚。等待大喪過後，首先單獨接見侍中劉曄，談了半天，方才出宮。百官想望風采，都擁候在宮門之外，劉曄一出宮門，都圍攏來探問。劉曄道：「主上乃秦皇、漢武之儔，微嫌才具不及耳！」明帝尊郭皇后為皇太后，追諡生母甄夫人為文昭皇后。明帝經常盤問太后，當年甄后究竟是怎樣病死？郭太后掩瞞不過，恚道：「這是先帝所作之事，何以要苦苦的責問我？你為人子，難道還要追仇死父，為了前母來仇殺後母麼！」明帝大怒，從此不再尊禮太后。太后也憂懼成疾，延至青龍三年（235 年）而卒。據說明帝令人殯殮郭太后，也是被髮覆面以糠塞口，如甄后故事。這些都是後來的閒話不提。

　　卻說蜀漢丞相諸葛亮，自從撫定南蠻，經過了兩年的休養生息，聞知魏文帝新喪，明帝即位，認為北伐的時機來到。就在蜀建興五年（227年），亦即魏明帝太和元年，春三月，整率三軍，進駐漢中。臨發之時，上表後主曰：

　　「臣亮言：先帝創業未半，而中道崩殂。今天下三分，益州疲弊，此誠危急存亡之秋也。然侍衛之臣不懈於內，忠志之士忘身於外者，蓋追先帝之殊遇，欲報之於陛下也。誠宜開張聖聽，以光先帝遺德，恢宏志士之氣；不宜妄自菲薄，引喻失義，以塞忠諫之路也。宮中府中，俱為一體，陟罰臧否，不宜異同。若有作姦犯科，及為忠善者，宜付有司，論其刑賞，以昭陛下平明之治；不宜偏私，使內外異法也。侍中、侍郎郭攸之、費禕、董允等**❸❼**，

---

❸❼　郭攸之字演長，南陽人，時為侍中，費禕字文偉，江夏人，董允字休昭，南郡人，時皆為黃門侍郎。

此皆良實，志慮忠純，是以先帝簡拔以遺陛下。愚以為宮中之事，事無大小，悉以咨之，然後施行，必能裨補闕漏，有所廣益。將軍向寵❸，性行淑均，曉暢軍事，試用於昔日，先帝稱之曰能，是以眾議舉寵為督。愚以為營中之事，悉以咨之，必能使行陣和睦，優劣得所。親賢臣，遠小人，此先漢所以興隆也；親小人，遠賢臣，此後漢所以傾頹也。先帝在時，每與臣論此事，未嘗不歎息痛恨於桓、靈也。侍中、尚書、長史、參軍❸，此悉貞亮死節之臣也，願陛下親之信之，則漢室之隆，可計日而待也。臣本布衣，躬耕於南陽。苟全性命於亂世，不求聞達於諸侯。先帝不以臣卑鄙，猥自枉屈，三顧臣於草廬之中，諮臣以當世之事，由是感激，遂許先帝以驅馳。後值傾覆，受任於敗軍之際，奉命於危難之間，爾來二十有一年矣。先帝知臣謹慎，故臨崩寄臣以大事也。受命以來，夙夜憂勤，恐託付不效，以傷先帝之明。故五月渡瀘，深入不毛。今南方已定，兵甲已足，當獎率三軍，北定中原，庶竭駑鈍，攘除姦凶，興復漢室，還於舊都。此臣所以報先帝而忠陛下之職分也。至於斟酌損益，進盡忠言，則攸之、禕、允之任也。願陛下託臣以討賊興復之效；不效，則治臣之罪，以告先帝之靈。若無興德之言，則責攸之、禕、允等之慢，以彰其咎。陛下亦宜自課，以諮諏善道，察納雅言。深追先帝遺詔，臣不勝受恩感激。今當遠離，臨表涕零，不知所云。」❹

---

❸ 向寵字巨達，襄陽宜城人，劉備時為牙門將，時為中部督，封都亭侯。

❸ 侍中指郭攸之。尚書指陳震，震字孝起，南陽人，建興三年拜尚書。長史指張裔，裔字君嗣，成都人，時為留府長史。參軍指蔣琬，琬字公琰，零陵人，時任參軍。

❹ 文見《三國志‧蜀書‧諸葛亮》與《昭明文選》，後來建興六年（228 年）諸葛亮再出師，又上一表，故此文習稱〈前出師表〉，另文稱為〈後出師表〉。

　　蜀漢後主劉禪，看到了諸葛亮的〈出師表〉，深為感動。立即下詔伐魏，授丞相以旄鉞之重，專命之權。諸葛亮統領步騎二十萬，屯駐在沔水北岸，陽平關白馬山，蓄銳待發。這消息傳到了洛陽，魏明帝聞知諸葛亮進兵漢中，欲謀先發制人，興師伐蜀。散騎常侍孫資奏道：「當年陽平關之役，武皇帝親自救出夏侯淵的軍隊，說南鄭乃天獄，斜谷如五百里石穴，不可輕易用兵。以武皇帝之聖明，尚且不責將士之力，不爭一朝之忿，此所謂見勝而戰，知難而退。今若進討南鄭，必須大費兵力，騷動天下。不如以守為攻，分遣大將鎮守要害，數年之間，中國日勝，則吳、蜀自敗。」明帝深以為然。便以夏侯惇之子駙馬安西將軍夏侯楙都督關中，鎮守長安。另派驃騎大將軍司馬懿都督荊、豫諸州軍事，鎮守宛城，遙為呼應。

　　在宛城的西南，荊襄的上游，便是房陵、上庸、西城三城。這三城當漢水之中流，西通南鄭，東望荊州，是一個重要的戰略地帶，在前講關羽襄樊之戰時，曾經說過。自從孟達叛蜀降魏，魏文帝便以三城置新城郡，拜孟達為新城太守。後來又收降了蜀西城太守申儀❹，便改西城為魏興，而另置魏興郡，以申儀為魏興太守，與孟達分屯在魏興、上庸兩城。孟達降魏之初，頗受魏文帝的親寵。司馬懿與劉曄都認為孟達是個反覆之臣，言行傾巧，不可重用，而魏文帝不聽。及至文帝去世，孟達心懷不安，態度曖昧。這種內在矛盾被諸葛亮所窺知，便派人去煽誘孟達。孟達即與諸葛亮暗通書信，私許歸蜀。這事卻又被申儀所悉，密表告發。孟達聞知惶恐，便欲發動。而司馬懿在宛城卻不露聲色，親筆寫信給孟達，用好言安撫，最後曉以利害曰：「將軍棄劉備託身國家，國家委將軍以疆場之任，任將軍以圖蜀之事，可謂心貫日月！蜀人無愚智，莫不切齒於將軍……諸葛亮欲相破，唯恐無路耳！」孟達得書又猶豫起來。

---

❹　申儀為上庸太守申耽之弟。初劉備攻取三城，申耽、申儀兄弟皆降於劉備。備以耽為征北將軍，以儀為西城太守。孟達之叛，魏文帝發兵助達攻走劉封，申儀兄弟亦叛降於魏。

諸葛亮見事態緊急，催促孟達從速起義，達
復書曰：

「宛去洛八百里，去吾一千二百里，
聞吾舉事，當表上天子，比相反復，
一月間也，則吾城已固，諸軍足辦。
則吾所在深險，司馬公必不自來；諸
將來，吾無患矣。」

司馬懿

司馬懿在宛城祕密的遣兵調將，積極布
署。左右親信或謂：孟達正與吳、蜀勾結，而新城地勢險峻，宜審慎行
事，不可操切！司馬懿道：「正當趁其相疑未定之時，速戰速決，時機一
失，不可復得！」於是司馬懿準備完成，便趁孟達的猶豫，出其不意，在
魏太和元年十二月，歲末冬殘的時候，潛師急進，倍道兼行，真是神不
知鬼不覺，從宛城出兵，八日而到上庸城下。孟達大驚，急求救於諸葛
亮曰：「吾不料司馬用兵，何其神速！」這上庸城池，當漢水南岸，三面
臨水，孟達又在城外築大柵為守。司馬懿親自指揮三軍，肉搏而前，先
將木柵攻破，迫臨城下。然後從四面八方不分晝夜的攻城，僅僅十六天
的功夫，便將這座上庸城攻下。捉住孟達，就地正法，傳首洛陽，及至
蜀漢的幾路救兵趕到，上庸已失，分別為魏兵所擊退。司馬懿看那魏興
太守申儀的態度也不穩定，把申儀連騙帶捉的誘往洛陽。並將當地的住
戶七千多家，都遷往東北的幽州。一舉而徹底的解決了多年來此一區域
的隱患，而真正掌握住這塊戰略地帶，對於吳、蜀的牽制，三國的局勢，
發生了極大的作用。事後，司馬懿仍還鎮宛城。明帝詔以房陵、上庸、
西城，分置為新城（房陵）、上庸、魏興（西城）三郡，各置太守，時在
太和二年（228 年）春正月。

三城之失，對於諸葛亮的北伐大計，誠然是一個重大的挫折，但也

是一個重大的刺激。刺激諸葛亮非主動出擊，不能挽回頹勢，振奮人心。於是召集諸將，研討進兵方略。鎮北將軍都亭侯魏延時領丞相司馬，延久鎮漢中，熟悉地方情勢，因獻策道：「今夏侯楙以駙馬親貴，鎮守關中，此人怯而無謀。請假延精兵五千，負糧五千，合得一萬人。從褒中出子午谷 ❷，兼程疾走，不出十日，可到長安。出其不意，攻其不備。夏侯楙聞延兵突至，必然驚慌失措，棄城而走，我可取彼橫門邸閣 ❸的積穀以充軍實。待洛陽的援兵到達，尚須二十餘日，我公可於此時統領大軍，從斜谷來會。如此，則一舉而關中可定！」諸葛亮認為是行險徼倖之計，沒有採納。主要原因，是因為漢中三城方失，在司馬懿的控制中，斷不能從子午谷進兵。權衡利害，經過了一番慎重的考慮，諸葛亮決定避實就虛，用穩紮穩打的戰略，取道隴右，以建瓴之勢從西北高原進兵。先遣鎮東將軍趙雲與揚武將軍鄧芝，進駐箕谷 ❹為疑兵，佯稱要從斜谷取郿城 ❺，以轉移魏軍目標。然後諸葛亮親統主力大軍，直驅西北，出攻祁山。蜀軍號令明肅，軍容壯大，一路無阻，所向剋捷。天水、南安、安定諸郡城，都聞風而降，一時關中為之震動。諸葛亮素愛參軍馬謖之才，特擢為前軍都督，一戰而攻下了街亭 ❻。

　　自從劉備死後，蜀中幾年沒有動靜，如今一旦大舉興師，魏國朝野驚撼。明帝特調遣大將軍曹真，都督關右諸軍，進駐郿城，出斜谷以討趙雲。另調遣右將軍張郃，督率馬步騎五萬人，去收復隴右的失地。張郃大軍進至隴右，遂與馬謖相遇於街亭。這馬謖自負其才略，沒有完全遵從諸葛亮的節度，擅自將軍營屯於山岡之上。張郃遂將馬謖圍困，斷

---

❷　為秦嶺孔道之一，谷長六百六十里，北口曰子，在陝西長安西南約百里，南口曰午，在陝西洋縣東一百六十里。

❸　魏置邸閣於橫門以積穀。

❹　今陝西褒城北。

❺　今陝西眉縣。

❻　今甘肅秦安。

其汲道，馬謖大敗，全軍潰散，所有降附蜀漢的郡縣，又復紛紛叛變。諸葛亮進無所據，損失重大，只得撤兵退還漢中。對於馬謖的違令失地，非常懊惱，乃收謖下獄，依軍法判了死罪。諸葛亮與馬謖，一向私交甚篤，每相與談論，常自晝達旦，引為知己。現在想起先主劉備在日，曾論及馬謖，謂：「謖言過其實，不可大用！」而亮不信，今日果然。悔恨之餘，更加傷感。馬謖死前，在獄中作遺書給諸葛亮，略曰：

> 「明公視謖猶子，謖視明公猶父，願深維殛鯀興禹之義，使平生之交不虧於此，謖雖死無恨於黃壤也。」

馬謖既死，諸葛亮親臨祭奠，哭泣盡哀，三軍為之垂淚，並撫其遺孤，恩若平生。可謂公義私誼，法理人情，兩者兼備。後來留守參軍蔣琬見了諸葛亮，談起誅謖之事，琬頗不以為然，責亮道：「昔楚殺得臣，文公喜可知也❹❼！天下未定，而戮智謀之士，豈不惜哉！」諸葛亮流涕道：「孫武所以能制勝天下者，用法明也。是以楊干犯法，魏絳戮其僕❹❽。四海分裂，兵交方始，若再廢法，何以討賊！」

在馬謖潰敗的同時，趙雲、鄧芝的軍隊也被曹真所破，敗於箕谷，可是完師而退，士卒並無損失。諸葛亮問鄧芝道：「街亭的敗退，全軍潰散，兵將相失，何以箕谷的退兵，能完整不亂？」鄧芝道：「都由於趙雲奮不顧身，親自斷後，故能全軍而歸，物資器仗，略無所棄。」適趙雲軍中還有剩餘的餉絹，諸葛亮便令頒賜將士，以為犒賞。趙雲辭道：「只有犒賞得勝之師，那有犒賞敗兵之理！」堅決不肯受命，請將餘絹繳入國庫，以備翌日賞賜之資。諸葛亮為之稱嘆不已！劉備在時的五員虎將，關、

---

❹❼ 春秋城濮之戰，楚將子玉為晉文公所敗，楚成王殺子玉，晉文公聞之大喜。得臣即子玉名。

❹❽ 春秋晉悼公會合諸侯，其弟楊干亂行，魏絳執法，戮其僕，悼公大為稱贊。事見《左傳》。

張、趙、馬、黃，碩果僅存，只剩下趙雲一人，明年，趙雲亦歿，於是風雲夙將，銷沈殆盡。諸葛亮感於蜀中人才之凋零，極力拔取後進。在這次街亭之敗，雖然損師折將，但也有一個意外的收穫。就是在進攻天水時，收降了天水參軍姜維。維字伯約，天水冀城人，為人智勇雙全，饒有膽識，年僅二十七歲。諸葛亮深愛其才，極意撫納，特用為丞相府掾，令專典軍事。姜維感知遇之恩，納忠效信，遂成為諸葛亮的一位新幹部。

趙雲

諸葛亮既撤退漢中，乃上疏請罪，自乞貶職三等。後主劉禪下詔，優為撫慰，僅降亮為右將軍，仍行丞相事，一切軍政大權總統如故。有人勸諸葛亮大規模徵發士卒，再舉北伐。諸葛亮嘆道：「我大軍在祁山、箕谷人數都多於賊兵，乃反為賊兵所敗。證明失敗原因，不在士卒之多寡，而在我統帥之無方。所以自今以後，我要減兵省將，明法思過。諸君果忠於國家，但勤攻我失，使我能改過遷善，則庶幾功可成，賊可滅。」於是深自引咎，公布所失於境內，然後屬兵講武，考核政績，甄拔勳勞。一般將士無不為諸葛亮的精誠所感動，人人奮勉，為時不久而士氣復振。

自從諸葛亮與東吳恢復和好，聯盟抗曹以來，每逢南北發生戰爭，常是東西呼應，此伏彼起。吳王孫權聽說諸葛亮出師北伐，便也在長江下游發動戰事。他用了一個誘敵之計，令鄱陽太守周魴詐降曹魏，密遣使聯絡魏揚州牧曹休，稱願為內應。曹休信以為真，便在魏太和二年八月，率領了步騎十萬人，來襲取皖城。這裡吳王孫權早已布署妥當，派大將軍陸遜，率同朱桓、全琮，督領精兵，埋伏在大別山麓。待等曹休兵到，伏兵突起，幾路合圍，一場混戰，把休軍打得大敗崩潰。一路追

奔逐北，斬獲萬計，俘得牛馬軍資器械，不計其數。虧得魏將賈逵的援兵趕到，才把曹休救回，未至全軍覆沒。回到北方，曹休便羞憤發病而死。魏明帝乃以前將軍豫州刺史滿寵代休都督揚州軍事。這時已到了太和二年的秋冬之季。

在漢中的諸葛亮，得到曹休大敗的消息，為了雪街亭之恥，乃再上書陳請北伐。這篇疏章，史稱〈後出師表〉，文辭極其沈切，略曰：

「先帝慮漢賊不兩立，王業不偏安，故託臣以討賊也。以先帝之明，量臣之才，故知臣伐賊，才弱敵強也。然不伐賊，王業亦亡，惟坐而待亡，孰與伐之？是故託臣而弗疑也。……今賊適疲於西，又務於東，兵法乘勞，此進趨之時也。……臣鞠躬盡力，死而後已，至於成敗利鈍，非臣之明所能逆睹也。」❹

從這篇〈後出師表〉，看出諸葛亮是明知魏、蜀強弱懸殊，難以取勝，所以矢志北伐，是在盡人事以聽天命，明知其不可為而為之。諸葛亮在蜀建興六年（228 年）即魏明帝太和二年冬十一月上表，十二月即大舉進兵，這次是直越秦嶺，出散關，進攻陳倉❺。在春間諸葛亮從隴右撤兵時，魏大將軍曹真收復失地之後，曾緣著秦嶺各要塞分別設防，以防蜀人的偷襲。尤其在陳倉屯有重兵，命將軍郝昭嚴密防守。這次諸葛亮進兵到陳倉城下，見城中有備，便遣派了郝昭的一位同鄉好友靳詳，去到城下喊話，勸郝昭投降。郝昭在城上答話道：「魏家軍法，和我的為人，君所熟知。我上受國恩，家門又重，今日但有一死，不必多言！」諸葛亮乃集中精兵數萬，圍攻陳倉。衝車雲梯，百般的攻打，攻打了二十多天，軍糧已盡，而曹真的援兵又到，諸葛亮知難而退，乃復撤回漢中。明年

❹ 〈後出師表〉係裴松之註引《漢晉春秋》，云出張儼默記，並非原文，後人對於〈後出師表〉的疑問頗多。故此處僅節引其警句，而未錄全文。

❺ 今陝西寶雞。

春天，諸葛亮遣派部將陳式進攻隴右的武都(51)、陰平(52)兩郡。魏雍州刺史郭淮來救，諸葛亮親率兵將郭淮擊退，遂拔取武都、陰平，稍稍挽回了街亭之辱，後主劉禪乃復策拜諸葛亮為丞相。時為蜀漢建興七年（229年），魏太和三年。

就在這年的夏四月，吳王孫權也正位稱尊，即皇帝位於建業，大赦改元。遣使往告蜀漢，以後二帝並尊，永為盟好。諸葛亮也遣派衛尉陳震前往吳國致賀，孫權歡喜，復與蜀漢為盟，相約他日滅魏之後，兩國平分天下：中原之地，豫、青、徐、幽四州屬吳，兗、冀、并、涼四州屬漢；中間司州之地則以函谷關為界，關東歸吳，關西歸漢。於是諸葛亮在漢中，又大修戰備，營府南山下，擴建漢、樂兩城(53)，以圖再舉。

這消息傳到北方，大司馬曹真上書請命，自願統領大兵，從關中南取蜀漢，以為一勞永逸之計。司空陳群力諫以為不可，而曹真不聽。魏明帝乃派遣大將軍司馬懿率兵，從魏興三城溯漢水西上，與曹真會師於漢中。魏太和四年（230 年）八月，大司馬曹真統領大軍，從長安出發，由子午谷穿越秦嶺，進取漢中。不料會逢大雨連綿三十多天，棧道斷絕，大軍困在山谷之中，不能前進。朝中大臣如太尉華歆、少府楊阜等，都紛紛上書勸朝廷罷兵，魏明帝只得下詔命曹真班師。司馬懿的一路軍隊，從西城砍山開道，水陸並進，進至新豐、丹口，也奉命和曹真大軍同時撤退。曹真出師不利，心裡懊喪，憂憤成疾。回到洛陽便一病不起，延至太和五年（231 年）三月而卒，子曹爽嗣封為邵陵侯。魏明帝以大將軍司馬懿善於用兵，節度有方，便調派司馬懿代曹真西屯長安，督關中諸軍事，以防禦蜀兵。

當曹真進兵子午谷時，蜀漢丞相諸葛亮屯兵成固，嚴命以待。及聞曹真還師，決定趁勢反攻。就在太和五年春，命中都護李平（即李嚴）

---

(51) 今甘肅成縣。

(52) 今甘肅文縣。

(53) 諸葛亮築漢城於沔陽，築樂城於成固。

留守漢中，統督糧運，主持後方的供應。亮自率三軍北伐，仍採取第一次北伐的路線，大舉進攻祁山，特用木牛流馬運送糧秣。這木牛流馬乃諸葛亮所發明，是一種機器車輛，外狀作牛馬之形，行動雖緩，可以代替人力❺❹。司馬懿在長安，聽說諸葛亮大軍圍攻祁山，即命大將郭淮、費曜、戴陵往救，而自與大將張郃統領大軍進駐上邽❺❺。郭淮、費曜、戴陵的前軍為諸葛亮所邀擊，大敗而歸。亮乃乘勝而東，與司馬懿的大軍相遇於上邽之東。司馬懿曉得諸葛孔明的厲害，憑險為營，避不交戰。諸葛亮見司馬懿的壁壘森嚴，攻打不下，便復引兵南還。司馬懿也拔營而走，尾隨著諸葛亮的軍隊，緩緩南行。行至鹵城❺❻地方，為諸葛亮所發覺，即扭轉陣勢，掉頭回擊。司馬懿又慌忙登山掘營，閉門不出。諸將紛紛請戰，而司馬懿不許。賈栩、魏平憤道：「公身為統帥而畏蜀如虎，豈不為天下人所恥笑！」司馬懿不得已，怕影響了士氣，乃發兵出擊。諸葛亮命魏延、高翔、吳班迎戰，魏軍果然大敗，損失了不少的軍資器仗。司馬懿乃又緊閉營門，堅守不出。雙方從四月相持到六月，諸葛亮終以糧援不繼，被迫撤兵。司馬懿特遣張郃將兵追擊，追到木門地方，這裡兩面高山，一條谷道，諸葛亮早已在兩山埋伏下弩箭手，待等張郃到來，只聽得山谷裡一陣鼓聲，萬弩齊發。這熟悉韜略，身經百戰的曹魏大將張郃，竟死於亂箭之下。時為太和五年六月。

這次祁山之役，是諸葛亮的第四次北伐。在這次戰役中，諸葛亮發揮了他最高的戰術，在戰場上疊獲勝利。然而終不免於撤退，其主要原因，還是因為後方補給的困難，這其中還有一段隱情，就是都護李平的貽誤戎機。

中都護李平留守在漢中，主持後方糧運。入夏以來，西北一帶，陰雨連綿，糧運非常困難。李平恐怕獲罪，即令參軍馬忠與督軍成藩，假

---

❺❹　「木牛流馬」可參見裴松之〈蜀書〉註，引《諸葛亮集》載「木牛流馬法」。

❺❺　在今甘肅天水西南。

❺❻　在上邽南。

傳聖旨，說是後主的授意，叫諸葛亮早日撤兵。及諸葛亮還師，平又不安，佯為驚訝道：「軍糧饒足，何以便歸？」平又上表後主稱：「大軍偽退，欲以誘敵。」種種支吾掩飾，被諸葛亮所察覺，大為震怒。遂將李平前後的手筆書疏，拿出對照，指破其中的種種矛盾與欺騙，當面質責李平，平辭窮認罪。諸葛亮乃上章，表平過失，將平削爵免官，貶為平民，流放梓潼。這李平原名李嚴，嘗受知於先主，章武二年曾拜尚書令。先主病歿永安時，李嚴與諸葛亮同受遺詔輔政，諸葛亮開府用事，歷任嚴以要職，倚畀甚重，並表嚴子李豐為江州都督。嚴既罪貶，諸葛亮仍用李豐為中郎將參軍事，寫了一封極懇摯的信來安撫他，略曰：

「吾與君父子戮力以獎漢室，此神明所聞，非但人知之也。表都護典漢中，委君於東關❺❼者，不與人議也。謂至心感動，終始可保，何圖中乖乎！……若都護思負一意❺❽，君與公琰推心從事者，否可復通，逝可復還也。詳思斯戒，明吾用心！」

諸葛亮的待人，可以說是公私分明，而恩威並治。書中所謂公琰，即蔣琬之字。琬零陵湘鄉人，最為諸葛亮所器重，屢為丞相府長史、參軍。諸葛亮每次出兵，總以蔣琬留統府事，殷勤奉公，從無貽誤。諸葛亮常稱嘆道：「公琰託志忠雅，當與吾共贊王業者也！」諸葛亮經過這次失敗的教訓，並未灰心。再回到漢中，更加強勸農講武，息民休士，用木牛流馬，大規模的運輸糧米，積儲於斜谷口，準備作三年之計，然後再舉。

魏明帝曹叡見諸葛亮屢次犯境，又折失了大將張郃，非常懊惱，打算要大舉伐蜀，而一般大臣，多認為時機尚未成熟，不可輕舉。侍中劉曄，足智多謀，一向為明帝所親近，特召入與議，劉曄表示贊同。可是

❺❼　東關指江州，言委李豐為江州都督。

❺❽　意謂能自思負罪之失，以後能一意效忠報國以圖改過。

出得宮來，與一般大臣談起此事，又期期以為不可。劉曄善於辭令，每陳情說理，娓娓動人。中領軍將軍楊暨是最反對伐蜀，聞曄議論，引為知己。有一天，魏明帝也和楊暨論及伐蜀之計，暨堅持不可。明帝道：「卿有所不知！」楊暨道：「臣言誠不足採，想劉曄乃先帝謀臣，深通軍略，他就反對伐蜀。」明帝道：「不然！我老早和他談過，他完全贊同伐蜀之計！」楊暨不信，請召劉曄來對質。當即著人將劉曄喚進宮中詢問，沒想到劉曄卻一言不發。後逢單獨召見，劉曄責備明帝道：「這軍國計畫，是何等大事！臣從不敢將朝廷機密對外洩漏，所以故弄玄虛。如兵未出發敵已先知，那還了得！」魏明帝連連點頭稱是。劉曄出宮，見了楊暨，又埋怨道：「你可懂得釣魚的道理？釣得小魚，引竿而獲。如釣中大魚，便要放鬆釣絲，聽其自然，絕不能勉強。那人主之威，又豈止大魚而已！足下誠為忠臣，但事須量力，計不能從，又何必自取其苦！」楊暨聽了，也深以為然，即向劉曄謝過。後來有皇帝的左右親信，和魏明帝談起劉曄之為人，說他傾巧投機，頗不忠誠！因勸明帝不妨作一個測驗，以後有什麼計畫，先故意用反面的言語，去試探劉曄。如果不論反正，劉曄的態度都與聖旨相合，那便顯見他的虛偽。明帝就如法試驗，果得其詐。從此乃疏遠劉曄。劉曄發覺自己的逢迎被皇帝看穿，恐懼不安，精神失常，不久便憂病而死。後來晉學者傅玄❺❾讀史至此，曾著論嘆息，認為天下之事，巧詐不如誠拙，凡事都該直道而行。因為這虛偽的言行，無論如何機巧，總有被識破的一天，反不如精誠之能格物。我這裡再敘述同時異地，一段相對照的故事。

在南方的東吳，幾位元勳之中，論智略才華，要數周瑜與陸遜，論老成謀國，要推魯肅與張昭，孫權似乎偏愛周、陸，重於魯、張。自從周瑜、魯肅相繼去世，陸遜負疆場之任，鎮守西方，唯有張昭常在朝堂。從太和三年，張昭以老病退休，拜輔吳將軍，封婁侯，每遇軍國大事，

❺❾　玄字休奕，泥陽人，博學善文。歷官弘農太守，典農校尉，司隸校尉，著有《傅子》一書。

仍不時朝見。在《秦漢史話》所講的那霸佔在遼東的公孫度，威行海外，自成一國。公孫度傳子公孫康，公孫康在建安十四年去世，部眾擁奉康弟公孫恭繼位。到魏明帝太和二年，康子公孫淵脅迫公孫恭讓位。魏明帝為了懷柔遼東，即遣使拜淵為揚烈將軍遼東太守。這公孫淵是個性情反覆狐疑多變的人，他北面接受曹魏的誥命，南方又與孫吳交通，運用兩面外交政策。在吳嘉禾二年（即魏青龍元年，233年）公孫淵忽遣使奉表稱臣於吳，辭極恭順，吳帝孫權覽表大喜。立即派遣大臣太常卿張彌，執金吾許晏，將軍賀達，率領甲士萬人，齎備了許多奇珍異物金銀珠寶，前往遼東，策封公孫淵為燕王，藉此宣威於海外。張昭聞知，扶杖入朝，上書切諫。認為公孫淵的態度，全不可靠，如此勞師厚禮，萬一無功，將取笑於天下。孫權不聽，而張昭苦諫不已，和孫權在朝堂上反覆的辯論。終將孫權激惱，按劍大吼道：「吳國士人入宮則拜孤，出宮則拜卿，孤之於卿尊禮備至，而卿每於朝堂之上當眾折孤，是叫孤忍無可忍！」那張昭聽了，渾身發抖，瞪目看著孫權，好半晌，才顫巍巍地說道：「老臣明知言必不用，然不敢不竭愚忠。誠以太后臨終之時，呼老臣於床下，遺詔託命，叮嚀囑咐，言猶在耳！」話猶未了，已涕泗縱橫，泣不成聲。孫權乃擲刀於地，和張昭相對流淚。可是孫權到底沒有接受張昭的忠告。張昭氣憤，從此永不上朝。孫權也惱怒，命人用泥土將張昭的大門封堵，不叫他出門。張昭索性在門裡自己又加上了一層泥土，賭咒死在家裡也不希意阿旨。

　　魏明帝聞知公孫淵與孫權往來，便警告公孫淵，如敢勾結東吳，抗命王朝，立即興師討伐。公孫淵權衡利害，不敢得罪曹魏，又見東吳的使者如此招搖，生怕惹來大禍。便將孫權送來的金銀珍寶，悉數沒收，而把張彌、許晏等一齊斬首，遣使者將首級傳送洛陽以邀功。魏明帝大喜，即詔拜公孫淵為大司馬，封樂浪公。這一下可真把孫權氣壞，拍案大怒道：「朕行年六十，飽經世故，不料竟為鼠子所辱，令人氣湧如山。我不自截鼠子頭，無顏復臨萬國！」便要大舉興師，跨海去遠征遼東。可

是，以當時的形勢與東吳國力來說，是件不可能的事。第一個上疏力諫的，是大將軍荊州牧陸遜，他說：

> 「今不忍小忿，而發雷霆之怒，違垂堂之戒❻，輕萬乘之重，此臣之所惑也。臣聞志行萬里者，不中道而輟足；圖四海者，匪懷細以害大。強寇在境，荒服未庭，陛下乘桴遠征，必致闚覦❻。戚至而憂，悔之無及！」

　　跟著上書的有尚書僕射薛綜，選曹尚書陸瑁等，紛紛勸阻。過了幾天，吳帝孫權心情稍稍平定，冷靜的長考了一番，也只好忍下這口悶氣，將來再說。這時才覺得張昭的忠貞可敬，心裡越想越慚悔，越想越抱歉。便連續派人去慰問張昭，並敦請張昭入朝。張昭睡在床上，固辭不起，孫權特親自去拜訪張昭，張昭竟不接見，又把孫權激怒。叫人在張昭門口堆上柴草，放起一把火來，聲稱要焚燒他的莊院。火光沖天，那張昭還是高臥不動。孫權無法，只好叫人熄了火頭，再以好言相謝。那張昭的兒孫怕這老頭兒做得過火，大家相勸，才把張昭前攙後擁，扶出門來，由吳帝孫權親自接入皇宮，向張昭一再道歉，深自引咎，於是復為君臣如初。這些都是魏明帝青龍元年的事，次年是青龍二年（234 年），蜀漢丞相諸葛亮在漢中的軍事準備完成，又發動第五次的北伐。吳、蜀聯盟，吳帝孫權為配合蜀漢的攻勢，也同時大舉北伐。

　　魏、吳南北的對壘，有兩個主要戰場，上游在荊州，下游在淮南。淮南戰場又以南面的濡須與北面的合肥，為雙方爭奪的重點。當時曹魏宿將滿寵都督揚州軍事，駐兵在合肥，又在合肥城西三十里處，依山設險，建造了一座新城，置重兵於此。吳帝孫權想要消滅這個軍事重心，就在青龍二年五月，親率主力大軍，號稱十萬之眾，逕攻合肥新城。另

---

❻　古諺曰：「千金之子，坐不垂堂」，語見《史記・袁盎鼂錯列傳》。

❻　同窺覦，言冒險遠征，必致招引北敵之窺覦。

遣將軍孫韶、張承從廣陵進攻淮陰為東路，遣陸遜、諸葛瑾從江夏沔口
進攻襄陽為西路。魏明帝聽說吳、蜀同時北伐，乃派遣護軍將軍秦朗，
督步騎二萬，增援關中，往協助司馬懿抗禦諸葛亮。密令司馬懿但守勿
戰，挫其銳氣，彼糧食一盡，自然撤走，走而擊之，可獲全勝。明帝自
己則整頓三軍，乘龍舟入淮水，御駕親征孫權。

　　青龍二年六月，孫權大軍進抵新城，大舉進攻，無奈城池堅固，攻
打不下，損失了很多士卒。滿寵募壯士抄出吳兵之後，因風縱火，燒燬
了不少的輜重戰具。孫權的姪兒孫泰又中箭身亡，孫權為之氣餒。及聞
魏主親率大軍東下，料知難以取勝，便引兵南歸。這主力一撤，其他東
西兩路，也都分別後退。魏明帝到了壽春，見孫權已走，便論戰錄功，
封賞而還。

　　現在放下吳魏的戰事，回頭來說諸葛亮的北伐。諸葛亮於蜀建興十
二年（即魏青龍二年）二月，集中了精兵十萬人，從斜谷穿越秦嶺，出
郿縣，進軍渭南，結營於五丈原❷。司馬懿則引兵渡渭水，背水為陣，
與諸葛亮相對峙，堅壁深壘，固守不戰，無論諸葛亮如何挑釁，司馬懿
是閉門不出。諸葛亮乃派人餽送司馬懿巾幗婦人之服，以羞辱司馬懿，
魏軍將士無不憤怒。司馬懿見群情激昂，乃上表請戰。魏明帝不許，特
遣老臣衛尉辛毗為軍師，手持天子節杖，來到前方，坐鎮營門，嚴申軍
令，有不服令者斬。蜀護軍將軍姜維和諸葛亮說：「辛佐治仗節而來，賊
不復出矣！」諸葛亮嘆道：「司馬懿本無戰意，所以上表請命，無非掩人
耳目，維繫軍心。夫將在外，君命有所不受，彼果能克敵制勝，又何必
多此周折！」諸葛亮鑑於屢次糧運的困難，這次駐軍渭南，特分撥一部分
軍隊就地屯田。蜀軍紀律森嚴，那些兵士和百姓，雜在一起耕田，秋毫
無犯，彼此相處如家人。在那兵戈殺伐之中，別有一片熙和景象。諸葛
亮和司馬懿就這樣長久相持下去，日復一日，毫無進展。諸葛亮心中焦
慮，身體就不免一天天的憔悴下來。有一天，司馬懿接見諸葛亮的使者，

---

❷　地在陝西眉縣西。

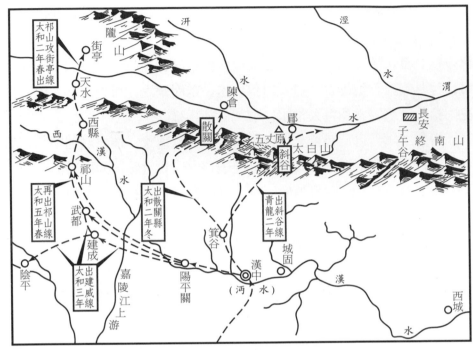

諸葛亮北伐關中進軍路線略圖

詢及諸葛亮的起居飲食，使者答道：「丞相夙興夜寐，事必躬親，責罰二十以上，都要親自處決，而所食不過數升。」司馬懿嘆道：「諸葛孔明食少事煩，其能久乎！」果然，不久，諸葛亮就病倒在軍中。蜀主劉禪得訊，急遣尚書僕射李福，趕來軍中探望，相機諮詢後事。李福看了諸葛丞相的光景，知道病已無望，不禁垂淚，便就榻前和諸葛亮長談了兩天，然後辭去。行至中途，忽然想起還有一樁要事，不曾請示，又復趕回。諸葛亮見李福去而復返，心中明白，不待李福啟齒便道：「公之復來，所問之事，公琰為宜。」李福道：「正是要請示丞相，這百年後的繼任大事，但不知公琰之後，誰人為可？」諸葛亮道：「文偉可！」這文偉乃是費禕之字。李福再問其次，而諸葛亮閉目不語，李福就不敢多問，黯然而去。是年八月，諸葛亮病歿在軍中，享年五十四歲。

　諸葛亮既卒，長史楊儀奉亮遺命，整軍而退。有百姓來報告司馬懿，

司馬懿這才發覺，急引兵追擊。姜維教楊儀將後軍改做前軍，反旗鳴鼓，喧呼迎戰，嚇得司馬懿慌忙撤兵，不敢相逼。久之，楊儀才從容結隊而去。進入秦嶺山谷之中，然後發喪。百姓為之歌道：「死諸葛走生仲達！」司馬懿聽了笑道：「我能料生不能料死也！」蜀軍撤走之後，司馬懿巡視諸葛亮的營壘布署，不禁嘆道：「天下奇才也！」

　　諸軍回到成都，蜀主劉禪聞知丞相去世，不勝哀傷，哭泣祭奠了一番，追諡諸葛丞相為忠武侯。並遵武侯遺命，下葬於漢中的定軍山，因山為墳，冢僅容棺，不用明器，一切典制，務從簡約。武侯在日，曾上表後主公開他的財產說：「成都有桑八百株，薄田十五頃，子弟衣食，自有餘饒，臣不別治生產以長尺寸。若臣死之日，不使內有餘帛，外有贏財，以負陛下！」及至身後，調查他的家私，果如所言。長水校尉廖立，曾因罪獲譴，被諸葛亮所貶逐，其情況與李平類似，兩人都算是諸葛亮的冤家。可是兩人聞諸葛亮死，都放聲大哭。廖立道：「吾終為左衽矣！」而李平竟憂傷發病而死，諸葛亮的精誠感人如此！蜀中百姓要為諸葛亮立廟，當時格於法令，國家不許。百姓懷念不已，乃於節令，隨地舉行私祭，真是家家俎豆，處處香煙。朝廷感覺不妥，乃特許就近武侯的墳墓，在沔陽地方建造了一座祠廟，歲時奉祀。後來這諸葛祠堂，越建越多，遍於西南一帶，人民的追思敬仰，成為歷史上的一椿奇蹟。

　　其實歷史上的奇蹟，也絕無偶然。自從劉先主晏駕白帝，諸葛亮開府治事，出將入相，集內外重任於一身。負起一個非常沈重的擔子；支持一個非常艱難的局面。從蜀建興元年到十二年，這十二年中，以一身繫國家之安危，鞠躬盡瘁，死而後已！如不以成敗論英雄，則諸葛武侯實不愧為歷史上第一等人物。陳壽以晉人修《三國志》，依然對於武侯推崇備至，其史評曰：

　　　「諸葛亮之為相國也，撫百姓，示儀軌，約官職，從權制，開誠心，布公道；盡忠益時者雖讎必賞，犯法怠慢者雖親必罰，服罪

輸情者雖重必釋，游辭巧飾者雖輕必戮；善無微而不賞，惡無纖而不貶；庶事精練，物理其本，循名責實，虛偽不齒；終於邦域之內，咸畏而愛之，刑政雖峻而無怨者，以其用心平而勸戒明也。可謂識治之良才，管、蕭之亞匹矣。」

後來唐詩聖杜子美在蜀中謁武侯祠堂，曾有兩首名句，最為世人所傳誦，可與武侯同垂不朽，其詩曰：

「丞相祠堂何處尋，錦官城外柏森森。映階碧草自春色，隔葉黃鸝空好音。三顧頻煩天下計，兩朝開濟老臣心。出師未捷身先死，長使英雄淚滿襟。」——〈蜀相〉

「諸葛大名垂宇宙，宗臣遺像肅清高。三分割據紆籌策。萬古雲霄一羽毛。伯仲之間見伊呂。指揮若定失蕭曹。運移漢祚終難復，志決身殲軍務勞。」——〈詠懷〉

第六講　蜀魏之亡

　　楊儀字威公，荊州襄陽人。先主劉備為漢中王時，曾用儀為尚書。諸葛亮開府治事，用儀為長史加綏軍將軍，經常在軍中，協助諸葛亮規畫軍務，籌度糧穀，辦事敏捷，極有幹才，深為諸葛亮所倚重。可惜其性情狷狹，不能容物，平素與征西大將軍南鄭侯魏延不睦。魏延勇猛善戰，能得士心，志氣高傲，自視非凡。嘗建議自率一軍與諸葛亮分別作戰，而後會師關中，如韓信與漢高祖的故事，而諸葛亮不許。他認為諸葛亮的用兵，過於謹慎，自己懷才莫展，常有不平之氣。因延久鎮漢中，一般將士對他都存幾分遜讓，唯有楊儀是不假辭色，故兩人有如水火。諸葛亮在日，深愛兩人的才能，遇事從中調停，駕馭有方，所以沒有發生衝突。諸葛亮病篤之時，祕召楊儀與司馬費禕及護軍姜維等到榻前吩咐後事，叫楊儀督率大軍撤退，令姜維與魏延斷後，如魏延不聽命，即先行出發。諸葛亮既卒，尚未公布，費禕先去探聽魏延的口風。魏延大聲道：「丞相如亡，我魏延還在，可率諸軍擊賊，奈何因一人之死而廢天下之事！且我魏延何人，能為楊儀做斷後麼！」費禕唯唯而退，出得營門，策馬飛奔而去。事後，魏延自悔失言，忙著人出去探望，看見楊儀的大

營，正在依次整裝待發。魏延大怒！不待號令，便搶先拔營南走。經過秦嶺、斜谷，燒燬了許多棧道，以斷阻楊儀的歸路。及楊儀統軍出發，反落在魏延之後。緣途槎山補路，晝夜兼行。這兩人一前一後，一路之上，彼此上書控訴，魏延告楊儀叛變，楊儀告魏延造反，一日之中，羽檄交至。漢主劉禪大驚，急問侍中董允與長史蔣琬。董允與蔣琬都保證楊儀而懷疑魏延。這斜谷長有四百七十里，北谷曰斜，南谷曰褒。魏延先到，使據褒谷為營，回頭反擊楊儀。楊儀派將軍王平為先鋒，迎向陣前，令軍士大聲喊道：「丞相方亡，屍骨未寒，爾等就要造反麼？」魏延的部眾，聞聲激動，譁然四散。僅剩下魏延與其左右親信數人，亡命而走，被將軍馬岱趕上殺死。

魏延之亂既定，漢主劉禪遵從諸葛亮的遺囑，以蔣琬為尚書令，總統國事，行都護假節領益州刺史，繼代諸葛丞相之職。另以左將軍吳懿為車騎將軍，假節都督漢中軍事，代替魏延之職。時朝中新喪元戎，人心皇皇，而蔣琬從容鎮靜，既無戚容，亦無喜色，一切措施，都井井有條，於是眾望皆服。楊儀總督大師歸來，又誅平魏延，自以功高業大，當代諸葛丞相秉政。不料回到成都，朝廷拜為中軍師，給了他一個投閒置散的空名義，反而剝奪了他的實權，心中大為不平。回想當年先主在日，楊儀為尚書時，蔣琬不過是他手下的一個尚書郎，現在反而做了頂頭上司，國家首輔。越想越鬱悶，不禁怨憤形於辭色，漸漸的語無倫次，行動乖張，弄得一般朝臣都不敢和他來往。只有後軍師費禕不時前往慰問，每次見面，楊儀都是大發牢騷。有一天恨道：「丞相去世之時，我若率軍北面降曹，何致被人如此冷落，早知今日，悔不當初！」沒想到，後來費禕把這話透露給當局。漢主乃下詔廢楊儀為民，流放漢嘉。楊儀到了漢嘉，未能忍抑，又上書訴冤，辭旨非常激越，惱怒了朝廷，將楊儀捉拿下獄，儀遂自殺。事距諸葛丞相的逝世，還不到一年。

在諸葛亮去世蜀軍撤回漢中後，司馬懿也奉詔班師長安，於魏青龍三年春正月，晉位太尉，從此司馬懿的聲望日隆。魏明帝曹叡見諸葛亮

既死，吳又屢敗，覺得吳、蜀無慮，天下可定，乃縱情享受，無所顧忌。於是廣建宮室，大興土木。在京師洛陽，起造昭陽殿、太極殿、總章觀，觀高十餘丈。崇華殿火災重建，更名九龍殿，比原來的崇華殿加倍華麗。導引穀水，通過九龍殿前，流注為九龍池。作玉井綺欄，蟾蜍含受，神龍吐水。有博士扶風人馬鈞，擅製機巧❶，特在九龍池中作水轉百戲。用木偶作成各種人物禽獸——有女樂吹簫，優伶擊鼓，或跳絚擲劍，或鬥雞舞象，利用水力，運動如真，其巧妙絕倫。又作凌雲之臺，臺高十三丈五尺，能隨風搖動而不傾倒。明帝又大選美女，以充後陳。內廷中后妃的秩位，可擬外廷的百官之數。皇后之下，有貴嬪、夫人、昭儀、昭華、淑妃、淑媛、修容、修儀、倢伃、容華、美人、良人等，凡爵十三等。從妃嬪到掖庭中灑掃的婦女，有幾千人之多。又選女子知書者六人為女尚書，使典管文牘，傳達奏章。真是窮天工造物之巧，極人世聲色之娛。朝中的老臣如司空陳群、廷尉高柔、衛尉辛毗、少府楊阜等，都上書極諫。這魏明帝是既不拒斥，也不聽納，照行不誤。青龍三年八月，又起造陵霄闕，方始動工，就有喜鵲搭巢其上，明帝看見，以問太史令高堂隆：「主何吉凶?」高堂隆對曰：「『維鵲有巢，維鳩居之。』如今興建宮室而鵲巢之，此主宮成而身不得居之象也。這正是上天示戒，夫天道無親，唯與善人！當年商朝，太戊見桑穀生朝，武丁見飛雉雊鼎，都能戒懼反省，故轉禍為福。現在若能罷休百役，增崇德政，則三王可四，五帝可六，豈僅商宗之轉禍為福哉！」明帝聽了，似頗動容。青龍四年（236 年）十月甲申有彗星出現，高堂隆又上疏大論天道，略曰：

「凡帝王徙都立邑，皆先定天地社稷之位，敬恭以奉之。將營宮室，則宗廟為先，廄庫為次，居室為後。今圜丘、方澤、南北郊、明堂、社稷，神位未定，宗廟之制又未如禮，而崇飾居室，士民

---

❶　鈞一作均。馬鈞又嘗作司南車，一稱指南車，車上有木仙人持信旛，車轉而人常指南，見《通鑑》胡註引《述征記》。

失業。外人咸云宮人之用，與興戎軍國之費，所盡略齊。民不堪
命，皆有怨怒。《書》曰：『天聰明自我民聰明，天明畏自我民明
威』，……言天之賞罰，隨民言，順民心也。……夫采椽卑宮，唐、
虞、大禹之所以垂皇風也；玉臺瓊室，夏癸、商辛之所以犯昊天
也。今之宮室，……華飾過前。天彗章灼，……斯乃慈父懇切之
訓，宜崇孝子祗聳之禮，以率先天下，以昭示後昆，不宜有忽，
以重天怒。」

其措辭激切，明帝覽表，頗為不悅。侍中盧毓一旁解釋道：「臣聞君
明則臣直，古之聖王，唯恐不聞其過，此乃臣等所以不及隆也。」明帝怒
氣乃息。景初元年（237 年），又命人將長安的鐘簴、橐佗、銅人、承露
盤，搬運到洛陽。承露盤折斷，聲聞數十里。銅人太重，搬運不動，中
途留在霸城。乃大發銅料，另外鑄造了兩個大銅人，列坐在司馬門外，
名為「翁仲」❷。又鑄黃龍、鳳凰各一，龍高四丈，鳳高三丈餘，放在
內殿前面。又在芳林園的西北隅，堆造一座大土山，遍植松竹花草，內
蓄奇禽異獸，並令公卿百官，也幫著工匠負土種樹。高堂隆大不以為然，
又上疏諫曰：

「昔洪水滔天二十二載，堯、舜君臣南面而已。今無若時之急，
而使公卿大夫並與廝徒共供事役，聞之四夷，非嘉聲也，垂之竹
帛，非令名也。今吳、蜀二賊，……僭號稱帝，欲與中國爭衡。
今若有人來告：『權、禪並脩德政，輕省租賦，動咨者賢，事遵禮

---

❷ 傳說翁仲姓阮，南海人，身長一丈三尺，氣質異於常人。秦始皇兼併天下，
得之。使將兵守臨洮，威震匈奴。後翁仲死，秦人鑄其像，置咸陽宮司馬門
外。後世人傚之，或為銅像，或為石像，或立宮門外，或置冢墓前，以壯威
儀，皆稱翁仲。參見《山堂肆考》、《碑版廣例》，與《淮南子‧氾論訓》高
誘註。

度』，陛下聞之，豈不惕然惡其如此，以為難卒討滅而為國憂乎！若使者告曰：『彼二賊並為無道，崇侈無度，役其士民，重其賦斂，下不堪命，吁嗟日甚』，陛下聞之，豈不幸彼疲敝而取之不難乎！苟如此，則可易心而度，事義之數亦不遠矣！亡國之主自謂不亡，然後至於亡；賢聖之君自謂亡，然後至於不亡。今天下雕敝，……六軍暴邊，……若有寇警，則臣懼版築之士不能投命虜庭矣！」❸

明帝看了這篇奏章，也不禁顧謂左右道：「觀隆此奏，使朕懼哉！」就在景初元年冬天，高堂隆病卒。臨歿之前，奏上一道最後的遺表，略曰：

「曾子有言曰：『人之將死，其言也善！』臣寢疾有增無損，常恐奄忽，忠款不昭，臣之丹誠，願陛下少垂省覽。臣觀三代之有天下，聖賢相承，歷數百載，尺土莫非其有，一民莫非其臣。然癸、辛之徒，縱心極欲，皇天震怒，宗國為墟，紂梟白旗，桀放鳴條，天子之尊，湯、武有之……夫皇天無親，唯德是輔。民詠德政，則延期過歷；下有怨嘆，則輟錄受能。由此觀之，天下乃天下之天下，非獨陛下之天下也！」

這話說得尤其剴切，明帝感其忠貞，優詔獎撫。高堂隆字升平，泰山平陽人，乃漢魯國高堂生之後，世代經學。早在明帝為平原王時，隆為王傅，是明帝的老師。所以對於明帝是知無不言而言無不盡。明帝對於高堂隆也是尊禮有加，雖屢次犯顏極諫，從未以為忤，高堂隆真算得是曹魏的一位純臣。明帝生活雖然奢靡，幸賴有這樣的純臣為輔，才未致十分放縱。

卻說前者詐執東吳使者以向魏朝邀功的那遼東公孫淵，自從拜了大

❸　原文甚長，此節錄。參見《三國志·魏書·高堂隆傳》，與《資治通鑑》卷七十三〈魏紀〉明帝景初元年。

司馬封樂浪公後，態度日益倨傲，又多猜疑。每逢接見魏朝的使者，必盛陳兵衛。使者回報，說公孫淵驕慢無禮，輕視天朝。明帝便調派前荊州刺史毌丘儉為幽州刺史，叫他去窺探遼東的動態。毌丘儉到了幽州，便上書請明令討伐公孫淵。明帝乃令毌丘儉率領所部，及烏桓、鮮卑，進軍遼東。與公孫淵會戰於遼隧，會逢大雨，遼水暴漲，毌丘儉作戰不利，敗回右北平。於是公孫淵自立為燕王，設朝廷置百官，明白與魏朝絕裂，時在魏景初元年秋。景初二年（238 年）春正月，明帝特從關中調動太尉司馬懿，發大兵四萬人去討伐遼東。司馬懿奉命入朝陛辭，明帝問道：「卿度料公孫淵將如何應戰？」司馬懿道：「淵棄城而走，誘我深入，此上計也；據遼河以抵抗大軍，此中計也；坐守襄平❹以待擒，此為下策。」明帝道：「然則公孫淵將採何計？」司馬懿道：「我想公孫淵必先拒遼水，後守襄平。」明帝又問：「卿此去往返須時多久？」司馬懿道：「往百日，攻百日，還百日，中間以六十日休息，一年足可成功。」明帝聽他說得頭頭是道，龍顏大悅。

司馬懿的大軍在景初二年正月出發，六月才到達遼東。公孫淵令其大將卑衍、楊祚率領步騎數萬人，緣遼河布防，防線南北長達六、七十里，高壁深壘，防禦工事建築得十分鞏固，欲與魏兵長期抗戰。司馬懿察知其情，乃多樹旗幟，虛設疑兵，吸引住卑衍的精銳。卻暗地裡把主力大軍，調往遼水的上游，抄出敵軍的後方，偷渡遼水，逕襲遼都襄平。待得卑衍、楊祚發覺，趕緊撤兵回救時，司馬懿的大軍已將襄平城團團圍困。不料到了七月間，遼東大雨，遼水又復暴漲，一直淹灌到襄平城下，一片汪洋，平地水深數尺。司馬懿軍中缺乏雨具，作戰困難，軍心皇皇，都想移水就陸，暫時休戰。司馬懿不許，嚴令軍中：「有敢言徙營者斬！」都督令史張靜違命，立即斬首示眾，於是人人惕息。司馬懿雖將襄平圍困，切斷它對外的聯絡，卻並不積極攻打。司馬陳珪私下問道：「太尉昔年進攻上庸，八路俱進，晝夜不息，一旬而克堅城，斬孟達。

❹ 漢遼東郡治，故城址在今遼寧遼陽北七十里。

如今遠道而來，正宜速戰，何反從容不迫？愚竊不解。」司馬懿道：「此
將軍有所不知，當年孟達人少而糧多，食支一年；佃官兵之數，四倍於
敵，而糧食不到一月，以一月圖一年，安得不速！兵士以四擊一，就令
損失一半，猶能獲勝。所以不計死傷，與糧競也！如今賊眾我寡，賊飢
我飽，雨水如此，缺乏工具，勉強攻擊，徒增死傷而無益，不如困以待
之。自從京師出發，不憂賊戰而憂賊走。現賊既困守，已成囊中之物，
何必操切。夫兵者詭道，貴能因機變化也！」到了七月下旬，突然雨止天
晴。司馬懿乃作土山，掘地道，楯櫓鉤衝，百般攻打。城中糧盡，公孫
淵支持不住，派人出城求和，稱願送質子以請罷兵。司馬懿面告使者道：
「軍事大要有五：能戰則戰，不能戰則守，不能守則走，不然，則只有
降與死耳。五者聽憑選擇，不須送質求和！」於是和談決裂，繼續攻戰到
八月壬午之日，襄平城破。公孫淵與其子公孫脩，率領隨從數百人，突
圍南走，被魏兵追上，一齊殺死。司馬懿率軍入城，盡誅其公卿百官及
軍民八千多人，把屍首堆成一座小山，以示威武。從此遼東、帶方、樂
浪、玄菟四郡，復歸中國，收入曹魏的版圖。司馬懿的大功告成，即振
旅還朝。那知就在司馬懿討伐遼東的時候，朝廷中發生了重大的變化。

　　原來魏明帝這些年來，縱情聲色，荒淫過度，身體虛弱，在司馬懿
出征時即已不豫。明帝年已三十多歲，尚無子嗣，撫養了兩個小王子為
後裔，一名曹芳，封為齊王；一名曹詢，封為秦王。這兩個小王，究竟
是曹家誰人所生，事屬宮闈祕密，無人得知。這明帝的病勢，一天比一
天沈重，到了景初二年的冬天，眼看不濟。在明帝身旁，有兩個親信的
近臣：一是侍中中書監劉放，一是侍中中書令孫資。這兩人曾事太祖、
文帝，到明帝時已歷三朝，專管宮中的機密文書。明帝尤恃為左右手，
每逢有什麼軍國大事，必先與兩人商議。此時病篤，便召二人到榻前計
議後事，研究何人可以託孤輔政。適曹真之子武衛將軍曹爽也在一旁，
兩人便乘機推舉曹爽。明帝抬眼望了望曹爽，喘息著說道：「曹爽，你能
勝任麼？」曹爽一時汗如雨下，竟說不出話來。劉放、孫資一旁代答道：

「如覺曹將軍年輕，司馬太尉老成謀國，可召令一同參政。」又躡足附耳和曹爽說：「大王放心，臣願以死奉社稷。」及至曹爽出宮，明帝又復後悔，經劉放、孫資一再說項，明帝才勉強同意。就由劉放擬了詔書，拿出宮門宣讀，拜曹爽為大將軍。並飛詔急徵太尉司馬懿晉京，傳授遺命。

司馬懿行至汲縣，奉到急詔，慌忙趕到洛陽。走進皇宮，明帝正當綿綴之際，望見司馬懿進來，兩淚汪汪，捉住司馬懿的手臂，斷斷續續的說道：「我以後事囑卿，望卿與曹爽共輔少子……死乃可忍，我忍死以待卿！……今得相見，死無所恨矣！」隨將兩小王喚至榻旁，特別指著齊王曹芳說：「此是也！諦視之！勿誤也！」又叫曹芳過來，抱著司馬懿的頸項，親熱一陣。司馬懿跪在榻前，頓首流涕，俯伏受命。就在當天，詔立齊王芳為皇太子，明帝旋即駕崩，時在景初三年（239 年）春正月。

太子曹芳即位，年方八歲，尊郭皇后為皇太后。大將軍曹爽與太尉司馬懿，俱加侍中、假節鉞，都督中外諸軍事，錄尚書事，各領兵三千人，輪值更宿殿中。曹爽輔政之初，以司馬懿年高德劭，尊之若父，每事諮詢，不敢自專。此時有一班少年名士，南陽人何晏字平叔，鄧颺字玄茂，李勝字公昭，沛國人丁謐字彥靖，與前并州刺史東平人畢軌等，都負有才名，平素與曹爽親善。爽既得權，這班名士也都夤緣引進，成為朝中新貴，自然也就成為曹爽的羽翼，乃為曹爽畫策定計。他們認為曹爽既身為首輔，就必須掌握住大權，不可被人操縱。故曹爽白知太后，用太后的名義下詔書，升司馬懿為太傅。陽示尊禮，而陰奪其權。於是在正始元年（240 年）二月，詔以司馬懿為太傅，另以曹爽之弟曹羲為中領軍將軍，曹訓為武衛將軍，曹彥為散騎常侍。諸兄弟同領禁軍，並以列侯侍從，出入禁闥，貴寵無比。又用何晏為吏部尚書，掌管人事；用鄧颺、丁謐為尚書，掌管機要；用畢軌為司隸校尉，督察京畿百僚。宮廷內外，都布滿了曹爽之黨。這班人因時因事，炙手可熱，朝廷百官，無不望風趨勢。司馬懿是何等機智的人，鑑此情勢，便處處韜晦，深自謙抑，極力避免與曹爽衝突。

曹爽字昭伯，是前邵陵侯大將軍曹真之子，曹真是魏武帝曹操的族姪。所以論輩分，曹爽是魏明帝曹叡的兄弟，是幼主曹芳的叔叔。按曹魏家法，最怕侯王滋事，一向約束宗室甚嚴。現在曹爽以宗室當權秉政，就有一位宗室老臣，名叫曹冏的，乘機上書，請求恢復封建，這在當時是一篇很著名的文章。內容歷陳封建之得失，主張廣立屏藩，以保魏室，其文曰：

「古之王者，必建同姓以明親親，必樹異姓以明賢賢。親親之道專用，則其漸也微弱；賢賢之道偏任，則其敝也劫奪。……今魏尊尊之法雖明，親親之道未備，或任而不重，或釋而不任。臣竊惟此，寢不安席，謹撰合所聞，論其成敗曰：昔夏、商、周歷世數十，而秦二世而亡。何則？三代之君與天下共其民，故天下同其憂；秦王獨制其民，故傾危而莫救也。秦觀周之弊，以為小弱見奪，於是廢五等之爵，立郡縣之官，內無宗子以自毗輔，外無諸侯以為藩衛，譬猶芟刈股肱，獨任胸腹。觀者為之寒心，而始皇晏然自以為子孫帝王萬世之業也，豈不悖哉！故漢祖奮三尺之劍，驅烏集之眾，五年之中，遂成帝業。何則？伐深根者難為功，摧枯朽者易為力，理勢然也。漢監秦之失，封殖子弟；及諸呂擅權，圖危劉氏，而天下所以不傾動者，徒以諸侯強大，盤石膠固也。然高祖封建，地過古制，故賈誼以為欲天下之治安，莫若眾建諸侯而少其力；文帝不從。至於孝景，猥用鼂錯之計，削黜諸侯，遂有七國之患。蓋兆發高帝，釁鍾文、景，由寬之過制，急之不漸故也。所謂『末大必折，尾大難掉』，尾同於體，猶或不從，況乎非體之尾，其可掉哉！武帝從主父之策，下推恩之令，自是之後，遂以陵夷，子孫微弱，衣食租稅，不預政事。至於哀、平，王氏秉權，假周公之事而為田常之亂，宗室諸侯，或乃為之符命，頌莽恩德，豈不哀哉！由斯言之，非宗子獨忠孝於惠、文之間而

叛逆於哀、平之際也，徒權輕勢弱，不能有定耳。賴光武皇帝挺不世之姿，擒王莽於已成，紹漢嗣於既絕，斯豈非宗子之力也！而曾不監秦之失策，襲周之舊制，至於桓、靈，閹官用事，君孤立於上，臣弄權於下；由是天下鼎沸，姦宄並爭，宗廟焚為灰燼，宮室變為榛藪。太祖皇帝龍飛鳳翔，掃除凶逆，大魏之興，於今二十有四年矣。觀五代❺之存亡而不用其長策，睹前車之傾覆而不改於轍跡。子弟王空虛之地，君有不使之民；宗室竄於閭閻，不聞邦國之政；權均匹夫，勢齊凡庶。內無深根不拔之固，外無盤石宗盟之助，非所以安社稷，為萬世之業也。且今之州牧、郡守，古之方伯、諸侯，皆跨有千里之土，兼軍武之任，或比國數人，或兄弟並據；而宗室子弟曾無一人間廁其間，與相維制，非所以強幹弱枝，備萬一之虞也。今之用賢，或超為名都之主，或為偏師之帥；而宗室有文者必限小縣之宰，有武者必致百人之上，非所以勸進賢能、褒異宗室之禮也。語曰：『百足之蟲，至死不僵』，以其扶之者眾也。此言雖小，可以譬大。是以聖王安不忘危，存不忘亡，故天下有變而無傾危之患矣。」

　　曹爽看了這篇文章，深有同感，但以茲事體大，未便更張，遂將其暫時擱置。可是這篇文章終於流傳出去，引起了一股政治思想上的復古逆流，後來發生了很大的影響，這留待將來再談。

　　卻說自從建安末年，魏武帝曹操破壞禮教，獎勵跅弛以來，在學術思想上，也興起一段逆流，就是儒術式微，玄學抬頭。社會上的一班名流學者，厭棄名教，喜談老莊。這種風氣即從少帝即位的正始年間始盛，而以依附曹爽的新貴何晏、鄧颺等為代表，史稱「正始名士」。其中尤以何晏是個非常突出的人物，在當時可以說是玄學的權威。原來這何晏就是漢末大將軍何進之孫，出身貴冑，又尚魏金鄉公主。為人美丰儀，好

❺　此五代謂夏、商、周、秦、漢。

修飾，粉白不離手，行步自顧影，風流瀟灑，超塵絕俗，專講清靜無為之道。著有〈道德論〉、〈無名論〉、〈無為論〉、〈聖人無喜怒哀樂論〉，又作《論語集解》，常融合儒道之說，而以道釋儒。其〈道德論〉、〈無名論〉，都是發揮老子《道德經》中的「道可道，非常道；名可名，非常名；無名天地之始，有名萬物之母」，「道無常名」，「天地萬物生於有，有生於無」和「道常無為而無不為」的意義。何晏的〈道論〉說：

> 「有之為有，恃無以生；事而為事，由無以成。夫道之而無語，名之而無名，視之而無形，聽之而無聲，則道之全焉。故能昭音響而出氣物，色形神而彰光影。玄以之黑，素以之白，矩以之方，規以之圓，圓方得形而此無形，白黑得名而此無名也。」

他的〈無名論〉說：

> 「夫道者，惟無所有者也。自天地以來皆有所有矣；然猶謂之道者，以其能復用無所有也。……自然者，道也。道本無名，故老氏曰強為之名。仲尼稱堯蕩蕩無能名焉，下云巍巍成功，則強為之名，取世所知而稱耳，豈有名而更當云無能名焉者邪？夫惟無名，故可得遍以天下之名名之，然豈其名也哉？」

當時還有一個神童，姓王名弼，字輔嗣，乃山陽高平人，年僅十餘歲，竟也能談說老莊哲理。何晏見之大為稱奇，嘆道：「聖人稱後生可畏，若斯人者，可與言天人之際乎！」因向曹爽推薦用為尚書郎。後來在正始十年（249 年）病卒，卒年才二十四歲。著有《論語釋疑》三卷，並注《易經》六卷，老子《道德經》二卷。他的思想與何晏是一條路線，《道德經》中的「無名天地之始，有名萬物之母」句，王弼注解說：

「凡有皆始於無，故未形無名之時，則為萬物之始，及其有形有
名之時，則長之，育之，亭之，毒之，為其母也。言道以無形無
名，始成，以始以成，而不知其所以玄之又玄也。」

《老子》的「天地不仁，以萬物為芻狗」句，王弼的注解說：

「天地任自然，無為無造，萬物自相治理，故不仁也。仁者必造
立施化，有恩有為。造立施化，則物失其真；有恩有為，則物不
具存。物不具存，則不足以備載矣。地不為獸生芻，而獸食芻；
不為人生狗，而人食狗。無為於萬物，而萬物各適其所用，則莫
不贍矣。若慧由己樹，未足任也。」

《易經》的〈復卦〉（䷗）彖辭「復其見天地之心乎？」句，王弼的注解
說：

「復者，返本之謂也。天地以本為心者也，凡動息則靜，靜非對
動者也；語息則默，默非對語者也。然則天地雖大，富有萬物，
雷動風行，運化萬變，寂然至無，是其本矣。故動息地中，乃天
地之心見也，若其以有為心，則異類未獲具存矣。」

　　何晏、王弼的談玄，遂開魏晉南北朝玄學與清談之端。他們是強調
老子返本歸真的自然主義，影響了幾個世紀的學術與社會的風氣，在思
想史上，是一樁大事。但是思想是一回事，而行為有時又是一回事，兩
者未必相符合。拿何晏來說，他既然信仰清靜無為，就該當宅心物外，
淡泊寡欲；可是對於權力的競爭，比平常人還要熱衷。他附和著曹爽，
結黨弄權，製造出許多的政治糾紛。他聽說，平原人管輅❻通明術數，

---

❻　輅字公明，平原人，容貌粗醜無威儀，嗜酒，飲食言戲，不擇交遊，人多愛

能知過去未來之事。有一天，他特別召見管輅，鄧颺也同時在座。大家討論起《易經》，何晏因請管輅試作一卦，問：「官位可至三公否？」又問：「連日夢見青蠅數十，來集鼻上，驅之不去，未譖主何吉凶？」管輅道：「昔者八元八凱輔佐舜王，周公輔佐成王，皆以和惠謙恭，享有多福，此不須卜筮而自能明也！如今君侯位尊勢重，而懷德者鮮，畏威者眾，此非求福之道也。鼻者，天中之山，高而不危，乃能長守富貴。青蠅乃惡臭之物，而集於此，不可不深思也。夫位峻者顛，勢豪者亡，願君侯哀多益寡，非禮勿履，然後三公可至，青蠅可驅也。」鄧颺道：「此乃老生常談！」管輅道：「夫老生者見不生，常談者見不談！」何晏與鄧颺大為不快，遂不歡而散。後來管輅回到家中，把這話告訴他的舅父，他舅父大大責備他，不該如此唐突，開罪權要。管輅道：「我與死人講話，又何所畏忌！」

這曹魏政局的嬗變，自然引起吳、蜀兩國的注意。吳主孫權認為這又是一個北伐的機會，便在正始二年（241 年）的夏天，分別派遣大將全琮進攻淮南，諸葛恪進攻六安，朱然進攻樊城，諸葛瑾進攻相中❼，結果四路軍隊都被魏人擊退，竟然無功。蜀漢大將軍蔣琬，本想策應吳人，同時進兵，及見吳師失利，便按兵未動。而秉承諸葛亮的遺規，先向西北方慢慢發展，與尚書令費禕聯名表舉姜維為涼州刺史，屯兵西北，去經略羌胡。蔣琬自從蜀延熙元年（238 年）繼諸葛亮駐軍漢中以來，雖然寂寂無聞，沒有任何舉動，可是保境安民，老成謀國，能夠撐持住蜀漢的艱難局面，亦復不易。尤其他的待人治事，煦和誠篤，有非常的修養。他在延熙六年（243 年），因病告休，蜀主劉禪便以費禕代琬為大將軍錄尚書事。而以漢中太守王平為鎮北將軍，屯守漢中。

之。深通《易》卦，善占卜，能知未來事，言多奇驗，《三國志‧魏書》有傳，述其奇蹟甚多，而裴註引輅別傳，所記尤詳。然而中多神話，不足盡信。蓋與華佗之醫術，同為當代神祕性之人物。

❼ 一作沮中，在湖北南漳西，沮水之旁，故一名沮中。

　　時魏曹爽以夏侯玄為征西將軍都督雍、涼諸軍事，鎮守關中。夏侯玄是夏侯淵的姪兒，和曹爽又是姑表兄弟，他出身貴冑子弟，與何晏、鄧颺等友善，同好談玄，既鎮關中，特聘李勝為長史。何晏、鄧颺、丁謐、李勝這班新貴，聞知蔣琬病廢，漢中空虛，為了建立功名，相與鼓勵曹爽、夏侯玄，趁此良機，進兵漢中，如能一舉滅蜀，則可建曠世之奇勳，立聲威於天下。曹爽大為興奮，滿朝文武也都隨聲附和，只有太傅司馬懿期期以為不可，而曹爽不聽。就在正始五年（244 年）春三月，大將軍曹爽親臨關中，聯合夏侯玄，共發大兵十萬人，從駱谷穿越秦嶺，大舉進攻漢中。

　　這時蜀漢留守在漢中的軍隊，不過三萬人。幾年來漢中沒有戰事，一旦大敵入寇，人人震恐。幸賴鎮北將軍王平從容鎮靜，調度有方。在洋縣❽之北四十二里，地當駱谷之口有山曰興勢坡，四山壁立，中有盤道迴旋而上，內為大谷，其狀若城，形勢險峻非常。王平料度魏軍如出駱谷必經興勢，就調派護軍將軍劉敏先率領一支精兵，據守在興勢，與漢中為犄角，然後再求救於費禕。正始五年四月，曹爽與夏侯玄的大軍走出駱谷，果被興勢之兵所遏阻，不能前進，四山伏兵的飛矢如蝗，魏軍死傷狼藉。加以後方運輸困難，牛馬騾驢，倒斃在谷中的不計其數，緣途所徵民夫號泣於道路。一時陷於進退維谷，又聞蜀中的大軍將到。魏參軍楊偉打開地圖，向曹爽指出山形地勢之不利，說如不趕緊撤兵，勢將全軍覆沒。那夏侯玄本是書生，未經大戰，看此情形，先已慌了手腳，跟著接到太傅司馬懿的緊急文書，書中略稱：

　　「昔武皇帝再入漢中，幾至大敗，君所知也。今興勢至險，蜀已先據，若進不獲戰，退見邀絕，覆軍必矣，將何以任其責！」

　　夏侯玄大懼，便勸曹爽撤兵。這時蜀中費禕的援軍已到，趁魏師的

---

❽　即今陝西洋縣。

撤退，分做了幾股奇兵，繞出山中小路，從中途截擊魏軍。曹爽、夏侯玄督帥士卒，苦戰得脫。回到了關中，點一點人馬，損失過半。未曾建立功勳，反而招致了一場莫大的犧牲，曹爽的聲望大受打擊。相反的，蜀漢大將軍費禕的聲望，卻因此提高。是年蔣琬的病勢不起，蜀主即以費禕兼代蔣琬的益州刺史。尚書令一職，則以董允充任。這費禕的識悟過人，前為尚書令時，軍國事多，文書猥集，費禕是一目十行，隨閱隨批，案無積牘。同時接見賓客，處理政務。公餘之暇，還要飲食遊戲，圍棋取樂，雖千頭萬緒之事，應付起來，是從容不迫。及至董允做尚書令，最初也學費禕的態度，不慌不忙，那知不到十天功夫，案頭的公文，已積壓如山。董允不禁嘆道：「人之才力，其不同如此！文偉誠非吾之所及也！」從此乃埋頭案牘，不問外事，僅僅這一個尚書令的職務，已經把董允壓得透不過氣來，不到一年，就積勞而死。這董允雖乏捷才，但誠篤謹慎，是個公忠體國，正直負責的人。他早年為太子洗馬，素為蜀主劉禪所敬畏，以後為侍中，為尚書令，經常在皇帝身旁，正顏匡君，規過勸善，劉禪因之不敢為非。晚近劉禪寵任宦官黃皓，黃皓是個便佞小人，朝臣多半阿附，獨董允不假辭色。及至董允去世，黃皓遂日益驕寵，而蜀主劉禪也無所忌憚。在董允去世的前一月，蔣琬也病故。人物凋零，單靠一個費禕，獨木難支大廈，這蜀中的局面便一天比一天慘淡了！

　　蜀漢蔣琬、董允之死，都在魏正始六年（245 年）的冬天。明年是正始七年（246 年），是年魏幽州刺史毌丘儉大舉征伐高句麗，這在曹魏是一樁大事。原來朝鮮半島在西漢武帝時，曾征服其北部，建為四郡之地。到了西漢末年，四郡之地為來自北方的扶餘人所佔據，建立了一個高句麗國，半島的南部，則為濊貊與三韓之地。這高句麗國在漢魏之際，已是東北方的一個大國，佔有朝鮮的北境與滿州東南部安東、吉林一帶的地方，以長白山鴨綠江為其中心。據《三國志・魏書・高句麗傳》說：其國地方二千里，戶有三萬餘，多大山深谷，無平原廣澤。國都名丸都，從鴨綠江口溯流而上五百三十里而至丸都城，地在今吉林集安。自從司

馬懿討平公孫淵，收復了遼東，魏東北之幽州便與高句麗接壤，高句麗王位宮不時犯境。幽州刺史毌丘儉前以討公孫淵失敗，心中怏怏，屢欲立功以雪恥。於是就在正始七年春二月，率領所部兵馬，大舉討伐高句麗。位宮抵敵不住，大敗而走。毌丘儉攻入丸都城，大肆屠戮，斬獲首虜以千數。位宮向東北亡命，逃入沃沮。毌丘儉遣派玄菟太守王頎，將兵追趕，追出了一千多里，刻石記功而還。從此曹魏的國威遠震東夷，毌丘儉回到幽州之後，也聲譽日隆。不久，以功遷左將軍，監豫州諸軍事，領豫州刺史，轉鎮南將軍。這毌丘儉也是一個很會逢迎的人物，他一面在域外立功，一面又和朝中的權貴曹爽、夏侯玄及中書令李豐等相結納，成為一時的熱門人物。

再說曹爽自從伐蜀失敗，內心慚愧，深恐因此喪權失勢。遂與何晏、鄧颺、丁謐等，多樹朋黨，改變制度，以專擅朝政。因之與太傅司馬懿的磨擦日甚，積不相能。從正始八年（247 年）五月起，司馬懿乃稱疾不朝。於是曹爽大權獨攬，無復顧忌，生活起居，日益驕奢，飲食服飾，擬於天子，尚方珍玩，充斥於家。又私取先帝的宮人為伎樂，掘地作窟室，雕梁畫棟，歌舞雜陳，與何晏、鄧颺等，縱酒作樂於其中，過得昏天黑地。只有爽弟中領軍將軍曹羲深以為憂，作書三篇，力陳驕淫之禍，涕泣以勸曹爽，而曹爽不聽。夏侯玄的長史李勝，是曹爽的親信，駱谷歸來，調做滎陽太守，復升河南尹，正始九年（248 年）冬，再升荊州刺史。臨行之時，特往太傅府中，去謁見司馬懿辭行。但見司馬懿的白髮蒼蒼，衣巾不整，由兩個侍婢攙扶著出來。外衣方才披上，又脫落在地，兩眼無神，指口言渴。侍婢端上粥碗，司馬懿就碗邊啜吸，那粥隨著口角流出，霑滿胸襟。李勝見了這般光景，不禁嘆道：「人言明公舊病復發，何意尊體乃爾！」那司馬懿強自振作了半晌，才斷斷續續地說道：「年老枕疾，死在且夕。聞君屈任并州，并州地方靠近胡人，當好為之備，以後恐不復相見！」話猶未了，已老淚縱橫。李勝連忙解釋道：「當還忝本州，非并州也。」司馬懿不解，李勝復道：「當忝荊州。」司馬懿這

才聽得明白，嘆道：「年老意荒，聽覺不清，今君還為本州，盛德壯烈，正當為桑梓好建功勳！」李勝辭別出府，歸告曹爽道：「司馬公尸居餘氣，形神已離，不久人世矣！」因之曹爽、何晏等也就不復以司馬懿為意。而司馬懿卻令其子中護軍將軍司馬師與散騎常侍司馬昭，在宮廷內外，隨時覘候曹爽等人的動靜。

　　魏正始十年，春正月，甲午之日，大將軍曹爽，偕其諸弟中領軍將軍曹羲，武衛將軍曹訓，散騎常侍曹彥等，扈從著幼主曹芳，前往高平明帝陵上去掃墓。太傅司馬懿突然抖擻精神，升堂用事，與其子司馬師，矯傳太后聖旨，調動軍隊，佔據了武庫，關閉了城門。派兵出屯洛水浮橋，召司徒高柔假節行大將軍事，接收了曹爽的軍營。召太僕王觀行中領軍事，接收了曹羲的軍營。然後上書歷數曹爽的罪狀，請朝廷罷免曹爽兄弟的兵權，以列侯就第。一夕之間，天地變色。曹爽得書，手足失措，倉卒不知為計。暫留車駕露宿在伊水南岸，發屯田兵數千人以自衛。司馬懿又遣派朝中的尚書陳泰，侍中許允，與殿中校尉尹大目等，前赴行在，勸曹爽早自歸罪。只要交出兵權，可保富貴，並指洛水為誓，曹爽為之游移。這時有大司農沛國人桓範，不肯附和司馬懿，逃出洛城，走奔曹爽，勸曹爽立即挾天子南據許昌，召州鎮之兵以討伐司馬懿的叛變，事不宜遲。可是曹爽竟猶豫不能決，仗劍繞室徬徨，想了一天一夜，最後還是決定束身歸命，以息事寧人。擲劍於地道：「我亦不失做富家翁！」氣得桓範大罵道：「曹子丹❾佳人，生汝兄弟犢耳！」於是曹爽送陳泰、許允等回報司馬懿，司馬懿即迎接車駕還都，跟著天子下詔，將曹爽兄弟一齊免職，解除兵柄。曹爽原想，雖然失了政權，總可在家享福。那知司馬懿派了許多兵丁，在曹爽的侯府四隅，搭建四座高樓，著人經常守候在樓閣上，日夜窺伺曹爽的行動。曹爽偶然到後花園中散步，只聽得樓上有人高聲唱道：「故大將軍東南行！」弄得曹爽毫無自由，苦不堪言！

　　過了不到幾天，突然有司奏稱：黃門張當私以宮中才人送與曹爽，

❾　曹爽父曹真，字子丹。

其中必有奸情。於是詔收張當付廷尉拷問，旋即問出口供，說是曹爽與何晏、鄧颺、丁謐、畢軌、李勝等，陰謀造反，計畫在三月中旬發動。於是立刻收拿曹爽、曹羲、曹訓兄弟，與何晏、鄧颺、丁謐、畢軌、桓範等一千人犯入獄，一律論成了大逆不道之罪，與宦官張當都判了誅夷三族。這幾家，無分男女老幼，連姑姊妹之出嫁者，都一齊斬首，死者好幾百人，洛陽東市上，血流成渠。這是一幕慘烈的政變，在這幕政變中，多少家，家破人亡，卻也貽留下許多動人的故事。曹爽有從弟曹文叔，娶夏侯令之女為妻。文叔早死，令女守寡而無子，父母強逼她改嫁，令女不從，自截兩耳，誓不二夫，父母只得聽其守志，平時寄居在曹爽家中。這次曹爽全家族滅，夏侯氏便將令女接回娘家，再度勸她改嫁，令女在寢室中，趁人不備，又用刀自斷其鼻，一時血流如注，驚動了家人。家人相與勸慰道：「人生世間，有如輕塵之附弱草，何自苦乃爾！何況夫家夷滅已盡，你又為誰守寡？」令女嘆道：「我聞仁者不以盛衰改節，義者不以存亡易心。曹氏盛時，我還要為他守節，如今衰亡，更不忍背棄！夫忘恩負義，乃禽獸之行，我何能為！」這椿事居然連那老奸狠毒的司馬懿也為之感動，聽令收養了一個螟蛉義子，以為曹家之後。

曹爽被殺，夏侯玄也被徵入京師為大鴻臚，而以雍州刺史郭淮代為征西將軍。有夏侯淵之子夏侯霸素與曹爽親善，時為討蜀護軍，駐兵在隴西，看見爽死玄遷，恐怕遇禍，竟亡降於蜀漢。於是曹爽之黨，或死、或貶、或亡、或遷，一時皆盡。這時太傅司馬懿是威震天下，權勢無比，朝廷內外，人人側目。

魏征東將軍王淩，都督揚州諸軍事，擁重兵屯駐在淮南壽春。淩字彥雲，太原人，為曹魏宿將，歷仕三朝。封南鄉侯，官拜司空、太尉。他見幼主闇弱，司馬專權，心中憤憤不平，便與其外甥兗州刺史令狐愚，密謀廢立。擬擁奉楚王曹彪為帝，建都許昌，以抵制司馬懿。那知不久令狐愚病卒，事為繼任兗州刺史黃華所發覺，就向司馬懿告密。司馬懿得知，卻不動聲色，暗中稟知幼主，先下詔宣布王淩的罪狀於天下，繼

又下詔申述朝廷恩典，將赦罪責功，從寬發落。然後司馬懿又親筆寫了一封私信給王淩，措辭極其溫和，多所解諭。弄得王淩心慌意亂，莫知所從。正在困惑之時，司馬懿已親率水陸大軍，以迅雷不及掩耳之勢來討伐王淩。待得王淩發覺，大軍已到了揚州北境。王淩無法抵抗。因有司馬懿的書簡在先，便率領左右隨從，乘了一隻小舟，來迎接司馬懿。先著人獻上印綬節鉞，向司馬懿面縛請罪。司馬懿便派他的主簿，過船來稱述天子赦旨，為王淩解了繩縛，王淩心喜，以為可以獲免，自念平日與司馬懿原有舊交，乃催舟前進，擬登大船來與司馬懿面敘契闊。不料被司馬懿的兵士喝止，不得靠攏。王淩站在船頭，和司馬懿相距僅有十餘丈，乃遙謂司馬懿道：「卿既折簡相邀，何又勞師動眾？」司馬懿答道：「恐卿不來耳！」淩呼道：「卿負我！」懿道：「我寧負卿不負國家！」便派遣步騎六百人，押解著王淩前往京師。臨行時，王淩試探司馬懿的意向，問他索取棺釘，懿即命如數付給。王淩這才知道絕無生望，於行至中途項城地方，飲藥自殺。臨死時，顧左右嘆道：「何意行年八十，身名並裂！」司馬懿親到壽春窮治其事，賜楚王曹彪死，凡連帶有關者全夷三族，這是繼曹爽之獄後，又一次血腥的屠殺。

曹爽之誅是在魏正始十年正月，是年四月改元嘉平，所以嘉平元年也就是正始十年。王淩之死，是在嘉平三年（251 年）五月，兩事相距是兩年零四個月。司馬懿自從殺死曹爽、王淩之後，也許是心理上的作祟，總是精神恍惚，坐臥不寧，夜晚一閉眼睛，就看見王淩前來索命。到了嘉平三年八月戊寅之日，突得暴病而死，死年七十三歲，距王淩之死，僅僅三個月。司馬懿死後，其長子司馬師遂為撫軍大將軍錄尚書事，繼承司馬懿掌握政權。

現在放下北方的曹魏，我們來談南方的東吳政局。吳主孫權原配謝夫人早死，繼室徐夫人，夫人無出。孫權長子孫登乃庶妾所生，因其母微賤，遂令夫人撫養孫登為己子。孫權稱帝之後，立孫登為太子。本當立徐夫人為后，可是孫權喜愛的是步夫人與王夫人。步夫人臨淮淮陰人，

是丞相步騭的同族，以貌美寵冠後宮。所生二女，長女小名大虎，先嫁周循（周瑜長子），後嫁全琮，次女小虎，嫁給劉纂。王夫人琅邪人，以姿色選入宮中，生皇子孫和。孫權原意想策立步夫人為皇后，而礙於徐夫人，難以啟齒，因之遲疑未決，一拖就是十幾年。後來步夫人、徐夫人與太子登，都相繼去世，這個問題也就自然解決。於是在赤烏四年（即魏正始二年），策立孫和為太子。孫權雖立和為太子，卻喜愛幼子孫霸，封霸為魯王。太子與魯王，兄弟二人的禮制俸秩完全一樣。魯王的師傅尚書僕射是儀以為不可，上書諫曰：「二宮宜有降殺，以正上下之序，明教化之本。」孫權不聽。因之，就有一班趨炎附勢投機取巧的小人，附和兩宮，各為朋黨，而互相標榜，彼此攻擊，惹出了許多是是非非。

東吳丞相顧雍，為人老成持重，正色立朝，對於國家忠心耿耿，處理政務輕重得體。平時不飲酒，不聽樂，不苟言笑，態度非常嚴肅。孫權之於顧雍，深懷敬畏，有雍在朝，從天子以至群僚，都有所忌憚，不敢放肆。這顧雍從黃武四年（225 年）拜相，整整做了十九年的宰相，到赤烏六年（即魏正始四年，243 年）冬天去世。赤烏七年（244 年）春，遂以荊州牧上大將軍陸遜為丞相，但陸遜坐鎮荊州二十餘年，為國家砥柱，這西陲的軍事重任不能擅離，僅遙領一個丞相的名義。從此朝堂空虛，匡正無人，群小張目，政事日非。孫權的駙馬全琮，時為衛將軍徐州牧，見魯王承寵，便令其子全寄事奉魯王。全寄的母親大虎，人稱為全公主，一向與王夫人不睦，就慫恿著兒子協助魯王打擊太子。魯王復結交名士，招待賓客，以擴張聲勢。於是，兩宮之間的摩擦日甚，糾紛日多。事為孫權所聞，乃嚴禁賓客往來於兩府之間。孫權幾次擬立王夫人為后，都被全公主阻撓。公主更從中鼓唇弄舌，挑撥是非。時孫權年老多病，心神恍惚，一日令太子前往長沙桓王廟❿中去禱告祈禳。廟在建康城中朱雀橋南，靠近太子妃叔父張休的府第，太子禱告完畢就順便到張府一敘。全公主就報告孫權說太子不在廟中而在妃家議事，又說王

---

❿　即孫策廟，策追諡長沙桓王。

夫人見主病而有喜色。孫權大為震怒，將王夫人叫來，訓斥了一番，王夫人為之驚憂而死，於是魯王之黨，全寄、楊竺、吳安、孫奇等，趁勢製造謠言，毀謗太子。事為陸遜所悉，便從荊州上書諫諍曰：

「太子正統，宜有磐石之固，魯王藩臣，當使寵秩有差，彼此得所，上下獲安。」

一連上了幾道表章，孫權都沒有理睬，反而心中為之不快。太子太傅吾粲字孔休，吳郡人，和陸遜是同鄉，為了太子之事，上書朝廷，請遣魯王出鎮夏口，將楊竺等趕出京師，吾粲又與陸遜互通書信。魯王恐懼，乃與楊竺等反誣吾粲、陸遜朋比為奸，控告了陸遜二十條罪狀。孫權根據控告，竟將吾粲下獄，判了死罪。丞相陸遜的功高位重，不便查辦，乃遣派中使，去盤詢陸遜，陸遜為之憤恚而死，時在赤烏八年（即魏正始六年）。陸遜既死，孫權命其子陸抗襲爵。抗字幼節，時年方二十歲，拜建武校尉，率領著荊州步卒五千人，奉送父喪，東歸安葬，並進京謝恩。孫權召見，就便詢以楊竺等所控二十事，那陸抗卻不慌不忙，侃侃而談，將他父親二十條冤枉，洗刷得清清楚楚，剖釋得明明白白，孫權為之意消，並對陸抗十分欽重。果是將門虎子，畢竟不凡！

孫權任命驃騎將軍步騭為丞相，繼代陸遜，以車騎將軍朱然與衛將軍全琮為左右兩大司馬，協助步騭。又分荊州為兩部，自武昌❶以西為右部，以東為左部，用鎮南將軍呂岱為上大將軍，都督右部，用威北將軍諸葛恪為大將軍，都督左部，鎮守武昌。

吳帝孫權到了晚年，又特別寵愛潘夫人，及其所生幼子孫亮。自從孫亮得寵，遂不復喜愛魯王。加之魯王與太子的樹黨交惡，使孫權非常傷心，嘗與侍中孫峻嘆道：「子弟不睦，臣下分黨，將如袁本初之為天下人所恥笑！」遂決定併廢太子與魯王，而立孫亮為太子。於赤烏十三年（即

❶　即今湖北鄂城，原為吳孫權所置，名為武昌者，意謂用武而昌也。

魏嘉平二年，250年）秋，先將太子和幽禁，有驃騎將軍朱據上書諫曰：

「太子，國之本根，加以雅性仁孝，天下歸心。昔晉獻用驪姬而申生不存，漢武信江充而戾太子冤死。臣竊懼太子不堪其憂，雖立思子之宮，無所復及矣！」

孫權不聽，群臣屈晃、陳正、陳象等又紛紛上書極諫，辭旨激切，反而將孫權觸怒，把這些忠臣，廷杖的廷杖，誅殺的誅殺，索性將魯王孫霸賜死，將太子和廢為庶人，流放到鄣縣，魯王之黨楊竺、全寄、吳安、孫奇等，一齊斬首。赤烏十三年冬十一月策立孫亮為太子，明年，立潘夫人為皇后。陸遜之子陸抗，時為立節中郎將，屯兵柴桑，回京治病，病癒返任，特入朝陛辭。孫權見了陸抗，不禁想起了陸遜，流淚道：「我先前誤聽讒言，為了魯王之事，怪罪汝父，及今思之，深為悔恨！現將當年來往書疏，一齊焚滅，莫令人知！」陸抗感激涕零，頓首謝恩！

孫權本已年邁，再加上這些兒女煩心之事，體氣日衰。在太元元年（251年）冬十一月，到南郊祭天，受了風寒，回宮之後，便一病不起。孫權慮太子年幼，不知當託孤何人。侍中孫峻字子遠，為孫權的叔父孫靜之曾孫，一向為孫權所信任，常在左右，因舉薦大將軍諸葛恪。孫權考慮諸葛恪雖然精明能幹，但恃才傲物好自用。孫峻道：「方今朝臣，無人能及諸葛恪者！」孫權乃遣使徵諸葛恪入朝。諸葛恪從武昌起程時，右部都督呂岱特來送行，臨別贈言道：「世事多艱，望君每事要十思而後行！」諸葛恪道：「昔季文子三思而後行，夫子曰：再思可矣！今君何以教我要十思？」呂岱一時語塞，竟不知所對。諸葛恪到了建業不久，吳帝孫權即病歿，享壽七十一歲，時為太元二年（252年）四月。諸葛恪與侍中孫峻、中書令孫弘、太常滕胤，及將軍呂據，同受遺詔輔政。中書令孫弘素與諸葛恪不睦，吳主駕崩，弘祕不發喪，欲矯詔以誅諸葛恪。事被諸葛恪發覺，便召孫弘議事，就座中撲殺孫弘，然後為吳主發喪，奉太子

孫亮即位，改元建興。孫亮即位時，年方十歲，詔以諸葛恪為太傅，滕
胤為衛將軍，呂岱為大司馬，而諸葛恪大權獨攬。

　　卻說這諸葛恪字元遜，乃前大將軍諸葛瑾的長子，自幼聰明伶俐，
才思過人，每接見賓客，能臨機應變，對答如流，有神童之目。孫權常
在諸葛瑾面前贊嘆道：「藍田生玉，真不虛也！」有一次，孫權大宴群臣，
酒後作樂，使人牽來一隻毛驢，看那驢面上，先已寫了四個大字，是「諸
葛子瑜」。原來諸葛瑾的面部特長，生就一副驢臉，這是孫權有意要和諸
葛瑾開玩笑。諸葛恪見了，邁步上前，走到丹墀跪下，請求賜筆要增添
二字，孫權許之。那諸葛恪就提筆在「子瑜」之下加了「之驢」二字，
舉座大笑。孫權就將那隻毛驢，賜給諸葛恪以為紀念。又一天，諸葛恪
謁見孫權，孫權問他：「你看你父親比你叔父，誰好？」恪應聲道：「自然
臣父為優！」權問其故？恪答道：「臣父能知擇主而事，但叔父不知！」孫
權大喜。又一天，也是朝堂歡宴，孫權特命諸葛恪行酒。酒到張昭座前，
昭一向態度嚴肅，這時業已半醉，乃拒不肯飲曰：「此非養老之禮也！」
孫權便命諸葛恪道：「卿如能令張公辭屈，張公便當飲酒。」諸葛恪乃執
杯上前相勸道：「昔年周尚父，年高九十，尚秉旄仗鉞，未曾告老；如今
軍旅之事，請將軍在後，而酒飲之事，請將軍在先，何得謂不養老邪！」
張昭反被這小孩子說得無辭以對，乃舉杯一飲而盡，滿座皆歡。又一次
也是朝堂盛會，張昭在座，孫權抬頭看見庭前樹上飛來一隻白頭鳥，問
道：「此乃何鳥？」諸葛恪於庭下應聲對曰：「此白頭翁也！」張昭的年事
最高，白髮盈顛，聽了頗為不懌，以為諸葛恪是有意譏諷，便在一旁說
道：「我就不曾聽說有鳥名白頭公，諸葛恪是有意欺君，請問他既有白頭
公，可有白頭母？」諸葛恪應聲道：「請問張公，鳥名鸚母可有鸚父？」張
昭不能答，舉座又大笑。其捷才如此，所以年僅弱冠，即拜騎都尉，和
吳中名士顧譚、張休等，同為太子賓客。諸葛恪長得體貌豐頤，眉清目
秀，有一天，孫權問他：「何以養生，如此豐澤？」恪答道：「臣聞富潤屋，
德潤身，臣亦唯修身而已！」孫權為之稱善。又一天，和太子談笑，太子

微噴，乃罵：「諸葛元遜當食馬屎！」諸葛恪不敢唐突太子，卻又不甘屈服，乃婉言道：「願請太子吃雞蛋！」孫權一旁聽了，說道：「他罵你吃屎，你為什麼請他吃蛋？」諸葛恪道：「香臭雖異，出處則同耳！」孫權大笑。像這一類的逸事趣話，不勝備述。諸葛恪遂以少年才智著名。在三十二歲，平山賊立功，就拜撫越將軍領丹陽太守，做了方面大臣，授綮戟武騎三百，前呼後擁，衣錦還鄉，好不威風。可是諸葛瑾並不歡喜，認為他的鋒芒太露，意氣太驕，嘗嘆道：「恪不大興我家，則將大赤我族也！」吳嘉禾六年（即魏景初元年）孫權拜恪威北將軍，封都鄉侯屯兵廬江。赤烏四年（即魏正始二年）諸葛瑾去世，因諸葛恪業已封侯，便以恪弟諸葛融襲封父爵為宛陵侯，繼統瑾軍駐兵公安。到赤烏八年上大將軍陸遜病故，孫權便以諸葛恪為大將軍假節駐武昌，代遜領荊州事。如今受顧託之命，身居太傅，位極人臣，不免要建功立業，表現一番，方不負平生志氣。於是秉政伊始，即下詔罷視聽，息校官 ❶❷，原逋責，除關稅，盡革前朝弊端，除舊布新，示與民更始。一時國人歡動，頌聲載道，每逢諸葛恪出入朝門，京師裡的百姓，都擁擠在街頭，願一瞻太傅的丰采為快！

　　諸葛恪要內修政教，外立邊功。於是先加強國防，在巢湖的南岸，濡須一帶，重建東興大堤 ❶❸，於大堤兩端，倚山臨水，建築了兩座堅固的城堡，遙遙相望。遣派將軍全端率兵千人，駐守在西城；都尉留略率兵千人，駐守在東城。對曹魏採取一種攻勢的防禦。

　　卻說這時北方，繼王淩而為揚州刺史鎮守在壽春的，是鎮東將軍諸葛誕。諸葛誕聞說孫權去世，幼主繼位，上書請求乘此時機發兵南征。一時征南大將軍王昶、征東將軍胡遵、鎮南將軍毌丘儉等，紛紛進獻征

---

❶❷ 孫權特置校官，執掌檢查官府州郡文書，以為國家耳目，為人所病，今除之，亦即罷視聽也。

❶❸ 濡須山參見本書第三講，呂蒙建議築濡須塢事，濡須塢又稱東興大堤。其兩端，一端在濡須山築城堡，曰東關。一端在七寶山築城堡，曰西關。

吳之計。司馬師大為興奮，即於嘉平四年（252 年）十月，下令南征。共分三路進兵，派遣征南大將軍王昶，進攻荊州的南郡；鎮南將軍毌丘儉進攻荊州的武昌；征東將軍胡遵與鎮東將軍諸葛誕合率大軍七萬人，進攻揚州的東興。三路之中，以東路為主力。東吳太傅諸葛恪得訊，急將兵四萬人，晨夜兼行，來救東興。魏胡遵、諸葛誕的大軍，先已進抵巢湖，搭造浮橋，紛擁渡水，一舉而攻佔了東興大堤，就在堤上安營紮寨，然後再分兵兩路，來圍攻東西兩城。因城壘鞏固，急切未能攻下。適於此時，諸葛恪的援兵趕到。即命冠軍將軍丁奉與部將呂據、留贊、唐咨等為先鋒，率領敢死士，來反撲東興。這丁奉字承淵，乃廬江安豐人，前為大將甘寧部下，每戰必身先士卒，驍勇非常，屢立奇功，故擢為冠軍將軍。所率先鋒部隊，雖僅有三千人，皆江湖健兒。那時正是十二月初，歲末隆冬，他們撲抵東關山下，正逢漫天大雪。從雪花中，隱約望見魏軍正在山上置酒高會，三五成群，漫無戒備。丁奉顧謂左右道：「封侯獲賞，就在今朝！」令士卒都脫鎧甲，只戴兜鍪，各持刀楯，短袴裸身，緣山而上。有些魏兵從遠處發現，見狀無不大笑，認為這批吳兵是前來送死。那知這批敢死隊，爬上山來，一個個像生龍活虎一般，肉搏而前，白刃相交，一場血戰，竟將魏軍殺得落花流水，四散奔潰。浮橋又被吳軍破壞，魏兵落水者，不計其數。魏將韓綜、桓嘉皆陣亡。諸葛恪這一戰成功，擊退了魏軍，奪回了東興。那王昶、毌丘儉的兩路軍隊，聞知東路主力大軍潰敗，也各自燒屯而走。司馬師以諸葛誕、胡遵出師失利，便將諸葛誕與毌丘儉相對調，以諸葛誕為鎮南將軍，令都督豫州；而以毌丘儉為鎮東將軍，都督揚州，屯兵壽春。司馬師伐吳失敗，深以諸葛恪為憂。光祿大夫張緝道：「諸葛恪雖然僥倖得勝，我看他不久將死！」司馬師詫問其故？張緝道：「威震人主，功蓋其國，求不死，得乎！」

　　諸葛恪自東興凱旋還朝，晉封陽都侯，加荊、揚二州牧，都督中外諸軍事，威震朝野。諸葛恪一勝而驕，遂有輕敵之心，決志乘勝大舉伐魏。朝中大臣多以為不可輕舉妄動，而諸葛恪不聽。即於建興二年（即

魏嘉平五年，253 年）大發州郡之兵二十萬人，親將北伐。留下衞將軍滕胤為都下督，掌統留後。

諸葛恪統率大軍渡江，直取淮南。五月間，大舉圍攻合肥新城，因為新城是淮南的門戶，壽春的外圍，乃兵家必爭之地。司馬師得報，即調遣太尉司馬孚，也率領大軍二十萬人，前往赴援。卻密令鎮東將軍毌丘儉，守住壽春，暫時按兵不動，先以新城委吳，以消耗諸葛恪的實力。當時守新城的魏將，乃涿郡人張特，城中守兵不過三千人。諸葛恪攻打了兩個多月，城中軍民死傷過半，眼看城池就要陷落。張特遣人出城向吳軍洽降，說道：「魏家軍法，凡守城過百日而救兵不到時，守城將吏投降敵人其家屬可以不連坐。如今新城被圍已九十餘日，如吳軍能稍寬攻擊，俟滿百日一定舉城歸降，庶免軍民塗炭。」諸葛恪聽他說得哀切有理，信以為真，遂下令緩攻。那知中了張特的緩兵之計，乘此修補城垣，重整軍備，繼續抗戰。並告吳人說：「我魏軍寧肯全城戰死，決不投降！」諸葛恪大怒，乃督師猛攻。一時城牆之下，屍積如山，仍然攻打不下。時正六、七月間，當盛暑氣候，軍中傷亡眾多，引起病疫，死者狼藉。諸葛恪十分焦慮，突然探馬報道，魏太傅司馬孚率領大兵二十萬人殺奔新城而來。同時朝廷中催促撤兵的聖旨，也雪片飛到。諸葛恪心慌意亂，只得趕忙下令撤退。一路之上，士卒興病扶傷，或顛仆溝壑，哭聲震野。許多落後的士卒，都被魏人所俘。這一次戰役，吳軍損失了好幾萬人。

諸葛恪在八月間回到建業，羞恨交集，情緒惡劣，先召中書令孫嘿來，大罵一頓，罵他不該屢作詔書，催促撤兵，以致動搖軍心，又將留守將吏，嚴厲的申斥了一番。凡留守期間朝中新任命的官吏，一律撤職。一日數怒，人人自危，弄得朝野雞犬不寧，怨聲載道。於是諸葛恪的聲望，竟在半年之間一落千丈。諸葛恪也發覺自己的處境惡劣，乃出入嚴兵以自衞。又派人監視幼主，想要調動宮中的衞士。這樣一來，就與掌管禁衞軍的武衞將軍孫峻發生了嚴重的矛盾。

孫峻一直是東吳朝廷中的一個機要人物，孫權在日，官居侍中，原

與諸葛恪友善，恪之受詔輔政，本由孫峻的全力保舉。可是自從幼主即位，諸葛恪當政之後，凡事獨斷獨行，全不理睬孫峻，孫峻乃退領武衛將軍典管宿衛兵，藉宮衛以自重。兩人因為權勢利害的衝突，漸漸的化友為敵，而水火日深。但孫峻在表面上，卻不露聲色，儘量的依隨附衍，卻暗地裡在小皇帝面前報告說諸葛恪有造反陰謀。於是君臣定計，布置妥當，在皇宮中擺下宴席，宣詔太傅入宮飲宴。那諸葛恪全然不曉，即率領左右衛士奉詔入宮。行至宮門，依例駐兵門外，自己劍履上殿，參見了幼主，然後謝恩入座。持爵欲飲，忽有所疑。孫峻一旁說道：「聞使君新病未癒，如有平時常服藥酒，不妨取來自飲。」恪乃心安，就叫左右取酒自飲，不覺暢飲了幾杯，醺醺然已有醉意。抬頭一看，忽然席前不見了幼主與孫峻，為之一驚。忽見孫峻換了全身戎裝，從側面持刀而入，大聲高呼：「奉聖旨，收諸葛恪！」諸葛恪急忙拔劍而起，寶劍尚未出鞘，已血肉橫飛，身首異處，被砍死在殿中。殿外的武衛軍士，也都拔刀持劍，蠡擁上殿。孫峻又高聲道：「諸葛恪已死，你們可以下去！」軍士們才收刀散退。事後，孫峻叫人把諸葛恪的屍體，用蘆席一裹，竹篾綑起，丟在建業城南的一塊亂葬地裡，那地名叫做石子岡，就有好事的人編出幾句童謠說道：

「諸葛恪，蘆葦單衣篾鉤落，於何相求成子閣。」❹

諸葛恪的妻子在家中聞變，慌忙逃出建業，行至中途，為孫峻的追兵殺死。孫峻又遣人前往公安殺死諸葛恪的兄弟奮威將軍諸葛融，及其三子。再說前者被廢為庶人的太子和，在太元二年改封為南陽王，遷居長沙，王妃張氏是諸葛恪的外甥女。當時謠傳，說諸葛恪有意要迎立南陽王和為帝，孫峻乃遣人收和璽綬，傳詔賜死。和妃張氏也一同仰藥自殺。孫和諸子皓、德、謙、俊，賴庶妾何氏守節撫孤，得以保全。

---

❹ 成子閣即石子岡也。

　　這武衛將軍孫峻，既殺死諸葛恪，遂自為丞相大將軍都督中外諸軍事，總攬內外，大作威福，比諸葛恪更加驕橫，群臣為之終日皇皇。

　　當東吳朝廷中發生孫峻謀殺諸葛恪這幕政變的同時，北方的曹魏朝廷之中，也發生了一幕不大不小的事變。曹魏中書令李豐，字安國，博學多才，久居機要。他在十七、八歲時，便名滿海內，從魏明帝時便任職中樞。他和征西將軍夏侯玄，及張皇后的父親光祿大夫張緝，還有中領軍許允，交情最深，這幾個人意氣相投，同為名士，同負社會清望。李豐之子李韜尚明帝女齊長公主，諸弟李翼、李偉也都官至郡太守，一門貴顯。初當曹爽用事，和司馬懿明爭暗鬥的時候，李豐正做尚書僕射，他兩面都不得罪，依違於二者之間，是一個溫和的中立人物。所以那時有幾句歌謠說得好：

　　「曹爽之勢熱如湯，太傅父子冷如漿，李豐兄弟如游光。」

　　因為他這種騎牆態度，所以曹爽之誅，李豐沒有被禍，但也不為司馬氏父子所信任。李豐的好友夏侯玄，因為是曹爽的表兄弟，被司馬懿革掉了征西將軍之職，調進京師，派給他一個大鴻臚的頭銜，投閒置散，等於軟禁。他住在京師，韜光養晦，深居簡出，平時除與李豐兄弟及許允、張緝來往之外，很少和別人接觸。及至司馬懿去世，許允特向夏侯玄賀喜道：「從此可以無憂矣！」夏侯玄嘆道：「卿何見事之不明，仲達猶能以通家年少待我，子元（司馬師字）、子上（司馬昭字）不我容也！」果然，司馬師當政之後，其專橫跋扈，比之乃父是有過之而無不及。李豐兩朝中書令，典管宮中的文書機密，又和皇帝是至親，所以經常被幼主召見，在宮中密談，因之引起了司馬師的疑心，對於李豐等人的行動特別注意。在魏嘉平六年（254 年）二月，有一天李豐又被皇帝留在宮中長談，出宮後便為司馬師叫去仔細的盤問，問他在宮中所談何事。李豐一時言語支吾，司馬師大吼一聲，立命左右力士，舉起刀環，一頓亂

捶，捶得腦漿迸裂而死。死後，還叫將屍體抬付廷尉查辦。一時雷厲風行，派人把豐子李韜與夏侯玄、張緝等，一齊捉拿下獄，命廷尉嚴訊。廷尉鍾毓不敢違拗，就在獄中親自審問。那夏侯玄乃一代名士，抗言答辯，辭色不屈。鍾毓無可奈何，最後代夏侯玄假作了一篇供狀，招認與李豐、張緝等同謀作亂，要殺害大將軍。於是將夏侯玄、張緝，及已死的李豐，都判了大逆不道之罪，夷滅三族。獄成之後，獨有許允未被株連，可是許允心中忐忑，終日坐立不安。李豐、夏侯玄之獄，是在魏嘉平六年二月，上距吳建興二年冬諸葛恪之死，是四個月。又過了四個月，到了魏嘉平六年的秋天，鎮北將軍劉靜去世，朝廷任命許允繼任鎮北將軍都督河北諸軍事，許允大為歡喜。天子召會群臣，特為許允送行，君臣話別，不覺相對流涕。許允回到家中，正要整裝就道，突然有司追尋舊案，奏控許允以前散放官物，有貪汙之罪，罪情未清，不能上任。就將許允拿付廷尉，判了免職徙邊之罪，把許允流放到樂浪，不曾到達，就死在途中。

這許允字士宗，高陽人，世代仕宦，妻室阮氏，性情賢慧，而相貌醜陋。新婚之夕，交拜之後，許允不肯進入洞房。經好友桓範苦苦相勸，才勉強入室，與新婦舉行了合巹之禮，匆匆又要離去。新婦捉裾相留，許允乃顧謂新婦道：「婦有四德，卿有幾德？」阮氏反問道：「士有百行，不知君有幾行？」許允道：「我行行皆備。」阮氏道：「夫百行以德為首，君好色而不好德，何謂皆備？」許允為之折服，遂相親愛。後來生了兩個兒子許奇、許猛，也都聰明伶俐。當許允奉命出任鎮北將軍之時，喜謂阮氏道：「我今得免矣！」又談到朝堂之上，天子如何依依不捨，阮氏嘆道：「如此，將速禍，何免之有！」果然，轉瞬被收。及許允流放，阮氏帶著兩個孩兒避地隱居。司馬師派遣他的心腹人鍾毓之弟鍾會前往探視，如若其子有才便當收殺。阮氏聞說大將軍的使者來到，忙把兩個孩兒叫到一邊，教以如此這般。及鍾會見了許氏兄弟，看他們面無戚容，語無倫次，遂回報大將軍，得免於難。

　　究竟這中書令李豐與皇帝密談何事，夏侯玄等有無陰謀，皇帝何以要為許允送行，而君臣相對流涕？這都是歷史上的疑案，其內幕如何，是無從得知。但知李豐等被誅之後，少帝曹芳悒悒不平，怨恚形於辭色。司馬師乃於嘉平六年九月，假借太后的名義，召集群臣，宣布少帝荒淫無度，褻近倡優，不能承當天緒。群臣唯唯，遂決議仍廢帝為齊王。就派散騎常侍郭芝入宮去稟白太后，原來郭芝就是郭太后的叔父。郭芝走進皇宮，看見郭太后正與皇帝對坐談天，便向前奏道：「大將軍有命，要廢除陛下！」少帝聞語拂袖而起，走入內室。太后默坐無言，面色沈重。郭芝道：「太后有子不能教，如今大將軍主意已定，又勒兵宮外以備非常，但有順從旨意，別無可議。」太后道：「我欲見大將軍，有話要說！」郭芝道：「那能得見！快快拿出璽綬了事！」太后無可奈何，只得叫左右侍御，取出天子璽綬，放在一旁。郭芝乃出宮回報司馬師，司馬師歡喜，便遣使者賜給少帝齊王印綬，著立即出宮。少帝與太后垂涕而別，乘坐青蓋小車出太極殿南門，朝臣之中隨送者有幾十人，無不流淚。少帝被廢出宮之時，年已二十一歲。司馬師隨與左右商議，迎立高貴鄉公曹髦為帝。曹髦乃魏明帝弟東海定王曹霖之子，年甫一十三歲，十月即位，改元正元，遂以嘉平六年為正元元年。

　　卻說鎮守在壽春的鎮東將軍毋丘儉，素與夏侯玄、李豐相善，聞說玄、豐遇害，少主被廢，恐懼不安。恰好揚州刺史文欽是曹爽舊人，也與司馬氏不睦。兩人乃合謀，假託受郭太后密詔，起兵壽春，移檄州郡，列舉了十一條罪狀，聲討司馬師。先集合將士，在壽春城中設壇宣誓，歃血為盟，然後分別率領所部兵馬六萬，長驅渡淮，進據項城。時在正元二年（255 年）春正月。毋丘儉曾大破高句麗，所部皆北方健兒，軍威素著。揚州刺史文欽乃沛國譙郡人，與其少子文鴦，都驍猛絕倫，有萬夫不當之勇。何況淮南揚州又是東南重鎮，這兩人起兵，非同小可，一時許、洛為之震動。司馬師正割治目瘤，在臥疾之中，傳來警報，大為驚慌，急忙問計於河南尹王肅。這王肅字子雍，東海郡人，為司空王

朗之子，乃是一位博學之士。自幼研治群經，遍注《尚書》、《詩經》、《論語》、三《禮》與《左氏春秋》，其說與鄭玄不同，從此治經學者，乃有鄭、王兩派，是中國經學史上的一位重要人物。當時王肅說道：「昔年關羽進攻襄、樊，軍士家屬都留在江陵被孫權所得，於是軍心瓦解，不戰而潰。如今儉、欽叛變，所部淮南將士的家屬都在北方，只要發兵遏阻住他們的攻勢，使其進不得前，而退無所據，自然崩潰。」王肅又與尚書傅嘏、中書侍郎鍾會等，共勸司馬師必須親將出征，認為「如遣他將，萬一號令不行，則大勢去矣！」司馬師乃奮然躍起道：「我決輿疾而東！」

司馬師留其弟司馬昭鎮守洛陽，親自統帥三軍大舉東征，令荊州刺史王基統領許昌軍隊為先鋒，渡灈水進據南頓。司馬師令其深壁高壘，暫勿挑戰，以誘集敵人。另遣諸葛誕督率豫州諸軍，征東將軍胡遵督率青、徐諸軍，從東西兩方抄襲壽春，以切斷敵人的歸路。然後司馬師自率主力大軍經汝陽前進，與兗州刺史鄧艾所部，會師於樂嘉❶。毌丘儉初不知司馬師的大軍到來，聞說鄧艾進兵樂嘉，便命文欽父子將兵前往襲擊。文欽趕到樂嘉，猝遇大軍，見眾寡懸殊，便欲引退。這文欽之子文鴦年方一十八歲，勇力絕人，氣概非常，說道：「不折其勢，不可去也！」便將軍隊分做兩股，和他父親各率一股軍隊，在黑夜間殺入敵陣。文鴦播鼓先驅，有如一隻猛虎撲入羊群，但見刀光血影，所向披靡，一時殺聲震天，全軍撼動。司馬師扶病睡在軍帳之中，從夢裡驚醒，目創迸裂，血流如注，忍痛而起，詢知是文欽父子前來偷襲，急忙指揮將士迎擊。這文鴦在魏軍陣中，東馳西突，往返的廝殺，如入無人之境，從黑夜殺到天明，無奈這魏軍勢大，有如潮水一般，殺退一潮又來一潮。殺得人困馬乏，只好殺開了一條血路，與文欽相會，引兵東還。行了一程，但見後面魏軍的驍騎數千人蠡湧追來。文鴦大怒，扭轉馬頭，反身回撲，衝向敵陣，槍起人落，又殺死了敵騎幾百人。嚇得那些魏兵，都掩旗息鼓，紛紛退走，不敢追逼。於是文欽父子從容而去。

❶　今河南項城北，潁水之旁，初名博陽，王莽時更名樂嘉。

司馬師在帳中，扶床掩目，呻吟不已，聽人報道文欽父子的英勇，又為之驚嘆咨嗟。殿中校尉尹大目一旁說道：「那文欽本是明公部下，又與天子同鄉，我和他相識，知其為人，不會造反，必是受別人撥弄，我願為明公去到陣前勸他反正，俾為明公收回這一員猛將。」司馬師欣然許諾。尹大目便披掛上馬，來追趕文欽。好不容易才把文欽追上，兩馬將近，大目舉手高呼道：「君侯何必如此匆匆，不再忍耐幾日！」原來這尹大目自幼在宮中，為曹氏家奴，憎恨司馬專權，而忠心於天子。見司馬病篤，不久人世，特地到陣前來給文欽一個暗示，叫他不要退卻。那文欽不解其意，回頭一看，來追逼的竟是故人尹大目。便破口大罵道：「你乃先帝家人，不念舊恩，反做司馬師的走狗，不怕天誅地滅麼？」說時彎弓搭箭，就要返射。大目流涕道：「世事休矣！」乃撥馬回頭而去。

卻說毌丘儉的軍隊被王基所阻不得前，後方壽春的歸路又被切斷，糧運不繼，軍心渙散。部將史招、李續等，紛紛叛降於魏。又聽說文欽父子敗歸，而司馬師的大軍，就要殺來。毌丘儉惶恐無計，竟放棄了項城，連夜逃走。毌丘儉一走，士眾解體，壽春城裡的守兵，也就開城投降了諸葛誕。毌丘儉亡命逃到慎縣❶❻地方，躲藏在水邊亂草之中，被地方百姓所殺死。那文欽父子率領殘兵，從前方退回項城時，項城已潰，欲回壽春，壽春又亡，走投無路，便投降了東吳。

毌丘儉既亡，魏朝即以諸葛誕為鎮東大將軍，儀同三司，都督揚州諸軍事，接收了壽春。大將軍司馬師雖然討平了毌丘儉，可是病已不支。力疾班師，行至許昌，中途而歿，時為魏正元二年閏正月。二月，詔以司馬師之弟司馬昭為大將軍，錄尚書事，繼師秉政。那年秋天，西方突然吃緊，傳報蜀漢姜維大舉進攻隴右。

我們現在回頭來講，這幾年來，西方蜀漢的情形。蜀漢的費禕自代蔣琬為大將軍益州刺史，在蜀漢延熙八年（即魏正始六年）進屯漢中。延熙九年，升涼州刺史姜維為衛將軍，與費禕共錄尚書事。姜維忠心耿

---
❶❻　今安徽霍邱北，潁上附近。

耿，秉承諸葛武侯的遺規，聯絡羌胡，計畫從隴右繞攻關中，以完成武侯未了之志。在延熙十二年（魏嘉平元年）秋，出南安❼、金城❽界，攻下麴山❾，旋被魏征西將軍郭淮與雍州刺史陳泰所擊退。十三年（250年）冬，又攻西平郡⓳，雖沒有攻下，而俘降了魏中郎將郭脩。姜維自以熟識西北情勢，雄心勃勃，屢次請求大舉北伐，認為隴右必可得，如得隴右，則可進窺關中。可是費禕的為人持重，以西蜀微弱，但求保境安民，不宜輕舉妄動，總是抑制住姜維。每次出師，撥給他的軍隊不過萬人，因之姜維悒悒不得志。那被俘的魏將郭脩，雖然投降了蜀漢，卻仍忠心於魏室，經常身懷利刃，想要行刺蜀主劉禪。每逢入朝上壽，且拜且前，為左右虎賁所阻止，事不得成。延熙十六年（魏嘉平五年）正月初一元旦之日，大將軍費禕，駐軍漢壽⓴，大宴文武百官，郭脩亦在座中。那天費禕開懷暢飲，飲得酩酊大醉。郭脩便乘大家狂歡之時，就座中拔刀，將費禕刺死。費禕一死，姜維乃總統北方軍事，不受節制，遂得暢行其志。就在延熙十六年的夏天，發兵數萬人，大舉出石營，進圍狄道⓶，又被魏雍州刺史陳泰所擊退。十七年（254年），姜維加都督中外諸軍事，再率兵出隴西攻狄道，狄道長李簡舉城投降。又攻下河關⓷、臨洮⓸兩縣，與魏將徐質大戰於襄武⓹城下，雖將魏軍擊敗，終因後援不繼，就拔出了河關、狄道、臨洮，三縣的百姓，隨軍撤退。姜維不為氣餒，到了延熙十八年，即魏正元二年的秋天，又大舉北伐，率同征西

---

❼　漢末置，郡治狟道，在今甘肅隴西東。

❽　漢末置，郡治榆中，地在今甘肅榆中。

❾　地在今甘肅岷縣東南百里，姜維於其上築城曰麴城。麴山東南有牛頭山。

⓳　漢末置，郡治西都，今青海西寧。

⓴　即葭萌，蜀漢改稱漢壽，故城在今四川昭化東南。

⓶　今甘肅臨洮。

⓷　今甘肅臨夏。

⓸　今甘肅岷縣。

⓹　今甘肅隴西西南。

大將軍張翼與車騎將軍夏侯霸，發兵數萬人，經枹罕，進攻狄道。這次的攻勢兇猛，所以曹魏西北一帶的駐軍紛紛告急。

這時魏征西將軍郭淮業已去世，以雍州刺史陳泰為征西將軍，以王經為雍州刺史。陳泰駐兵在陳倉，派王經率兵往迎敵姜維。兩軍相遇於洮西❷⑥，一場激戰，王經打得大敗，死者數萬人。經率殘兵退守狄道，姜維長驅前進，將狄道城團團圍住，晝夜的攻打。司馬昭聽說隴右吃緊，特增調長水校尉鄧艾行安西將軍事，與陳泰合力去討伐姜維。並令太尉司馬孚率領大軍，以為後援。陳泰奉命自陳倉進軍隴西，來援救狄道。諸將見王經新敗，姜維勢盛，建議陳泰先據險自守，待機而動。陳泰道：「姜維輕兵深入，利在速戰，若乘戰勝之威，進據略陽倉庫之地，招納羌胡，傳檄四郡（指隴西、南安、天水、略陽）則情勢險惡。如今姜維竟頓兵堅城之下，自消銳氣，況孤軍遠戰，糧運難繼。事不宜遲，此正我速進破賊之時也。」指麾軍隊晨夜兼行，進據高城嶺，佔領了狄道東南的山地，居高臨下，俯瞰狄道，令軍士鳴鼓吹角，高舉烽火。城中守兵，望見救兵到來，勇氣百倍，歡聲雷動。姜維不料魏兵之突至，急忙引兵來爭奪魏軍的陣地，仰攻不利，被陳泰殺得死傷狼藉。陳泰殺退了蜀兵的攻勢，卻並不來解狄道之圍，反而率領大軍，掩旗息鼓，拔寨西走，揚稱要抄截姜維的歸路。姜維心慌，乃自動撤圍，退守鍾提❷⑦，於是陳泰不戰而救了狄道。然後入城慰勞將士，修復城隍，而引兵回屯上邽。

明年是蜀延熙十九年（魏甘露元年，256 年），姜維代費褘進位為大將軍。姜維自撤離狄道，退駐鍾提，一年來沒有動靜。關中的曹魏將士都以為姜維疲頓，不敢再出。獨安西將軍鄧艾不以為然，誡諸軍嚴為戒備，尤其祁山要隘為必爭之地，必須多築工事，嚴加防守。果然姜維經過一番休息整頓，在延熙十九年秋天，從鍾提又大舉進攻祁山。見祁山的防禦鞏固，乃回從董亭❷⑧進攻南安，鄧艾據武城山❷⑨險要，以堵擊姜

---

❷⑥　地在狄道西南，洮河之西。

❷⑦　今甘肅成縣西北。

維。姜維攻武城不下，復尋渭水東攻上邽，又被鄧艾邀擊於段谷地方，一番鏖戰，姜維打得大敗，損失了不少士卒。姜維乃上書告罪，自請削貶軍職，以衛將軍行大將軍事。經過了這幾次的挫折，姜維在蜀中的聲望大減，一般反戰之士，都紛紛責怨姜維。相對的，在曹魏這方面，鄧艾的勳名日隆，司馬昭遂以鄧艾為鎮西將軍，都督隴右諸軍事，負責防禦姜維。於是鄧艾乃成為姜維之勁敵，有若當年司馬仲達之與諸葛孔明。這鄧艾字士載，乃義陽郡棘陽縣人。少孤貧，年十二，隨母流寓潁川。慕太丘長陳寔之為人，因世人稱陳寔文為世範，行為士則，因取名鄧範而字士則。後來發現本族中先有同名的人，乃改名艾而字士載。早年在地方上做了一名典農功曹，偶因機緣被司馬懿所拔識，辟為府掾，後遷尚書郎。屢獻富國強兵之計，成為司馬氏的一位心腹幕僚。累官南安太守、討寇將軍、城陽太守、汝南太守、長水校尉，封方城鄉侯，為司馬師、司馬昭兄弟所倚重。鄧艾為人，足智多謀，而口吃不善辭令。每逢謁見，常自稱：「艾艾」，司馬昭笑道：「卿言艾艾，定是幾艾？」鄧艾笑答：「鳳兮鳳兮，故是一鳳❸⓿！」

　　這曹魏西北方的軍事，方才告一段落，不料那多事的淮南，又發生了赫然巨變。前者毌丘儉事變之後，司馬師以諸葛誕為鎮東大將軍都督揚州軍事，繼儉鎮守壽春。不久，復升誕為征東大將軍，封高邑侯，負方面重任。這諸葛誕字公休，琅邪陽都人，也是諸葛豐之後，和諸葛瑾、諸葛亮是同堂兄弟。說起這諸葛氏的一家，在三國時代，也算是國際間的風雲人物。諸葛誕也是一個有心之人，他過去和夏侯玄、鄧颺等人也很親善。及玄、颺夷滅，雖然幫助司馬師討平了毌丘儉之亂，表面上對於司馬氏是竭忠效信，而內心裡則極度的矛盾不安。眼看著司馬弄權，

---

❷⑧　今甘肅天水西南。

❷⑨　今南安郡治狟道之南。

❸⓿　參見《世說新語・言語》。又見《史記・孔子世家》：「楚狂接輿歌而過孔子，曰：『鳳兮鳳兮，何德之衰！往者不可諫兮，來者猶可追也！』」

政局多變，非有奇策，無以自保。他到了壽春之後，就廣散家財，深結人心，特別豢養了一批江湖俠義，誓共死生，號為「死士」。又大築城垣，招兵買馬，想要憑藉著這東南重鎮，造成一個獨立的局面，以觀時待變。他又向朝廷表示，這淮南的國防如何重要，請求撥給十萬兵馬，以禦東吳。這種種行動，大啟司馬昭之疑。司馬昭乃派遣他的長史賈充以慰勞為名，去觀察諸葛誕的態度。賈充乃曹魏忠臣豫州刺史賈逵之子。他到了壽春，諸葛誕設宴招待，酒過三巡，兩人醉意醺醺，不覺談到朝中大事。賈充說道：「洛中諸賢，皆願禪代，不知足下以為如何？」諸葛誕不禁勃然大怒道：「卿非賈豫州之子麼？世受魏恩，豈能以社稷與人！如若洛中有變，我願以死赴國難！」賈充乃默然不語。回到都中，稟復司馬昭道：「諸葛誕在揚州樹立威望，深得人心，其意不可測，當召之入朝。然而召之，必不來，反速而禍小；不召，則反遲而禍大，不如召之。」司馬昭便假借天子聖旨，詔拜諸葛誕為司空，徵召入京。諸葛誕得詔大懼，懷疑揚州刺史樂琳為內間，先襲殺了樂琳，然後聚眾抗命。並遣使稱臣求援於東吳。這時淮南、北有屯田兵十餘萬人，合新附兵四、五萬人，共有大軍二十萬，積穀可支一年，這次淮南的叛變，不比王淩、毌丘儉，其聲勢之大，震動天下。時在魏甘露二年（257 年）六月。

這時東吳的大將軍孫峻已死，由峻從弟孫綝繼為侍中大將軍輔政，聞說諸葛誕叛魏，大為歡喜。立遣降將文欽父子，與將軍全懌、全端、唐咨、王祚等，發兵數萬人，往援助壽春。魏大將軍司馬昭則早已料到諸葛誕的叛變，得到情報，立即調發大軍二十六萬人，親奉太后及幼主，御駕南征，以雷霆之勢，進兵丘頭。先遣大將王基行鎮東將軍都督揚、豫諸州軍事，與安東將軍陳騫，將兵進圍壽春。大軍尚未合圍，吳將文欽、全懌的援兵亦到，雙方遭遇，一場混戰。諸葛誕開城，將文欽等迎入城中。王基也就趁勢把文欽、全懌等與諸葛誕一齊圍困在城中，大軍層層疊疊把這座壽春城包圍得像鐵桶一般。司馬昭因為事前早有布署，所以戰略周密，行軍敏捷，處處爭取了主動。文欽等去援助壽春，原擬

從側面來牽掣魏軍，不料反被陷入圍城之中，成了一著死棋。他們幾次突圍不出，乃再求救於孫綝。孫綝親率大軍渡江，出屯鑊里❸以為聲援。另遣大將朱異、丁奉、黎斐等，將兵往解壽春之圍。魏司馬昭使奮武將軍石苞與兗州刺史州泰、徐州刺史胡質等，在外圍游擊，將朱異等擊潰，殺死了吳軍幾千人。朱異等留在都陸❸的輜重糧秣又被魏軍所焚，朱異收拾殘兵，敗回鑊里。孫綝強令再戰，朱異辭以士卒疲乏，孫綝一怒將朱異斬首，然後率眾退回江南。

　　這裡諸葛誕在圍城之中，盼望吳兵不到，十分的焦慮。部將蔣班、焦彝道：「孫綝的救兵既遲遲不到，與其困守城中，坐以待斃，何若趁此士卒用命之時，突圍決一死戰。」文欽道：「我公今舉十萬之眾，歸命於吳，而欽與全端等同在圍城之中。吳軍父兄都在江南，孫綝縱然不來，吳國的君臣也不會坐視不救。中國北方，無年無事，料不久必生內變。稍稍忍耐，機會就到，何必去冒險拚命以求徼倖。」班彝不聽，就在席前和文欽爭吵起來，雙方面紅耳赤，文欽尤為惱怒。諸葛誕不敢得罪文欽，就壓制班彝，聲稱班彝不服命令，要軍法從事。班彝恐懼，就連夜越城投降了魏軍。事有湊巧，吳將全懌有兩個姪兒叫做全輝、全儀，住在建業，因為家務糾紛，鬧出官事，在都中不能容身，就率領其部曲，亡奔於魏。司馬昭用黃門侍郎鍾會之計，叫全輝、全儀寫了封家書，派了個奸細，混入壽春城中，偷遞給全懌、全端。信中詭稱吳國以全氏兄弟作戰不力，要殺死全氏滿門。偏偏孫綝為人一向暴戾，全懌、全端乃信以為真，也率領所部數千人，開城出降。自蔣班、焦彝、全懌、全端相繼叛變出走之後，這壽春城中的人心大為浮動。

　　這壽春之圍，從魏甘露二年的六月，圍到甘露三年（258 年）的正月，整整圍了半年，王基採用堅圍死困的戰術，深溝高壘，不動如山，困逼得文欽也忍耐不住，向諸葛誕建議道：「自從蔣、焦、二全出走，幾

---

❸　今安徽巢湖南。

❸　今安徽霍邱東南，合肥西北。

月來沒有大戰，魏軍驕懈，何不乘其懈而擊之。」諸葛誕以為然，遂開城大舉反攻。血戰了五天五夜，終是突圍不出。魏兵從四面的堡壘上，居高臨下，石炮火箭，有如雨集，士卒死傷遍地，血流盈塹。在混戰之中，陣前降敵的，又有幾萬人。諸葛誕、文欽不得已，再退入城中，這時城中的積穀，已快吃完，軍心更亂。原來在這圍城之中的軍人，可以分為三派。一派是諸葛誕的基本幹部，大都是中原將士，家屬皆在北方；一派是在淮南新招募的當地土著；再一派則是文欽等所率領的東吳士卒，其家屬皆在江南。文欽認為這北方將士，人人思家，最不穩定，主張把他們都驅逐出去，單與淮南及吳人守城，這諸葛誕自然不能同意，而文欽爭論不休，兩人因此反目。諸葛誕覺得文欽桀驁難制，事多掣肘，一日約欽議事，就席中殺死了文欽。文欽兩子文鴦、文虎率兵亡命出城，窮迫無路，也投降了司馬昭。司馬昭聽說文鴦、文虎來歸，大為歡喜。即以鴦、虎為將，叫他們各率數百騎兵，騎著馬，繞著壽春的城池，高聲喊道：「你等看我文欽之子，尚且無罪，還不快快開城出降，共享富貴！」於是守軍的鬥志瓦解。司馬昭乘勢大舉攻城，親自臨圍督戰，士卒肉搏而前，鼓譟而登，遂將壽春攻破，時為甘露三年二月乙酉之日。當城破之時，諸葛誕戰死於亂軍之中，部眾紛紛棄仗就俘。獨有諸葛誕所蓄的淮南「死士」數百人，抵死不降，司馬昭就把他們排成一列，令其駢首就戮。每斬一人，輒脅問其餘道：「肯降否？」都答道：「願為諸葛公死，死而無恨！」這樣，一直殺到最後一個人，都無異辭。見者無不感嘆，比為「田橫五百」。這次戰役的結果，司馬昭俘獲了吳兵萬人，器仗山積，得到了一個大大的勝利。其克敵制勝，運籌帷幄，以黃門侍郎鍾會的謀計居多，因此鍾會大為司馬昭所親重，其聲譽之隆，時人比做張子房。鍾會字士季，潁川長社人，乃太傅鍾繇之少子，廷尉鍾毓之弟。毓字稚叔，年十四歲，便為散騎侍郎。與其弟士季，都是聰明絕頂的人物。這兩位貴冑公子，自幼便負令譽。在十三歲時，與其弟鍾會同被司馬昭召見。鍾毓不覺流汗，昭問其故。鍾毓對曰：「戰戰惶惶，汗出如漿！」司

馬昭顧問鍾會何以無汗？鍾會答道：「戰戰慄慄，汗不敢出！」一時傳為佳話。又據說兩人小時，會逢鍾繇晝寢，這兄弟二人共同偷飲其父藥酒。被鍾繇發覺，假寐以觀之。只見鍾毓拜而後飲，會卻飲而不拜。鍾繇起來責問其故，鍾毓說酒以成禮，不敢不拜。又問會何以不拜？會曰：偷本非禮，又何必拜！從這些小故事，可以看出兩人秉性，稚叔要比士季為謹厚，所以後來的結局大不相同。

這淮南的叛亂，前後三次，其情形如出一轍，前有嘉平三年王淩之叛，繼有正元二年毌丘儉之叛，與此次甘露二年諸葛誕之叛，史稱「淮南三叛」。這說明淮南地方在當時南北戰爭中，所居地位之重要，與軍政關係之複雜。

諸葛誕的失敗，不僅關乎其個人的生死，亦且影響到南北的政局。諸葛誕之所以失敗，其原因之一，是東吳大將軍孫綝用兵的失策。孫綝字子通，與孫峻為同祖兄弟，孫峻死時，綝為侍中、武衛將軍，代主朝政。朝中的元老大司馬滕胤與驃騎將軍呂據不服，欲謀廢綝。孫綝發兵，捕殺滕胤，夷其三族。又發兵擊呂據，呂據自殺。於是孫綝自為大將軍，封永寧侯，誅除異己，大作威福，其驕狂更勝於孫峻。但自從援助諸葛誕失敗，士眾怨嗟，聲威頓減，孫綝這才稍稍收歛，不敢十分專斷，吳主孫亮得以稍親政事。孫亮在吳太平二年（即魏甘露二年）親政時，年方十五歲，這個十五歲的小皇帝頗為聰明，朝中的大事小事，他都要查問一番。有一天，他派黃門宦官到庫中取蜜，取來後，發現蜜中有鼠屎，就將庫吏叫來查問，庫吏堅稱蜜中從無鼠屎。小皇帝忽有所悟，因問：「以前黃門是否曾向你私討過蜂蜜？你不須害怕，可以據實說。」那庫吏叩頭道：「不敢隱瞞，黃門曾經討過蜂蜜，臣不敢私與。」於是再叫過黃門來查問，那黃門極口否認。小皇帝道：「這事不難考驗。」便著人將蜜中鼠屎取出，剖開一看，小皇帝哈哈笑道：「是了！你們來看，如果鼠屎早在蜜中，必然內外皆溼。現在鼠屎外溼而內燥，分明是在取蜜之後，臨時放入，為的是陷害庫吏。」便令左右將黃門拿下去審訊，果然一鞫而

服。宮庭內外聞知，無不稱頌皇帝的聖明。孫亮又挑選了年紀在十八以下十五以上的少年子弟兵三千人，在御花園裡親自演武教習，準備訓練為親衛軍。又常親自到中書去檢閱文書檔案，左右說：「這些文書瑣事何需陛下操心，都有大將軍掌管。」孫亮怒道：「什麼事都由大將軍管，那麼我這個天子就專寫可字麼？」每逢大將軍上朝奏事的時候，這個小皇帝總要仔細的盤問，孫綝時常對答不出，弄得十分尷尬。孫綝又羞又惱，索性稱病不朝，而派他的幾個兄弟孫據、孫恩、孫幹、孫闓等，統領著禁軍衛士，監視著皇帝的行動，隨時給他報告，孫亮大為不平。孫亮的皇后全氏，是全琮的本家，太常卿全尚之女。這全家是東吳的一家大貴族，並與吳主孫家幾代聯姻，前述之全端、全懌等，他們都是一家人。當時孫亮憤怒，就和后兄黃門侍郎全紀，將軍劉承，及全公主等，密謀誅綝。全紀未能守密，回家把這事告知了他父親全尚，全尚又告訴了他的妻室孫氏。原來全后之母，全尚之妻，就是孫綝的從姊，輾轉傳遞，就把這個機密透露給孫綝。孫綝得知，連夜發兵，逮捕了全尚，殺死了劉承，並將皇宮包圍起來。孫亮在宮中，得訊大怒，立即帶韝執弓，跨刀上馬，帶著子弟兵，就要親自出宮來討賊，被左右近臣和乳母拚命的拉住不放。氣得這小皇帝暴跳如雷，大罵皇后，罵她父親昏瞶誤事。又罵全紀無能，全紀在一旁羞愧自殺。就當這小皇帝在宮中叫噪的時候，外面孫綝已召集群臣會議，宣布：「少帝荒病昏亂，不能居大位，承宗廟。」遂將孫亮廢為會稽王，而迎立琅邪王孫休為帝。殺死全尚，把全公主流放到豫章。這全氏一家，在這兩年之間，逃走的逃走，叛國的叛國，被殺的被殺，流放的流放，直落得家破人亡。

卻說琅邪王孫休乃孫亮之兄，孫權的第六子，即位時年已二十四歲。被奉迎到京師建業，即登殿受賀，改元永安（即魏甘露三年），是為東吳景帝。景帝孫休見了孫綝，大大的嘉勉了一番，立下詔拜孫綝為丞相兼荊州牧，拜綝弟孫恩為御史大夫、衛將軍，孫據、孫幹、孫闓等，都各拜將軍封列侯。對於孫綝的優禮賞賜，懷柔安撫，是無所不至。突然有

人密告說孫綝有圖反陰謀，景帝立將那人執付給孫綝斬首，以示信任。可是孫綝的內心，自覺不安，自動請求要出鎮武昌，去就任荊州牧，將所有都中的精兵都調往任所，又索取武庫中的軍器甲仗，景帝是一一詔准。孫綝就整理行裝，那時正當歲末，準備俟開年後就出發上任。那知這景帝孫休是個深有心機的人，不比孫亮的孩童天真。他外示優容，內中早已布署，和他的心腹部將輔義將軍張布積極的謀畫，如何除掉這賊臣孫綝。張布特舉薦左將軍丁奉，說：「此人雖不學無術，而忠勇過人，可與定大事！」遂召見丁奉於內庭。丁奉獻計道：「丞相的黨羽眾多，此事要絕對的守密，臘會在即，可因臘會而圖之。」臘是十二月間的年終祭日，自秦漢以來訂為節令盛典，到時要舉行朝會大禮，故稱「臘會」。到了十二月戊辰臘會這天，滿朝文武百官齊集，獨有丞相孫綝稱病不到。景帝命中使一再的催促，孫綝不得已才遲遲而來。入座不久，皇皇然又要離席，但見丁奉、張布做了一個眼色，左右武士上前，立將孫綝撲翻在地，綑綁起來。孫綝情急，知道命在頃刻，就伏在地上叩頭求恕道：「願徙交州。」景帝在座上道：「卿何不徙呂據、滕胤於交州？」孫綝又叩頭道：「願沒為官奴。」景帝又道：「卿何不以呂據、滕胤為官奴？」遂令左右將孫綝斬首，持首級出示宮門外的孫綝部眾道：「只誅首罪，餘者一律不究。」部眾一齊放下兵仗，伏地請赦。於是詔孫綝夷三族，諸弟一齊就戮。吳景帝孫休這才正式親政。

歷史猶如戲劇，不知道是造物的安排，還是人事的巧合，經常有著對照的場面出現。前者在南方有孫峻殺諸葛恪之事，北方則有司馬師殺李豐、夏侯玄之事。現在南方有孫亮的廢立，北方則有高貴鄉公的政變。吳主孫休殺孫綝的後年，即魏甘露五年（260年），大將軍司馬昭晉位相國封晉公加九錫之典。那時方當撲滅諸葛誕收復淮南擊破吳軍之後，司馬昭的驕尊不可一世。魏主高貴鄉公曹髦，從十四歲即位，到甘露五年時，已經是個二十歲的青年了。自己想一個壯年的天子而大權旁落，一舉一動，要聽人擺布，極其憤慨。有一天，和他的左右近臣侍中王沈、

尚書王經、散騎常侍王業等說道：「司馬昭之心，路人所知，我不能坐受廢辱，當與卿等共討之。」王經道：「昔日魯昭公不忍季氏之憤，敗走失國，為天下所笑。如今權在司馬氏之門，已非一日。何況宿衛空虛，兵甲寡弱，陛下造次行事，禍將不測！」曹髦不聽，從懷中取出早已寫好的黃素手詔，投於地上道：「我意已決，雖死何懼！」說罷，返身入宮。先稟明了太后，然後拔劍登輦，率領著宮中的宿衛、蒼頭、官僮等，鼓噪而出。走出皇宮東門，頂頭遇到司馬昭之弟屯騎校尉司馬伷，衛士們一陣喧呼，伷眾散走。再前行至南宮門下，遇見中護軍賈充，率領將士迎面而來。魏主曹髦親自仗劍向前，眾將士抬頭看見是皇帝，都不敢動手。太子舍人成濟顧問賈充道：「事急矣！當如何？」賈充大聲道：「司馬公蓄養爾等，所為何來？立功就在此時！」於是成濟躍馬揮戈而前，一戈刺魏主於車下，血如泉湧，當即隕命。宮中的衛士、蒼頭們，驚慌四散。這弒君的消息，轉瞬間傳遍了都中。老臣太傅司馬孚聞訊趕來，伏在皇帝的屍身上，放聲大哭。這究竟是椿大不韙的事變，司馬昭也著了慌，急召群臣商議善後。一時百官咸集，唯有尚書左僕射陳泰不到。這陳泰字玄伯，就是前在關中屢破蜀兵的雍州刺史，後內徵入朝為尚書僕射。陳泰為魏名臣陳群之子，其人才兼文武，性情剛直，負有朝野重望。司馬昭派人敦促，才素服入朝，見了司馬昭泣不成聲。司馬昭也相對流淚，問道：「玄伯，卿何以處我？」陳泰道：「唯有斬賈充，稍稍可以謝罪於天下。」司馬昭沈吟了一會道：「卿更思其次。」陳泰答道：「泰言唯有進於此，不知其次！」司馬昭遂不復言。乃將成濟判了大逆不道之罪，夷滅全族，以塞眾口。然後迎接燕王曹宇之子，常道鄉公曹奐為帝，是為魏元帝。曹髦的被弒，是在甘露五年（260 年）五月己丑，曹奐的即位是在六月甲寅，是日改元景元，遂以甘露五年為景元元年。

　　說完魏、吳兩國這幾年來，種種宮廷的政變，我們回頭來講西方蜀漢的情形。蜀漢大將軍姜維，自從甘露元年被鄧艾敗於上邽、段谷，明年再出師駱谷，又被鄧艾擊退，鑑於屢次出擊無功而且損失慘重，乃改

變戰略，想要用奇以制勝。把漢中外圍的各據點守兵，完全撤退，而集中在漢壽與漢樂兩城。想要引誘魏兵深入漢中盆地，然後聚而殲之。可是這樣一來，秦嶺南麓的門戶洞開，實在是一著徼倖的險棋。姜維雖然赤膽忠心，然而人力既有限，環境又侷促，這處境實在一天比一天的艱難了。這姜維常年在外，不親朝政，蜀中政事，就掌握在尚書令陳祗之手。陳祗是個巧佞的官僚，凡事只求希旨承寵，全無作為。在蜀漢景耀二年（即魏甘露四年），陳祗去世。後主劉禪乃用義陽人董厥為尚書令，諸葛亮之子諸葛瞻為尚書僕射以佐董厥。到景耀四年（261年），改以樊建為尚書令，董厥為輔國大將軍，諸葛瞻為都護、衛將軍，共平尚書事。這幾人在名義上雖共負尚書之責，其實宮廷大權，都被宦官中常侍黃皓所操縱。黃皓是一味阿諛後主，言聽計從。朝中的一般士大夫，為了保祿全身，苟存亂世，也都附和著黃皓。於是樊建、董厥、諸葛瞻等，也只是奉行公事而已。祕書令郤正，周旋三十餘年，是兩朝元老。見國事日非，雖居宮廷要職，卻是長年的閉戶家居，以詩書自娛，其俸秩始終不出六百石。舉國昏昏，氣象消沈。蜀景耀四年也就是吳景帝的永安四年，那年吳景帝特派五官中郎將薛珝前往蜀漢修好。使聘回朝，吳主問以蜀中的政情如何？那薛珝嘆道：「主闇而不知其過，臣下但求容身以免罪。入其朝不聞直言，經其野民有菜色。臣聞燕雀處堂，子母相樂，以為至安，那知一旦突決棟焚，巢破身亡，尚怡然不知禍之所來！」吳主也為之咨嗟嘆息。

那年姜維入朝，見黃皓弄權用事，敗壞紀綱，便乘機奏稟後主說：「黃皓奸巧專恣，請正國法！」後主劉禪道：「皓趨走小臣耳，君又何必介意！」姜維見所說不用，而黃皓的枝附葉連，潛勢力很大，自己深悔失言。明年（景耀五年，262年），姜維又出兵北伐，右車騎將軍廖化勸阻不聽，嘆道：「兵不戢，必自焚，伯約之謂也。國小力弱，用兵不厭，將何以圖存？」那年十月，姜維進兵至洮陽❸，果然又被鄧艾所破，敗退沓

❸　今甘肅臨潭西南。

中❸。姜維以屢戰無功，又得罪了黃皓，不敢回歸成都，就種麥屯田在
沓中，徐圖再舉。

蜀漢的景耀五年，即魏元帝景元三年。時距平諸葛誕之叛，已經五
年。五年來，中原沒有戰亂，休養生息，國力大充。魏大將軍司馬昭鑑
於姜維的不斷入寇，乃決定大舉伐蜀，以謀一勞永逸，根絕後患。乃以
號稱張子房的鍾會為鎮西將軍，都督關中軍事，去協助征西將軍鄧艾，
共圖蜀漢。姜維得報，聞說鍾會治兵關中，將有大舉，便密奏蜀主，速
遣左右車騎將軍張翼、廖化，各率重兵，扼守陽安關（即陽平關，後改
稱陽安）與陰平的橋頭堡，以防不測。不料這奏章被黃皓所壓置，以致
貽誤了戎機。

魏景元四年（263 年）夏五月，詔遣征西將軍鄧艾督率三萬人馬，
進攻甘松❸、沓中，牽制住姜維。遣派雍州刺史諸葛緒督率三萬人馬，
從祁山進取武街橋頭❸，切斷沓中與漢中的聯絡，以絕姜維之歸路。然
後派遣鎮西將軍鍾會督率大軍十萬人，分從斜谷、駱谷、子午谷，三道
會師漢中。這五路大軍以雷霆萬鈞之勢，同時並發。另派廷尉衛瓘持節
為監軍。當大軍出發之後，有人問參相國軍事平原人劉寔：「鍾會、鄧艾
能平蜀否？」劉寔道：「必能破蜀，而皆不得回朝。」人問其故，那劉寔卻
笑而不答。

蜀主聽說魏人大舉來攻，才派遣將軍廖化將兵往沓中去援助姜維，
派遣將軍張翼、董厥，往陽安關去援助漢中的守軍。援兵行至中途，突
聞魏將諸葛緒的一支軍隊來襲，恐怕東西交通被敵人切斷，就停留在建
威❸，以觀察魏軍的動向，於是又延誤了軍期。這時魏鎮西將軍鍾會率
領十萬大軍，三道並進，越過秦嶺，因為嶺南的關防盡撤，遂長驅進入

---

❸ 為一塊地域的總稱，指臨潭西今青海東南隅古羌中之地。

❸ 今青海東南境。

❸ 今甘肅武都附近，文縣（陰平）之北。

❸ 今甘肅成縣西北。

漢中。蜀兵都集中在漢、樂兩城，由蜀將蔣斌、王含把守。鍾會便遣護軍將軍荀愷圍攻蔣斌於漢城，遣前將軍李輔圍攻王含於樂城。鍾會自統主力大軍來攻陽安關，令護軍將軍胡烈為前鋒，猛攻關口。蜀將蔣舒率眾出降，胡烈乘勢殺入關內，守將傅僉格鬥而死。於是鍾會的大軍佔領了陽安關，並獲得大量的庫藏積穀。這陽安關向來是漢中要塞，為兵家必爭之地。陽安關一失，蜀國的漢中之地，乃全面動搖。

　　魏征西將軍鄧艾的一路軍隊，西攻沓中。鄧艾遣天水太守王頎與隴西太守牽弘為前鋒，直迫姜維的大營。姜維先已得訊，知鍾會的大軍已進入漢中。這後方的根據地要緊，乃放棄沓中，急引軍東走，欲還救漢中。行至中途，發現諸葛緒的一路軍隊，已進據橋頭，截斷了歸路，乃改由孔函谷❸出北道繞從諸葛緒的後方前進。諸葛緒得報，急引軍北還來堵截姜維。姜維走了三十里路，聞知諸葛緒的軍隊北上，乃復折回原道，仍從橋頭穿過，到了陰平，諸葛緒竟撲了一空。這兩人一來一往，像捉迷藏一般的兜了一個圈子，終被姜維遁脫。姜維從陰平前行，適與廖化、張翼、董厥諸援軍會合。欲入漢中，而陽安關已失，難以決戰。乃合兵退駐劍閣，扼守住這第二道防線。諸葛緒不曾截獲姜維，率軍來見鍾會。鍾會正想總攬兵權，以建殊功。乃密奏諸葛緒畏懦不前，貽誤軍機，將諸葛緒檻車押送洛陽，諸葛緒的這支兵馬，就收歸鍾會指揮。於是鍾會統率大軍，浩蕩南下，進攻劍閣。這劍閣群山壁立，萬峰插雲，遠遠望去，有如一列劍鋒，排入長空，故名劍閣，乃是天險之地。姜維等集中軍力，憑險死守，鍾會久攻不能下，一時成為膠著之勢。

　　卻說鄧艾所率領的這支西路兵馬，尾隨著姜維進至陰平。這陰平以南，是一派高山峻嶺，懸崖絕壁，荒煙瘴雨，人跡不到之地。姜維自陰平東走與鍾會相持於劍閣，這陰平地方空虛，鄧艾乃避實就虛，偷渡陰平。率領所部，從陰平南走，攀山越嶺，途經七百里無人地帶，緣路鑿山開道，遇水造橋。陰平之南是馬嶓山，馬嶓山之南是鳳凰山，鳳凰山

❸　今甘肅西固東南，武都之北。

之南是摩天嶺，層巒疊嶂，峻峭崚嶒，山高谷深，艱險萬狀。鄧艾將軍隊化整為零，親自帶頭開路。走到那艱險無路之處，用氈毯裹身，翻滾而下，將士們跟隨著攀木緣石，魚貫而進。神不知鬼不覺的，偷襲到江油❸❾。這裡的蜀兵全然無備，守將馬邈，不戰而降。一路無阻，南行至涪城，才遭遇到諸葛亮之子，都護衛將軍諸葛瞻的抵抗。鄧艾麾軍激戰，諸葛瞻抵敵不住，敗退綿竹。鄧艾跟踪追擊，並遣使致書諸葛瞻，勸其投降，許以表奏朝廷，封為琅邪王。諸葛瞻斬其來使，列陣再戰。兩軍相搏，蜀軍又被殺得大敗，諸葛瞻與其子諸葛尚一齊陣亡。這諸葛亮的全家祖孫三代，都為國殉難，真是一門忠烈。時蜀漢兵力，完全集中在劍北，後方空虛。從綿竹到成都，不過兩百里路。諸葛瞻的軍隊覆沒，綿竹陷落之後，成都的外圍已無兵可戰，無險可守。噩耗傳來，成都城中人人惶恐，百姓都紛紛出城逃難。蜀主劉禪急召集群臣商議對策，一時議論盈廷，卻都拿不出具體的辦法。只有光祿大夫譙周大聲說道：「今日之事，除了北面降魏外，別無他策！」蜀主劉禪也莫可奈何，終於採納了譙周的建議，派遣侍中張紹等，前往魏軍投降。劉禪之子北地王劉諶堅決的反對投降，苦苦的勸諫不聽。怒道：「就使勢窮力竭，父子君臣也當背城一戰，同死社稷，以見先帝於地下！」就帶著妻子去到祖廟之中，拜倒在昭烈皇帝的神位前，放聲大哭了一場。拔出寶劍，先殺死了妻子，而後自刎身亡。

這時鄧艾的軍隊已進抵雒縣，距成都僅僅八十里，遇到張紹等齎奉降表，來迎於軍門。鄧艾一見大喜，款接張紹等入營，立即遣使復策書於蜀主，優辭褒納。蜀主劉禪也放了心，隨即遣派蔣顯攜旨，星夜馳往劍北去告諭姜維與前方將士，著分別就地投降魏軍。然後派尚書郎李虎送上蜀漢的士民戶籍，共計戶二十八萬，口九十四萬，甲士十萬二千，官吏四萬人。鄧艾接收後，率領著得勝之兵，旗幟招展，鼓樂喧天，威風凜凜的，到了成都北門。蜀主劉禪率領著太子諸王暨群臣六十餘人，

---

❸❾　今四川江油。

面縛輿櫬，跪迎在道旁。鄧艾見了，慌忙下馬，扶起了劉禪，解開繩縛，焚了棺木，好言撫慰了一番。立刻傳下了號令，令三軍將士入城之後，秋毫不得犯擾百姓，違令者斬。又出告示，宣撫民眾，令百姓各安舊業，不必恐慌。果然這成都城中閭閻不驚的改朝換代。鄧艾又效法當年鄧禹受降隗囂的故事，承制拜蜀主劉禪行驃騎將軍事，仍留住在蜀漢的故宮之中。蜀漢群臣百官各依地位之高下，都分別拜官授職。然後以軍司馬師纂領益州刺史，隴西太守牽弘等領蜀中諸郡。一切的措施是循情度理，恩威並用。

姜維在劍閣前方，初聞鄧艾偷渡陰平，進入蜀中，諸葛瞻陣亡，涪、竹失守，而成都的情況不明。大為驚慌，恐腹背受敵，急忙向側面撤退，退入山地，扼守巴中。鍾會的大軍遂越過劍閣，進入涪城，會遣先鋒胡烈等追擊姜維。姜維到了巴中，得到蔣顯送來的後主敕書，才知大事已去。事到如今，無可奈何，只得與廖化、張翼、董厥等同詣鍾會的軍門投降。那漢中的守將王含、蔣斌等，也同時奉旨罷兵，開城棄械。有些肝膽熱烈的將士，不甘降敵，或引劍自刎，或拔刀砍石，一時怒氣沖天，哭聲震野。這時是魏景元四年冬十一月，距離五月出兵之時，為時不過半年。蜀漢計自昭烈帝劉備於魏黃初二年稱帝，凡兩傳四十三年而亡。

卻說鄧艾滅了蜀漢進入成都後，即修表告捷於朝廷。魏天子當即頒下詔書，嘉獎備至，其辭曰：

> 「艾曜威奮武，深入虜庭，斬將搴旗，梟其鯨鯢。使僭號之主，稽首係頸，歷世逋誅，一朝而平。兵不踰時，戰不終日，雲徹席卷，蕩定巴蜀。雖白起破彊楚，韓信克勁趙，吳漢擒子陽，亞夫滅七國，計功論美，不足比勳也。其以艾為太尉，增邑二萬戶，封子二人亭侯，各食邑千戶。」

鄧艾接奉詔書，心中十分得意。就在成都發號施令，布德立威，凡

事獨斷獨行，驕矜之氣，形於辭色。對蜀中投降的將吏說道：「你們幸而遇到我鄧士載，如果遇到了吳漢之徒，早已死無葬身之地。」又上書於司馬昭，對於軍國大事，提供主張，大發議論。略謂：

> 「兵有先聲而後實者，今因平蜀之勢以乘吳，吳人震恐，席卷之時也！然大舉之後，將士疲勞，不可便用，且徐緩之；……今宜厚劉禪以致孫休，安士民以來遠人，若便送禪於京都，吳以為流徙，則於向化之心不勸。宜權停留，須來年秋冬，比爾吳亦足平。以為可封禪為扶風王，錫其資財，供其左右，郡有董卓塢，為之宮舍。爵其子為公侯，食郡內縣，以顯歸命之寵。開廣陵、城陽以待吳人，則畏威懷德，望風而從矣。」

他的意見雖不為無理，只是語氣態度，使司馬昭大不以為然。乃令監軍衛瓘告戒鄧艾說：「一切軍國之事，務須隨時報告朝廷，請旨定奪，不得專斷輒行！」於是鄧艾又上書辯駁說：

> 「銜命征行，奉指授之策，元惡既服；至於承制拜假，以安初附，謂合權宜。今蜀舉眾歸命，地盡南海，東接吳會，宜早鎮定。若待國命，往復道途，延引日月。《春秋》之義，大夫出疆，有可以安社稷，利國家，專之可也。今吳未賓，勢與蜀連，不可拘常以失事機。兵法，進不求名，退不避罪，艾雖無古人之節，終不自嫌以損於國也。」

司馬昭見書，越發不快。

再說這鍾會也是一個急功好利、野心勃勃的人，所以兼併諸葛緒，總統諸軍，意欲獨攬大權，完成伐蜀之全勳。不料反被鄧艾偷渡陰平，奇襲成都，奪得了首功，心裡十分忌恨。加以鄧艾作威作福，目無餘子

的氣概，更覺懊惱。姜維在蜀中，繼承諸葛亮的遺志，屢次北伐，那一片苦心，滿腔熱血，何以肯一旦投戈降敵。原來他也看出了魏軍中種種矛盾，於是在沒辦法中想出了一個辦法。他想要設奇計，縱反間，來匡復社稷，再造國家。他投降了鍾會之後，事事迎合著鍾會的心理，處處表示其竭忠效信。鍾會也深愛姜維之才勇膽識，異常器重，想引為心腹。這兩人相識不久，便情投意合，如魚得水，漸漸的彼此無所不談。有一天，姜維故意試探鍾會道：「聞君自淮南以來，算無遺策，晉道克昌，皆君之力！今又平定蜀中，威德蓋世。所謂民高其功，主畏其危，將安所歸乎？何不效法陶朱公的泛舟五湖，以全功保身。」鍾會道：「君言太遠，我不能行，且為今之道，或未盡於此！」姜維道：「如此，則君智力之所能，固無煩於老夫矣！」鍾會笑而不語。從此，兩人出則同輿，坐則同席，形跡日密。適逢司馬昭懷疑鄧艾，命衛瓘監視鄧艾的行動。鍾會得知，便與姜維密謀，聯合衛瓘暗告鄧艾謀反，又從中製造了許多資料以為證據。司馬昭得報大怒，就在魏咸熙元年（264 年）春正月，密詔鍾會用檻車押解鄧艾進京訊辦，恐鄧艾不從命，敕鍾會督師進軍成都。同時遣派賈充將兵入斜谷為後援。晉公司馬昭復自率大軍，奉魏主進駐長安，種種布署，比討伐敵國的聲勢還大。西曹屬邵悌詫異道：「鍾會所統大軍，五、六倍於鄧艾，足能辦事，又何勞丞相親行？」司馬昭道：「事有難說，我平素以誠信待人，人亦當以誠信待我；我不欺人，但亦不願為人所欺。近日賈護軍問我，可懷疑鍾會否？我反問賈護軍說：我今遣卿，亦能懷疑卿否？總之一切，要我到了長安，自然明白！」這一篇微妙的談話，說明當時內外上下的層層猜忌與矛盾，真是勾心鬥角，撲朔迷離。

　　卻說鍾會奉到拿辦鄧艾的聖旨，立遣監軍衛瓘先行到成都，去收執鄧艾。鍾會料想衛瓘的兵少，到了成都必被鄧艾所殺，而後再加重鄧艾之罪，此所謂一石二鳥之計。衛瓘是何等老練的人，心裡完全明白，但又不便違抗軍令，暗自忖思道：「我自有辦法！」於是不聲不響，連夜的祕密到了成都。暗地裡先傳檄給鄧艾所部將領，說明朝廷的使命是單收

鄧艾一人，餘無所問。若能自來投命，爵賞如前，拒命不出者，誅及三族。到了第二天的破曉雞鳴時分，都紛紛來到衛瓘的營中自投，唯有鄧艾一人，還在夢中。俟天色平明，衛瓘乃大開營門，手持節杖，乘坐傳車，昂然直入鄧艾的帳中。那鄧艾尚高臥未起，便束手被擒，即拿入檻車之中。卻有一部分效忠於鄧艾的將士，大為鄧艾不平，持刀仗劍，洶洶闖入營來，要劫救鄧艾。衛瓘輕裝迎出，和顏悅色的用好言勸慰道：「鄧太尉的冤屈，我所盡知，我就要草寫表章，向朝廷申訴。諸君不可魯莽，干犯國法，誤了大事！」這批將士們，才慢慢散去。

隨後鍾會率領大軍，浩浩蕩蕩的開進了成都。即命人將鄧艾檻車押送京師，聽候朝廷發落。鍾會所畏忌的就是鄧艾，現在鄧艾就擒，鍾會乃無所顧慮，連日和姜維積極的商議，將如何展開第二步的行動。忽然接到晉公司馬昭的親筆手諭，拆開一看，只見上面寫道：

「恐鄧艾或不就徵，今遣中護軍賈充將步騎萬人逕入斜谷，屯樂城，吾自將十萬屯長安。相見在近。」

鍾會大吃一驚道：「如取鄧艾，我自能辦，何須相國自來，這其中必有道理。勢到如此，便當速發。事成，可得天下；不成，也可退保蜀漢，不失作劉備也！」原來在一個月以前，魏明元郭太后去世，鍾會乃大會諸護軍、郡守、牙門、騎督以上的將領與蜀中故官，齊集在成都，為郭太后發喪。鍾會就在喪會中宣布，說密奉太后遺詔，稱司馬昭專權欺君，令我鍾會起義勤王，廢殺司馬昭，即日就要發兵。北來諸將聽了，無不大驚變色，面面相覷，一言不發。鍾會看大家的神情不對，就匆匆散會。他怕部下有異議，就將大部分的將領加以更調，換了自己的親信。姜維認為這北來的將領，大多是司馬昭的心腹，都靠不住，勸鍾會把他們一齊殺掉。鍾會以茲事動搖太大，不能執行，僅將若干悍將，包括先鋒胡烈等，幽禁在成都的衙廨之內，不許他們與外界接觸。又將城門關閉，

嚴兵把守，檢查出入，以防不測。在姜維的內心計畫，是想造成魏人的自相剪屠，然後再發動蜀人起兵匡復，殺魏人立漢王。心喜這計畫眼看就要一步步的實現。便寫了一封密表，著心腹傳進故宮裡，呈送給後主劉禪。其辭略曰：

「願陛下忍數日之辱，臣欲使社稷危而復安，日月幽而復明。」

卻說鍾會有一個親信的將領，帳下督丘建，他原本是胡烈的部下，不免憐憫胡烈，就為胡烈講情，允許他有一親兵出入，送納飲食。這胡烈乃是魏軍中第一猛將，衝鋒陷陣，立功最多，現在橫被囚禁，好不氣憤。就製造謠言，告訴親兵說：「現得密報，鍾會在城郊掘了許多大坑，又造了白棓幾千隻，要誘集北來將士，到時一棓一個，都殺死在坑中。」又寫了一封密函，傳遞給他的兒子胡淵。這時成都的空氣十分緊張，尤其駐在城外的北方軍士們，看城門盡閉，警戒森嚴，都皇皇不安。聽了這個謠言，便一傳十，十傳百，頃刻之間，全面的騷動起來。胡烈之子胡淵，小字鷁鴟，年方十八歲，勇猛非常。收到了父親的書信，即率領所部，首先的擂鼓出門。城外的北軍，都鼓譟響應，一齊譁變，持械吶喊，向成都城進攻。其勢洶洶，有如鼎沸。鍾會在城中聽得聲喧，傳報說城外兵變，大驚。姜維說：「趕快先殺死衙廨內的將領，防其裡應外合！」鍾會乃先派兵前往衙廨，衙廨裡的人用几案抵拄著屋門，軍士砍門，門堅，倉卒不得入。這時城外的叛兵，已經攀城越壘而入，逢人便殺，見屋縱火，但見煙燄障天，矢石如雨，頓時城中大亂。這被禁在衙廨裡的牙門將士，也從屋後破垣緣屋，奪仗肉搏而出，裡外會合，殺進鍾會的大營，鍾會、姜維持劍格鬥，轉瞬間，死於亂刀之下。左右被殺者數百人，營中屍首狼藉。城中的百姓，橫被屠戮的，更不計其數。可憐這姜維與鍾會皆一時之人傑，胸懷大志，所謀未成，而竟死於亂兵之手。

卻說監軍衛瓘，在鍾會宣布起義的時候，自知處境艱危，順拒兩難。

這一天，辭別鍾會，行至外廨，偷服了大量的鹽湯，當時大嘔大吐，倒在地上，昏迷不省人事。抬回寓所，鍾會遣醫診視，回說監軍的病勢沈重，難以治療。鍾會信以為真，便聽令在舍養病，未加迫害。及至鍾會、姜維被殺，這才挺身出來，率領其監軍衛士，維持秩序，重申號令，部勒將士。這衛瓘平日為人老成持重，頗樹威信，諸將士群龍無首，也就接受了衛瓘的指揮，經過了好多天的平撫，這成都的秩序才定。

當成都大亂的時候，有鄧艾的本營將士，追趕上鄧艾的檻車，劫出了鄧艾，回奔成都。衛瓘得知，誠恐鄧艾回來，又再起變化，是一波方平，一潮復起。適有護軍將軍田續，與鄧艾有舊恨，便遣田續去截擊鄧艾。田續率兵行至綿竹，遇到了鄧艾，遂將鄧艾殺死。於是這伐蜀的兩大功臣鍾會、鄧艾，一時皆亡。時在魏元帝咸熙元年正月，計從出師，經滅蜀，事變，到鍾會、鄧艾之死，前後僅僅九個月。這九個月中的得失榮枯，驚愕變幻，真似一場離奇的噩夢。結束這場噩夢，收拾亂局，最後卻歸功於監軍衛瓘。事後朝議，以瓘有奇功，擬特別封賞。衛瓘上表，極力的辭讓道：「剋蜀之功，皆群帥之力。二將跋扈，是自取滅亡。雖運智謀，而無搴旗之效。」遂以瓘為鎮西將軍，持節都督關中諸軍事，繼代了過去鍾會的職位。這衛瓘字伯玉，乃河東安邑人，魏尚書衛顗之子。自幼博學多才，弱冠的時候，便做了尚書郎。後來歷官中書郎、散騎常侍與廷尉卿，執法嚴明，斷事如神。司馬昭因他有幹才，故派為監軍，果然完成重任。衛瓘平日讀書甚多，又擅長草書，與尚書郎索靖齊名，人稱為「一臺二妙」。漢末有大書法家張芝字伯英，最善草書，每臨池習書，池水皆黑，人稱為草聖。衛瓘和索靖都師法張芝，各臻其妙。論者說：「瓘得伯英筋，靖得伯英肉。」衛瓘之所以能臨危不亂，從容應變，以定大難，實在是得力於他的學識與修養。

蜀漢既亡，蜀亂又定，咸熙元年二月，晉公司馬昭奉車駕，回歸洛陽。天子以晉公滅蜀功高，詔晉位為王，增封十郡。又以司空王祥為太尉，征北將軍何曾為司徒，左僕射荀顗為司空，是為一王三公。這司徒

何曾與司空荀顗，邀約太尉王祥，同往晉王府中，去謁賀晉王。荀顗道：「晉王的功德巍巍，我等今日見了晉王，須當一拜！」王祥道：「晉王雖尊，總是魏朝的宰相，我等是魏朝三公，三公和宰相同列，那有三公拜宰相的道理！不單有辱朝廷，也傷損了晉王的德望。君子愛人以德，我不為也！」及至進了王府，那荀顗、何曾望見了司馬昭，就跪倒在塵埃，唯有王祥作了一個長揖。那知司馬昭反而尊重王祥，答禮道：「今日然後知太尉之見重於國家也！」這荀顗、何曾倒落得個無趣。這王祥字休徵，琅邪郡臨沂人，是魏朝的一位元老。王祥的幼年，飽經憂患。母親早死，父親王融娶了繼母朱氏，虐待王祥，終日撻楚，叫王祥掃除牛糞。王祥總是忍氣吞聲，逆來順受。父母有病，則侍候湯藥，終夜衣不解帶。在嚴冬時節，有一天繼母忽然想吃活魚，王祥就脫了衣服，睡在冰上，冰面融化，突然有一對鯉魚，從冰窟裡跳出，王祥就持以獻母。繼母又喜歡吃蘋果，門口有株蘋果樹，結實累累。一夜風雨驟至，王祥就抱樹而哭。因此，王祥的孝名，就傳遍了鄉里。時逢漢末天下大亂，父親王融已故，王祥就扶母攜弟，逃難到廬江，隱居了三十多年。地方州郡慕聞其名，多方徵辟不出。直到繼母去世，喪服終了，才接受了徐州刺史呂虔的迎聘，就任徐州別駕，這時王祥年已六十。呂虔不大問事，一切都交給王祥。初時徐州的盜賊縱橫，經王祥剿撫，地方完全平靖，教化大行。百姓歌誦道：

「海沂之康，實賴王祥，邦國不空，別駕之功。」

於是王祥的聲響鵲起，由地方被徵聘到朝中，累官大司農、光祿勳、司隸校尉、太常卿，成為魏國朝堂上一位年高德劭的重臣。甘露三年魏主親臨太學，舉行養老之禮，特尊王祥為三老，北面請教。於是王祥當著天子百官，講了一篇古聖帝王的為君之道，聽者無不動容。甘露四年高貴鄉公的事變，滿朝文武不敢作聲，唯有王祥涕淚交流慟哭不已。那

時司馬氏兄弟專橫不可一世，獨對王祥還有幾分尊敬，為的是他負有朝野重望，多少還有點左右輿論的力量。

司馬昭既為晉王，特奏封劉禪為安樂公，徵其全家入朝。那劉禪奉命那敢不來，即帶領著妻子兒女，別離成都，來到洛陽。平時那些阿諛奉承的群臣百官，竟沒有一個從行。只有老臣祕書令郤正與殿中督張通兩人，拋棄了家小，單身隨著劉禪淒涼就道。劉禪感嘆，恨知正太晚。劉禪自幼生長宮庭，不諳世事，奈郤正一路指導，得免失誤。劉禪初到洛陽時，提心吊膽，坐臥不寧。後來賜居府邸，飲食豐厚，侍御無缺，看司馬昭相待也無惡意。倒也優遊自在，就安樂下來。有一天，晉王款宴劉禪，故意在席上表演蜀技。劉禪的家人都為之傷心落淚，唯獨劉禪喜笑自若。晉王顧問劉禪道：「頗思蜀否？」禪道：「此間樂，不思蜀也！」郤正一旁聽了，頗覺難堪。退後，教導劉禪說：「如果以後晉王再問起這話，當流淚而答曰：先人墳墓遠在岷蜀，乃心西悲，無日不思！」果然，隔了不久，晉王又問及此話。劉禪想起了郤正的囑付，即如言答對。可是一時擠不出眼淚，乃緊閉雙目。晉王聽了詫異道：「此話不似足下所說，倒像郤正平日的語氣？」劉禪慌張的睜開眼睛道：「誠如尊命！」晉王左右的人，都忍不住的笑起來。

司馬炎

這時曹魏事實上早已是晉王司馬昭的天下，群臣百官，望風承旨，也都視晉王為天子。原來晉王司馬昭的王后便是前述那遍註群經的河南尹王肅之女。她生了五子一女，三子早殤，單存下長子司馬炎與次子司馬攸。因為司馬師無後，司馬昭就把次子司馬攸過繼給司馬景王（師諡景王）。這司馬攸性情孝順，又多才多藝，晉王特別鍾愛，想立以為後，時常說道：「這天下乃是景王的天下，我之得攝相位，

是繼承的景王，百年之後，大業仍當還給景王的後裔。」司馬炎才氣雖不如司馬攸，卻有一項異稟，是長髮委地，雙手過膝，生就一副帝王的相貌。朝中大臣如賈充、何曾、山濤、羊琇、裴秀等，都擁護司馬炎。時司馬炎官拜中撫軍大將軍，羊琇教導司馬炎平時對政治時事要多多留心，國家有什麼措施，這項措施有什麼利弊，要把這些得失感想隨時作成記錄，默記在心，以備問對。司馬炎乃依計而行。後來司馬昭偶然和司馬炎談起國事，司馬炎應對如流，說得頭頭是道，漸漸贏回司馬昭的歡心。司馬昭又與群臣討論起建儲之事，左長史山濤說：「不可廢長立少，違禮不祥。」散騎常侍賈充道：「中撫軍有君人之德，不可易！」司徒何曾與尚書僕射裴秀說：「中撫軍人望所歸，又天表如此，非人臣之相也！」晉王司馬昭乃放棄了立司馬攸的念頭，而以司馬炎為王太子。

　　司馬昭的滅蜀是在魏元帝景元四年冬十一月，平定成都鍾會之亂是在翌年咸熙元年正月。又過一年，到咸熙二年（265 年）秋八月，司馬昭便一病身歿，諡為晉文王，於是太子司馬炎繼位為相國晉王。這時世事所趨，司馬氏的政權已完全穩定，這魏國天子的偶像，已全無存在的價值。就在司馬炎繼封晉王後的四個月，咸熙二年十二月壬戌之日，魏元帝曹奐宣布禪位於晉王，讓出王宮，遷居於洛陽城西北隅的金墉城。魏主出都之日，百官也都視為當然，無所留戀，又礙著晉王的情面，都沒有什麼表示。只有老臣太傅司馬孚一人，因為他是司馬氏家族中的一位元老，所以不須顧慮。上前牽著少主的手，歔欷流涕不勝依依的說道：「臣死之日，固大魏之純臣也！」也不知這位司馬家的老官僚，是出自真情，抑還是惺惺作態。又過了三天，十二月丙寅之日，晉王司馬炎即皇帝位，改國號為晉，改元泰始，以咸熙二年為泰始元年，時為西元 265 年，是為晉武帝。魏自曹丕稱帝至曹奐禪位，凡歷五主四十六年而亡。晉武帝封魏主曹奐為陳留王，置王宮於鄴城。這一切禪讓的禮節過程，完全倣照當年曹丕受禪的故事，一模一樣，不必細述。真是天道循環，因果不爽。僅僅兩年之間，蜀、魏皆亡，北自中原，西包蜀漢，此時四分之

三的土地，都是司馬氏的天下。那偏安在江東一隅的孫氏政權，就更成了殘局。三國歷史的演變，也到了尾聲。

第七講　司馬一統

卻說晉武帝司馬炎在西元 265 年即位，建元泰始，承代曹魏，定都洛陽，這又是一頁新歷史的開端。晉武帝鑑於魏國的曹氏以孤立而亡，乃恢復封建，以輔弼王室，大封諸宗室為王。封皇叔祖父司馬孚為安平王、皇叔父司馬幹為平原王、司馬亮為扶風王、司馬伷為東莞王、司馬駿為汝陰王、司馬彤為梁王、司馬倫為琅邪王、皇弟司馬攸為齊王、司馬鑒為樂安王、司馬機為燕王、皇從伯父司馬望（司馬孚之子）為義陽王、皇從叔父司馬輔為渤海王、司馬晃為下邳王、司馬瓌為太原王、司馬珪為高陽王、司馬衡為常山王、司馬景為沛王、司馬泰為隴西王、司馬權為彭城王、司馬綏為范陽王、司馬遂為濟南王、司馬遜為譙王，司馬睦為中山王、司馬陵為北海王、司馬斌為陳王、皇從父兄司馬洪為河間王、皇從父弟司馬楙為東平王，一共封了司馬氏三代二十七個王。諸王以郡為國，邑二萬戶為大國，置上中下三軍，兵五千人。萬戶為次國，置上下兩軍兵三千人。五千戶為小國，置一軍，兵五百人。這樣一來，不僅恢復了封建，並且恢復了諸侯的武力，其結果重複走上了漢初的覆轍，以致釀成了八王之亂，鬧得天翻地覆，這是後話。

建國之初的中央政府陣容，以安平王司馬孚為太宰❶都督中外諸軍

---

❶　太師、太傅、太保，為《周官》三公，晉為避景帝司馬師諱，故改稱太師為

事，鄭沖為太傅，封壽光公，王祥為太保，封睢陵公，何曾為太尉，封朗陵公，石苞為大司馬，封樂陵公，義陽王司馬望為司徒，司空荀顗為臨淮公，陳騫為大將軍，封高平公，賈充為車騎將軍，封魯公，王沈為驃騎將軍，封博陵公。這以上，不算車騎、驃騎兩將軍，太宰、太傅、太保、太尉、司馬、司徒、司空與大將軍，合稱八公，一時八公並列。自古以來，只有三公那有八公之說。原來太師（即太宰）、太傅、太保，為周之三公，丞相、太尉、御史大夫，為漢之三公；後來改丞相為司徒，太尉為司馬，御史大夫為司空，於是司徒、司馬、司空，為後漢之三公。又有時大司馬之官與太尉迭置，不並列，就是有大司馬則無太尉，有太尉則無大司馬❷。如今這八公同列，真曠古未有之奇聞，這種疊床架屋，集古今之大成的中樞官制，無非是顯示晉朝中央政府的恢宏龐大而已。晉武帝又以為近代政風衰替，人尚阿諛，很少直言極諫之士，想要恢復漢朝的諫議制度❸。乃命散騎常侍傅玄、皇甫陶，執行諫議的職務，以拾遺補闕。於是傅玄立即上書朝廷，第一樁事，要以整飭社會風紀，為當前之急務。其辭略曰：

「臣聞先王之御天下，教化隆於上，清議行於下，近者魏武好法術而天下貴刑名；魏文慕通達而天下賤守節。其後綱維不攝，放誕盈朝，遂使天下無復清議。陛下龍興受禪，弘堯、舜之化，惟未舉清遠有禮之臣以敦風節，未退虛鄙之士以懲不恪，臣是以猶敢有言。」

太宰。

❷ 漢制，以大司馬官銜冠於大將軍、驃騎將軍之上，以代太尉之職，故恆與太尉迭置，不並列。及魏，有太尉，而大司馬、大將軍又各自為官，位在三司之上，此非漢例，晉因承其制。

❸ 秦漢有諫大夫，東漢有諫議大夫，職司諫諍，魏不復置。

晉武帝深為嘉納，可是當時朝野的風氣，已積重難返，傅玄的這一篇建議，是等於虛文。

原來自魏武破壞禮教以來，繼之以三國的紛爭，天下大亂，民不聊生。一方面世道艱險，禍福難測，人們感到生命的微弱；一方面道德解體，善惡無憑，人們感到精神的空虛。於是形成了社會上的兩種人物，一種人是熱衷功利，講求現實，但得目前的享受，不管未來的後果，爭名奪財，罔顧廉恥，為達目的，不擇手段，如賈充、孫綝、黃皓之徒，和一般當朝銳進之士，多屬此種人物。另一種人則是不慕名利，不樂仕宦，徜徉於山水之際，放蕩於形骸之外，縱情蔑禮，任性而行，把人生看做遊戲，抱著一種玩世不恭的浪漫態度。譬如在魏末甘露景元年間，有陳留人阮籍，和他的姪兒阮咸，與譙郡人嵇康、琅邪人王戎、河內人山濤、向秀、沛國人劉伶，相與友善。喜談老莊虛無之道，終日裡縱酒荒誕，遨遊於竹林之中，而不理世務。社會上一般讀書的人，不以為怪，反而非常欽慕，稱為「竹林七賢」。這竹林七賢究竟是過著怎樣的一種生活呢？

這阮籍字嗣宗，家中世代書香，他就是那「建安七子」之一阮瑀的兒子。長得相貌魁梧，而任性不羈，平時喜怒不形於色。常閉門讀書，累月不出；或是登山臨水，經日忘返。嗜酒善嘯，好論老莊，每逢得意之時，就渾忘形跡。他不樂仕進，朝廷有多次徵聘，都被他謝絕。後來忽然自動請求，要做步兵校尉，原來他聽說在步兵營廚裡，藏有佳釀三百斛，藉此可以解酲。他天性至孝，卻不拘禮法。有一天，他在和人下圍棋，正下得難分難解的時候，家人來報，說太夫人在後堂逝世。對弈的客人聽了，慌忙斂棋欲止，可是阮籍不許，硬要把那局棋下完，決了勝負。然後飲酒二斗，放聲一號，吐血數升。在居喪期中，他一樣的飲酒食肉，可是哀毀骨立。有一天，他的好友裴楷前往弔喪，但見阮籍披散著頭髮，箕踞在靈旁，飲得酩酊大醉，兩目直視，看到客人，既不為禮，也不哭泣。那裴楷向前，哭奠了一番，行禮如儀而退。有人問裴楷

說：「按禮法：主哭，客乃哭，主禮，客乃禮；如今主人無禮，你又何必哭拜？」裴楷道：「阮籍乃方外之士，故不須守禮，我乃塵世中人，故未能免俗！」時人嘆為「兩得」。阮籍又會作青白眼，看了他不喜歡的俗人，就翻開白眼。又一天，嵇喜來弔喪，他就以白眼相待，嵇喜羞惱而去。及至喜弟嵇康攜酒挾琴來弔，阮籍大悅，乃以青眼相待。因之禮教中人，都大罵阮籍，而阮籍卻行之若素。鄰家少婦，當爐沽酒，長得十分美貌，阮籍就天天去飲酒，喝醉了，就倒在那少婦身旁，呼呼大睡。她的丈夫起初非常惱怒，後見阮籍並無歹意，也就聽其自然。阮籍身為步兵校尉，他屬下的步兵，家有一女，才色雙全，可憐紅顏短命，未嫁而死。阮籍聽了為之哀傷，他和那家從不相識，素無來往，竟自備了一份厚禮，親往弔喪。在那女兒的靈前，放聲大哭，只哭得天愁地暗，草木悽惶。他又經常獨自一人，駕著一輛小車，行不由徑，聽其所之，走到途窮路絕的時候，就慟哭而返。他這種種行為，瘋瘋癲癲，世人多目之為狂，而知者以為不狂。其實他的頭腦清醒，才華絕代，落筆自成文章，不須點竄。所著〈達莊論〉，申論莊子的無為之貴，意思深長。又作〈詠懷詩〉八十幾篇，為世人所傳誦，茲舉其兩首為例：

「平生少年時，輕薄好弦歌，西遊咸陽中，趙李相經過❹。娛樂未終極，白日忽蹉跎。驅馬復來歸，反顧望三河❺。黃金百鎰盡，資用常苦多。北臨太行道，失路將如何❻？」

❹ 趙指趙飛燕，李指李夫人，皆出身倡優，此用以形容倡妓。言少年時在咸陽都市中冶遊縱樂的荒唐生活。按歷來對於「趙李」典故的解釋頗多紛歧，此從顏延之與姚鼐說。可參考《阮步兵詠懷詩註》、《文選旁證》，及《援鶉堂筆記》。

❺ 指河東、河南與河內，秦漢所謂三河之地。阮籍原籍陳留屬於河南，言自咸陽回望故鄉也。

❻ 此用《戰國策·魏策》，季梁說魏王典故：「魏王欲攻邯鄲，季梁聞之，……往見王曰：『今者臣來，見人於大行，方北面而持其駕，告臣曰：「我欲之楚。」

「湛湛長江水，上有楓樹林。皋蘭被徑路，青驪逝駸駸❼。遠望令人悲，春氣感我心❽。三楚多秀士，朝雲進荒淫❾。朱華振芬芳，高蔡相追尋。一為黃雀哀，淚下誰能禁❿！」

從阮籍的這類詩歌和他的行徑，可以看出他的人生觀念，也反映出那個時代的背景。阮籍還有一項特殊的技能，是善於長嘯⓫。這圍棋、彈琴、詩、歌、嘯、遨，是當時名士們的一種習尚。那時有一位高士，姓孫名登，隱居在蘇門山⓬中，修真養性，不與世俗往來，被視為一種

臣曰：「君之楚，將奚為北面？」曰：「吾馬良。」臣曰：「馬雖良，此非楚之路也。」曰：「吾用多。」臣曰：「用雖多，此非楚之路也。」曰：「吾御者善。」「此數者愈善，而離楚愈遠耳。」今王動欲成霸王，舉欲信於天下。恃王國之大，兵之精銳，而攻邯鄲，以廣地尊名，王之動愈數，而離王愈遠耳。猶至楚而北行也。』」失路，即失其方向也，亦即所謂「南轅北轍」。此言人生的方向要正確，否則，徒有黃金資用，也是浪費生命，而無濟於事。

❼　皋蘭是路旁秀蘭芳草，青驪是黑色快馬，騎快馬從芳草路上疾馳而過，雖有秀色，何暇欣賞。此天涯芳草人生易逝之感。

❽　襲用《楚辭‧招魂》「目極千里兮傷春心」句意。意謂春天的景色越美，越惹我的感傷。

❾　古稱江淮一帶為三楚之地，謂江陵一帶為南楚，東吳一帶為東楚，彭城一帶為西楚（故項羽建都彭城自稱西楚霸王）。「朝雲」用宋玉〈高唐賦〉的「旦為朝雲，暮為行雨」典，後世形容荒淫之事多用此「雲雨」之典。此嘆三楚一帶甚多文人秀才，也都只能進獻那些荒淫之事。

❿　用《戰國策‧楚策》典：「莊辛謂楚襄王曰……黃雀因是以。俯噣白粒，仰棲茂樹，鼓翅奮翼，自以為無患，與人無爭也。不知夫公子王孫，左挾彈，右攝丸，將加己乎十仞之上，……蔡聖侯之事因是以。……左抱幼妾，右擁嬖女，與之馳騁乎高蔡之中，而不以國家為事。不知夫子發方受命乎宣王，繫己以朱絲而見之也。」高蔡，楚地名。此言人之荒淫作樂，以自陶醉者，卻不知死亡就在眼前，到那時悔傷已來不及了！

⓫　齆口使發聲令其音清越而舒長，古人有此習慣，謂之「長嘯」。其善嘯者，成為一種特技。

神仙境界的人物。大將軍司馬昭聞而奇之，特派阮籍前往訪問。這事倒正合阮籍的興趣，便欣然前往。好不容易，尋山問路，找到了這位孫先生，便與他談古論今。阮籍說了半天，那孫先生竟一言不發。阮籍不得要領，乃長嘯而退。辭別下山，行至半山之際，忽然聽到遠遠傳來一陣嘯聲，那聲音有如鸞鳳和鳴，又好似數部鼓吹，盤旋空際，群谷響應，久久不絕。阮籍駭然回顧，原來就是孫登之嘯，不禁大為傾服。那時玄學中人，把理想中的聖人稱為「大人先生」，而目世俗之仕宦賢能為「君子」，這也是一個時代有一個時代的辭彙。阮籍回家之後，乃執筆撰寫了一篇〈大人先生傳〉❸，把孫登作為假設的對象，先神而明之，寫出了他理想中的大人先生。作了一番介紹之後，然後寫道：

「或遺大人先生書，曰：『天下之貴，莫貴於君子。服有常色，貌有常則，言有常度，行有常式❹。立則磬折，拱若抱鼓❺。動靜有節，趨步商羽❻。進退周旋，咸有規矩。心若懷冰，戰戰慄慄。束身修行，日慎一日。擇地而行，唯恐遺失。誦周、孔之遺訓，嘆唐、虞之道德。唯法是修，唯禮是克。手執珪璧，足履繩墨❼。行欲為目前檢，言欲為無窮則❽。少稱鄉閭，長聞鄰國。上欲圖

---

❷　為太行山支脈，在河南輝縣西北七里，一名蘇嶺，又稱百門山，上有百門泉，勝地也。

❸　大人先生乃作者理想中一種超塵絕俗之人物，原文曰：「大人先生蓋老人也，不知姓字。陳天地之始，言神農黃帝之事，昭然也；莫知其生年之數，嘗居蘇門之山，故世或謂之閒。」

❹　言行為有一定的法式，此指禮教也。

❺　言雙手合圍打拱行禮時，其狀如抱鼓。

❻　商羽為樂調之名，言君子行路時，一步一趨，都能合乎音樂的節拍。

❼　繩墨即木工用以畫直線的墨繩、墨斗，所謂足履繩墨，意謂按著直線行路，不能歪歪斜斜。

❽　「檢」者「法式」也，「則」者「規則」也。謂一言一行都要能作當前人的

三公，下不失九州牧。故挾金玉，垂文組❶，享尊位，取茅土❷，揚聲名於後世，齊功德於往古。奉事君上，牧養百姓，退營私家，育長妻子。卜吉宅，慮乃億祉❷，遠禍近福，永堅固己。此誠士君子之高致，古今不易之美行也。今先生乃被髮而居巨海之中，與若君子者遠，吾恐世之嘆先生而非之也。行為世所笑，身無由自達，則可謂恥辱矣。身處困苦之地，而行為世俗之所笑，吾為先生不取也。』於是大人先生乃迺然❷而嘆，假雲霓而應之❷曰：『若之云尚何通哉❷？夫大人者，乃與造物同體，天地並生，逍遙浮世，與道俱成，變化散聚，不常其形。天地制域於內，而浮明開達於外❷，天地之永，固非世俗之所及也。吾將為汝言之。往者天嘗在下，地嘗在上，反覆顛倒，未之安固，焉得不失度式而常之？天因地動，山陷川起，雲散震壞，六合失理，汝又焉得擇地而行，趨步商羽？往者群氣爭存❷，萬物死慮❷，支體不從，身為泥土，根拔枝殊，咸失其所，汝又焉得束身修行，磬折抱鼓？李牧功而身死，伯宗忠而世絕❷，進求利而喪身，營爵賞而家滅，

標準，後世人的榜樣。

❶　佩帶的綬帶。

❷　古之封建諸侯，天子取土裏以白茅授諸侯，以象徵土地，謂之封茅土。即封土授爵之意。

❷　億者億萬，祉者福祉，言考慮到億萬無窮的福祉。

❷　同悠然，意味深長之貌。

❷　幻想之詞，語倣司馬相如之〈大人賦〉：「世有大人兮，在乎中州。……乘絳幡之素蜺兮，載雲氣而上浮。」

❷　譯為語體：「像你這樣說法，還怎麼說得通呢？」

❷　意謂：大人的境界是把天地萬物的領域都包含在他的內心之中，在他的外貌上是表現為一種空明通澈一無所有的形象。

❷　群氣即眾生之意，《莊子·知北遊》：「人之生，氣之聚也，聚則為生，散則為死。」

❷　死慮即慮死，與上句爭存相對。言眾生萬物，皆爭取生存而恐慮死亡。

汝又焉得挾金玉萬億，祇奉君上，而全妻子乎？且汝獨不見夫虱之處於褌中，逃乎深縫，匿乎壞絮，自以為吉宅也。行不敢離縫際，動不敢出褌襠，自以為得繩墨也。饑則嚙人，自以為無窮食也。然炎丘火流❷⁹，焦邑滅都，群虱死於褌中而不能出。汝君子之處區內，亦何異夫虱之處褌中乎？⋯⋯」」❸⁰

這對於當時所謂的「君子」揶揄諷刺，嬉笑怒罵，真是一篇絕妙好文。

阮籍的姪兒阮咸，也是一個妙人。他是武都太守阮熙之子，和他叔父阮籍是志同道合，同為竹林之遊。在他們的家鄉裡，阮家是個大族，族中人士同住在一條街上。街北住的都是阮姓富戶，地方上稱為「北阮」，街南住的都是阮姓貧戶，稱為南阮。而阮咸、阮籍卻都住在街南，和那些窮本家住在一道。地方上的習慣，每逢七月七日，當街曬衣，北阮把那些錦繡羅綺都晾了出來，以顯闊綽。這阮咸不甘示弱，就把他的粗布犢鼻褌，用高竿挑在庭空，以示對抗。他喜愛他姑母家的一個婢女，後來姑家遠徙，將婢女帶走。這天，正當阮咸家有貴客來訪。阮咸聽得此訊，也顧不得招待賓客，反搶過客人的馬匹，跨馬揚鞭，飛奔追上了姑家的車從，將那丫頭截奪下來，摟抱著她，雙載而歸。路人側目，而阮咸處之坦然。有人問起，阮咸道：「此人種，不可失也！」有一天，阮咸招待他的族人飲酒，不用杯爵，在庭中放了一個圓的大酒槽，大家圍著酒槽，掬撮而飲。不知怎的，他家豢養的一群豬仔，也鑽過來湊趣，把牠們的長嘴巴伸到酒槽裡，大哑一頓。這阮咸是既不驅逐，也不嫌骯髒，就這樣的人豬雜沓，共飲起來。

---

❷⁸ 李牧為戰國時趙之名將，屢破匈奴立殊功，後被害身死，見《史記·廉頗藺相如列傳》。伯宗為春秋時晉國大夫，忠而好直諫，為權臣所讒害，事見《史記·晉世家》。

❷⁹ 南方炎熱之地謂之炎丘，見《淮南子》。火流，形容天氣酷熱如火之流。

❸⁰ 以上全文參見《阮步兵集》，此乃節錄。

最有趣的是劉伶，伶字伯倫，沛國人，身長六尺，容貌醜陋，他的人生哲學，認為世間一切得失榮辱，通窮貴賤，以至生死壽夭，都是相對的，而非絕對的，所以把宇宙看得很小，萬物都是一般，故最服膺莊子的理論。其為人也，沈默少言，落落寡合，獨與阮籍、嵇康相善，遂相與為竹林之遊。平時不治家人生產，經常乘坐一輛鹿車，帶著一壺酒，任性遨遊，叫一個隨從揹著鋤頭，跟在後面，他說：「隨時隨地，死便埋我！」性嗜酒如命，妻室屢戒不聽，氣憤得把他的酒壺、酒缸，統統搗毀，涕泣而諫道：「家裡既窮，你身體又壞，如此沈湎無度，實非養生之道！」劉伶委宛言道：「我個性如此，無法自戒，須要禱告鬼神，助我斷酒。」妻室同意，便陳設酒肉俎豆，置案庭前，劉伶跪拜禱告，大聲祝曰：「天生劉伶，以酒為名，一飲一斛，五斗解酲！婦人之言，慎不可聽！」說罷，引酒切肉，狂飲大嚼，隗然而醉。弄得妻室是又羞又惱，啼笑皆非。劉伶每逢縱酒放達，嘗脫衣裸形，一絲不掛的坐在屋子裡讀書，這一天，有客人闖進，大為驚訝，責其無禮。劉伶道：「我以天地為棟宇，屋室為褌衣，君奈何入我褌中，是自取沒趣，反而少見多怪！」其生活，似乎是終日昏昏，然而執筆為文，藻思俊發，辭旨並永。著有〈酒德頌〉一篇，其文曰：

「有大人先生，以天地為一朝，以萬期為須臾，日月為扃牖，八荒為庭除。行無轍跡，居無室廬，幕天席地，縱意所如。止則操卮執觚，動則挈榼提壺，唯酒是務，焉知其餘。有貴介公子，搢紳處士，聞吾風聲，議其所以。乃奮袂攘襟，怒目切齒，陳說禮法，是非蜂起。先生於是方捧甖承槽，銜杯漱醪，奮髯箕踞，枕麴藉糟，無思無慮，其樂陶陶。兀然而醉，怳爾而醒，靜聽不聞雷霆之聲，熟視不睹泰山之形，不覺寒暑之切肌，利欲之感情。俯觀萬物，擾擾焉如江海之載浮萍；二豪侍側焉，如蜾蠃之與螟蛉❸❶。」

❸❶ 「二豪」指上述之「貴介公子」與「搢紳處士」。蜾蠃為蜂之一種，螟蛉為

在竹林七賢中，性情高傲而多才藝的，要數嵇康。康字叔夜，譙國銍人。少孤貧而有奇才，為人豪邁不群，恬靜寡欲。他和劉伶是兩種氣質，劉伶長得短小醜陋，而嵇康身長七尺八寸，儀表非凡，服食養生，彈琴賦詩，望之如神仙中人。七賢中與嵇康交篤的是阮籍、山濤與向秀，而山濤尤為莫逆。山濤字巨源，河內懷縣人，初隱居，與嵇康、阮籍等為竹林遊，及年四十，乃出仕。因為和司馬師、司馬昭的生母張氏是中表親的關係，遂未能免俗，夤緣而由郎中、從事中郎，遷尚書吏部郎，深為司馬氏兄弟所器重。後來又有升遷，乃舉嵇康自代。嵇康極其厭惡，就寫了一封信和山濤絕交，信中備述自己的野性難馴，不堪流俗，表示士各有志，不可相強。這是一篇極有名的文章，原文的意思這樣說❸❷：

「足下當年曾在潁川先生❸❸前稱述我的志趣，我以為是知己之言。可是現在感覺奇怪，似乎我的為人，足下還未能認識。前年從河東還鄉，由顯宗阿都❸❹相告，得知足下向朝廷推薦，舉我以相代，

蛾之一種。螺蠃常取螟蛉之幼蟲置於巢中，俟產卵後封其穴。螺蠃之幼蟲孵出，即食所捕之螟蛉幼蟲而長成。古人不知，以為螺蠃不育，而養螟蛉為子，故習稱義子為螟蛉。《詩經・小雅・小宛》云：「螟蛉有子，螺蠃負之，教誨爾子，式穀似之。」又揚子《法言・學行篇》云：「螟蛉之子，殪而逢螺蠃，祝之曰：『類我類我』，久則肖之矣。速哉，七十子之肖仲尼也。」李軌註曰：「螟蛉，桑蟲也。螺蠃，蜂蟲也。肖，類也。蜂蟲無子，取桑蟲蔽而殪之，幽而養之，祝曰：類我！久則化而成蜂蟲矣。七十子之肖仲尼又速於是。」（參見《文選》劉伯倫〈酒德頌〉李善註。）此間意謂：「貴介公子與搢紳處士，本不了解我的為人，及至看到我的生活態度，反而大受感化，如螟蛉之與螺蠃；七十子之與仲尼焉！」

❸❷ 嵇康與山巨源絕交書，是一篇著名而傳誦的文章，原文參見《嵇中散集》與《昭明文選》，因其文意饒有奇趣，代表當時竹林中人的一種生活態度，故散譯為語體，俾便閱解，減少註釋。蓋略其辭章，重其情態也。

❸❸ 指山濤的族父山嶷，曾為潁川太守。

❸❹ 公孫崇字顯宗，譙國人，曾為尚書郎。呂安字仲悌，小名阿都，東平人，與

這事雖沒成功，但足以證明足下對我之不了解。足下為人，能適
應環境，通權達變；我的性情直率，氣度狹窄，叫我去應付官場
社會，許多事不能忍受。過去偶然與足下相識，以為是志同道合，
及聞足下屢次升官，我是說不出的憂愁恐懼。恐懼的是怕你覺得
獨自做官不好意思，來拉朋友幫忙，越俎代庖❸，拿著屠刀同你
一道宰割，也弄得一身腥羶。所以我不得不為足下說明我的態度。
我從前讀書，見說有種人，既耿介孤直，又能兼善天下，我認為
沒有這種人，可是現在確發現真有其人。這種人既能從俗浮沈，
而內心也不失正道，縱隨波逐流，亦心安理得。但是我卻辦不到，
因為我的個性難忍，無法勉強，也無法矯飾。古代聖賢，有種種
不同的人物：老子、莊子是我的老師，柳下惠、東方朔是古之達
人，他們都甘居卑位，不求顯達，而從容樂道。孔子是聖人，他
說：『富而可求，雖執鞭之士，吾亦為之。』楚國的子文是賢人，
雖不求卿相，而三為令尹。這都是所謂君子濟物之意，『達則兼善
天下；窮則自得無悶。』由此看來，所以有堯舜的治世，也有許由
的巖棲；有張良的佐漢，也有接輿的行歌，其理則一。這些聖賢
君子，也都是各遂其志。故君子百行，殊途同歸，循性而動，各
安其所。所以有的處朝廷而不出，有的入山林而不返；吳季札辭
位讓國，效慕曹子臧的作風❸；而司馬長卿卻熱衷功名，要學藺
相如的為人。志氣所託，是各有不同，而不能相強。我每讀尚子

稽康至交，性亦至烈，有濟世之志。

❸ 原文為「恐足下羞庖人之獨割，引尸祝以自助」。此簡譯為「越俎代庖」，是
普通的成語。語出《莊子·逍遙遊》：「庖人雖不治庖，尸祝不越樽俎而代之
矣。」庖人是廚司，尸祝是古代的祭司，職司能力全不相同。廚司縱然因故
不能工作，也不可叫祭司越過樽俎（祭器）去代替廚司。那結果縱然弄得一
身腥羶，也做不出菜來。

❸ 曹宣公死，曹人欲立子臧為君，子臧避位離國而去，吳國君諸樊死，國人欲
立公子季札，季札亦避位出遊。皆春秋時故事。

平、臺孝威傳❸，則嚮慕其人。我幼年喪父，因母兄嬌慣，沒讀經書，性情又疏懶，筋肉弛緩，頭面常半月不洗，非到十分悶癢，絕不沐浴。就是想要小解，我都忍著，非到尿在膀胱裡都要脹出來，我不起床。我的生活，是任性已久，養成一種孤傲散慢的習慣。平時舉止的隨便，經常與禮法相違背，懶惰又和傲慢結為一體，好在一般老朋友也都能了解而原諒，不怪罪於我。又讀莊老之書，更增加我這種放誕，所以名利之心日益淡薄。好像豢養麋鹿，從小馴育，自然聽人約束。如果捉來一隻大鹿，牠就要狂奔亂跳，掙脫羈繩，縱然套上金絲籠頭，餵給嘉美的食物，牠還是想那長林豐草自由自在的原野。當今的人，我最崇拜的是阮嗣宗，平素口不言人之過，我每想師法他而不能及。他的長處，是天性純厚過人，從不侵害別人，只是飲酒過度，遂為禮法之士所不滿，恨之如仇，幸賴大將軍的保護，得以無恙。我的天賦，遠不如嗣宗，加以懶散的個性，又不懂人情，不識機宜，沒有漢朝萬石君❸那樣的謹慎，而有心直口快肚子裡藏不住東西的毛病。叫我去應付人事，日子一久，定會出禍，想不得罪人，也辦不到。何況人倫有禮，朝廷有法，那能由我任性而為。我曾仔細考慮過，我有七樁不能忍受的事，而有兩個最要不得的毛病。我早晨喜歡睡懶覺，做了官，看門的差役一早就要把我叫起來，這是第一樁受不了的事。我喜歡抱著琴到處散步吟詩，或是在野外去射鳥釣魚，做了官，就要有吏卒看隨，再不能自由行動，這是第二樁受不了

---

❸ 尚子平後漢人，有道術，為縣功曹，休歸，隱入山中以擔薪販賣為生（見《文選》李善註引王粲之《英雄記》）。又臺佟字孝威，後漢隱士，刺史訪問，嘆其生活太清苦，佟自稱，得保全性命，存神養和，不以為苦。事見《後漢書‧逸民傳》。

❸ 漢石奮與子四人，皆俸二千石，合為萬石，故人號稱萬石君。一家父子奉官守職，特以謹慎小心著稱。《漢書》有〈石奮傳〉。

的事。做了官，成天的要正襟危坐的辦公，腿腳麻了也不能動彈，偏我的身上又多蝨子，搔起癢來沒個完，這樣還要衣冠端正的去拜謁長官，這是第三樁受不了的事。我素來不善於寫信，也不喜歡寫信，做了官則官場的文書最多，堆案盈几，不酬答吧，不合道理，酬答吧，我是難以應付，這是第四樁受不了的事。我又怕弔喪的儀式，但是人情世俗又把這事看得很重，我如違禮會被人怨恨，甚至遭到中傷。我也曾警戒我自己這是不合情理的，可是本性難移。縱然壓迫著我的心意，違背著我的本性，虛情假義的去隨順世俗，我也做不到不露心跡的無咎無譽的地步，這是第五樁受不了的事。我最討厭俗人，可是做了官，就偏要和俗人在一起，成天的賓客滿座，喧鬧雜沓，還要在那塵囂穢氣之中，裝模做樣，這是第六樁受不了的事。我的性情喜歡清靜，最怕煩惱，做官以後，公事紛繁，處理政務，以至應付世故人情，都要煞費心機，這是第七樁受不了的事。我平時好發議論，興會到來，連商湯、武王、周公、孔子我都要批評一番，如依此則世間可批評的事，不知多少，若我當官，必為禮教所不容，這是我第一個最要不得的毛病。我性情剛愎，疾惡如仇，說話輕率，遇事直言無隱，最易觸犯，這是我第二個最要不得的毛病。以我這樣氣度狹小全無涵養的人，再加上上述的九樁毛病，如若從政，則不有外患，必有內憂，還能活在世上嗎？

人之相知，貴能相互了解彼此的心性，然後順其性以成全之。所以禹王不逼迫伯成子高，以全其節 ❸，孔子不借傘於子夏，以掩其短 ❹。近如諸葛孔明不逼元直入蜀，華子魚不強幼安入仕 ❹。

---

❸ 傳說伯成子高為三代時賢者，舜之授禹，伯成子高辭為諸侯而耕於野，禹往請之，伯成子高耕而不顧。見《莊子・天下》。

❹ 語見《孔子家語》：「孔子將行，雨而無蓋，門人曰：商也有之。孔子曰，商之為人也，甚悋於財，吾聞與人交，推其長者，違其短者，故能久也。」商

他們是自始至終相維護，可以說是真正夠得上朋友。足下看見直木一定不會拿它做車輪，看見曲木也不會拿它做椽子，天生的材料各有不同，各有所用，是無法委屈改造。亦猶士農工商，各安所業，凡通達的人都能明白這個道理，則足下亦必能了解。不能看華麗的冠冕就一定要強迫那野蠻的越人去戴㊷；也不能說自己喜歡腐鼠，就硬要強迫鵷雛去吃㊸。我現在學習養生之道，正在擺脫榮華富貴，務求清靜淡泊，以無為貴。即便沒有上述的九種毛病，也不會接受足下之盛意。最近我又有心裡悶痛的病，越來越厲害，更不能忍其所不能忍。我已經經過深思熟慮，下了決定，就是無路可走，我也認命。足下不必平白無故的來陷害我，使我死於溝壑，走入絕境。我老母長兄新近去世，心中悲痛，膝下幼女年十三，小兒才八歲，尚未成年，又多疾病，想到這裡，有說不出的淒酸。而今但願長守陋巷，教養子孫，常與親舊相聚，談談天氣，說說老話，濁酒一杯，素琴一曲，我的志願也就滿足了。足下如果要拖我做官，無非要為政府羅致人才，須知我的粗疏胡塗，不懂世事，那裡是從政的人才。我的能力是遠不如當今在朝賢達。世俗人都喜歡榮華富貴，我則以能遠離榮華富貴為快樂。我也不是故意鳴高，假使我真是長才大度，博學多能，而不慕名利，那才算是高蹈。我只是因為無能而多病，欲遠離社會以保全

即卜商，字子夏，此即孔子不借傘於子夏。

㊶ 華子魚即華歆，字子魚，魏文帝時為相。管寧字幼安，為華歆好友，時隱於遼東。

㊷ 語出《莊子・逍遙遊》：「宋人資章甫而適諸越，越人斷髮文身，無所用之」，章甫即冠冕。

㊸ 此語出《莊子・秋水》，云：惠子為梁相國，懼莊子謀其位，莊子乃往見惠子曰：「南方有鳥，其名為鵷雛，子知之乎？夫鵷雛發於南海而飛於北海，非梧桐不止，非練實不食，非醴泉不飲。於是鴟得腐鼠，鵷雛過之，仰而視之曰：嚇！今子欲以子之梁國而嚇我耶？」

餘年，也可以說這是我天賦的缺陷。這樣還要自負的話，那就好像一個宦官，不近女色，要自負守貞一樣。總而言之，像我這樣的人，你若一定拖著我和你同登王途，共為歡樂，加以強迫的話，那我真要發神經。除非我和你有什麼深仇大恨，想你是不會這樣做。從前有一個鄉下佬，感到冬天太陽曬背很舒服，以為是椿莫大的發現，特把這事獻給皇上❹，雖然他是一片精誠，卻弄成了一個大笑話，希望你不要學他。

我寫這封信的意思，一則是表示我的態度，再則與你從此告別！」

這封信的措辭，雖然委宛，卻也極盡揶揄，尤其字裡行間，對於朝廷時政，頗有諷刺。那時正是司馬昭做大將軍當權用事的時候，後來輾轉看到了這封信，極其不快。嵇康博學多才，著有〈養生論〉與〈君子無私論〉，暢論黃老之旨，養生之道。彈琴賦詩之外，又喜歡鍛鐵。家門前有一棵大柳樹，樹下特別蔭涼，每逢夏秋之季，嵇康便與向秀在樹下鍛鐵為樂。那時鍾會以貴公子受知於大將軍，青雲得志，自視非凡，撰寫了一篇〈四本論〉，慕嵇康之名，欲往請教。這天懷揣著這本大著，又邀約了時賢名士數人，特到銍縣去拜訪嵇康。尋到嵇康的門前，正逢嵇康和向秀在鍛鐵。他們向前通稟了名姓，而嵇康卻視若不見，照舊的打鐵。鍾會等佇立一旁，等待了半天不曾搭訕上一句話，文章也無緣拿出，弄得十分無趣，便憤然告別。嵇康問道：「何所聞而來？何所見而去？」鍾會答道：「聞所聞而來，見所見而去！」因此懷恨在心。有一天和大將軍司馬昭談起嵇康，鍾會道：「嵇康誠乃臥龍，不可強起，然而嵇康不起，終必為患，聽說嵇康曾助毌丘儉為亂。當年孔子誅少正卯，正因少正卯危言聳聽，沽名釣譽，危害了禮教和社會，不誅少正卯無以肅視聽正人心。現嵇康的言論太放縱，實於國家不利，不除之無以整頓社會風氣。」司馬昭深以為然，於是假託了一項罪名，把嵇康判了死罪。太學生三千

❹　此「野人獻曝」之典，出《列子・楊朱篇》。

人聞訊，集體請願，願以嵇康為師，貸免其罪，大將軍不許。這天將嵇康牽往刑場，等待日中行刑，嵇康仰見日影尚斜，乃索琴扣弦，彈了一曲〈廣陵散〉。其聲淒清絕倫，左右之人，無不淚下。嵇康嘆道：「當年袁孝尼要跟我學〈廣陵散〉，我慳持不肯傳授，不料〈廣陵散〉從此絕矣❹⑤！」

嵇康既死，向秀戒懼，適逢地方徵舉，遂應徵入洛陽。司馬昭笑問道：「聞足下有箕山之志，何以來此？」向秀答道：「像許由、巢父那種人，乃是狷介之士，那知堯舜安邦治國的苦心，何足多慕！」遂官至黃門侍郎、散騎常侍，在朝並未任職，投閒置放，掛個名義而已。向秀字子期，是河內懷縣人，和山濤是同鄉，而與嵇康最為莫逆，雖不得已而入朝，仍思念嵇康不已。後來向秀自朝還鄉，這一天在日落黃昏的時候，經過嵇康在山陽的舊居。但見落葉滿階，荒草沒徑，鄰居有人吹笛，其聲哀婉，如怨如慕，如泣如訴。向秀不勝感傷，作了一篇〈思舊賦〉，其辭曰：

「將命適於遠京兮，遂旋反而北徂。濟黃河以汎舟兮，經山陽之舊居，瞻曠野之蕭條兮，息余駕乎城隅。踐二子之遺跡兮❹⑥，歷窮巷之空廬。歎〈黍離〉之愍周兮❹⑦，悲〈麥秀〉於殷墟❹⑧。惟古昔以懷今兮，心徘徊以躊躇。棟宇存而弗毀兮，形神逝其焉如。昔李斯之受罪兮，嘆黃犬而長吟❹⑨。悼嵇生之永辭兮，顧日影而彈琴。託運遇於領會兮，寄餘命於寸陰。聽鳴笛之慷慨兮，妙聲絕而復尋。停駕言其將邁兮，遂援翰而寫心！」

❹⑤ 世稱「絕響」為〈廣陵散〉即出此典，參見《晉書・嵇康傳》。

❹⑥ 二子指嵇康與呂安。

❹⑦ 〈黍離〉，出自詩經〈王風〉，毛序曰：「〈黍離〉，閔宗周也！周大夫行役至於宗周，過故宗廟宮室，盡為禾黍，閔宗周之顛覆，徬徨不忍去而作是詩也。」

❹⑧ 《史記・宋世家》載殷商之宗室微子，往朝周，經過殷墟，見宮室皆淪為田野，乃作歌曰：「麥秀漸漸兮，禾黍油油，彼狡童兮，不與我好兮！」

❹⑨ 李斯之死，顧其子曰：「想當年牽黃犬出上蔡東門逐狡兔，而今安可得哉。」世稱「黃犬之嘆」，參見《秦漢史話》。

像竹林七賢這般人所代表的人生觀，貌似高逸，其實是對社會人生採取一種逃避的態度，完全站在消極的立場，只能自我麻醉，而不能使社會起任何澄清作用。反而促進紀綱的解體，道德的沒落。更給許多多行不義的人以名教解放為藉口，而無惡不作。此所以形成後來兩晉南北朝那種荒淫糜爛的頹風。然而這種現象也是歷史上積累的種種因果背景所形成。

現在放下這些閒話不談，我們須要說明一下在司馬代魏之際，江南東吳的政局。當晉武帝司馬炎受禪的前一年，亦即魏元帝咸熙元年的七月，吳景帝孫休去世。臨歿時，本遺囑傳位於太子孫霅，而孫霅年幼。丞相濮陽興和一般大臣商議，認為西北方蜀漢新亡，東南又有交州之亂，國事維艱，必須要奉立一位年長的君主，才能撐持危局。就有左典軍萬彧特別提出烏程侯孫皓，稱孫皓如何多才好學，堪為賢君。大家也未深究，便徵得朱太后（即景帝后朱氏）的同意，共迎立孫皓為帝。這孫皓字元亮，就是前太子孫和之子，孫權之孫，即位時年二十三歲。

那知這孫皓即位之後，驕狂兇暴，酗酒好色，舉措荒謬，大失人望。丞相濮陽興與左將軍張布，深悔定策之誤，不免在朝外議論。被孫皓聞知，就趁興、布入朝之時，著令武士將興、布拿下，流放廣州，行至中途，加以殺害。即用滕后之父滕牧為衛將軍錄尚書事，輔佐朝政。孫皓即位的第二年（265 年），吳國改元甘露，是為甘露元年。是年秋天，西陵❺都督步闡❺上書朝廷，建議遷都武昌，鎮攝上游，控禦西北，可以表示國家的魄力，鼓舞抗敵的精神。蒙吳主採納，即於甘露元年九月，率領百官遷都武昌，而留下御史大夫丁固與右將軍諸葛靚駐守在建業。當年十二月，北方的晉武帝司馬炎也篡魏，改元泰始。明年，東吳因為遷都的關係，又改元寶鼎，東吳的寶鼎元年，就是晉朝的泰始二年（266 年）。原來自曹魏的末年，南北雖然對峙，而雙方信使仍往還不絕。在魏

❺ 即夷陵。

❺ 西陵都督步闡，為故西陵督步騭之子。吳大帝孫權時以步騭為西陵督。

元帝咸熙元年魏滅蜀之後，晉王司馬昭特遣使宣慰江南，曉吳主以禍福之機。吳主孫皓也就派遣光祿大夫紀陟、五官中郎將弘璆等前往報聘，並致書晉王，其辭略曰：

> 「知以高世之才，處宰輔之任，漸導之功，勤亦至矣。孤以不德，階承統緒，思與賢良共濟世道，而以雍隔未有所緣，嘉意允著，深用依依。」

雖寥寥數語，說得不即不離，不亢不卑，確是一篇很好的外交辭令。不料紀陟與弘璆到了洛陽，適逢司馬昭病故，不得要領的匆匆而還。於是在寶鼎元年正月，再派遣大鴻臚張儼、五官中郎將丁忠，以弔祭司馬昭為名，再去訪問北國，兼以窺探新朝的動態。到三月間，張儼、丁忠奉使南還，張儼病死途中，只剩下丁忠一人回朝述職。那天吳主孫皓特在新都武昌朝堂之上，大宴群臣，召見丁忠，令百官必須盡醉為歡。因為孫皓的性情乖張，都不敢忤旨。散騎常侍王蕃一向生活嚴肅，不善飲酒。方飲數鍾，已酩酊大醉，倒地不起。孫皓著人將王蕃抬出殿外。那知一陣涼風，遂將酒意吹散。王蕃醒來，自恨失態，乃復振作精神，從容自若的回到朝堂。不料竟惹起吳王的震怒，認為王蕃是裝腔作態，有意的戲弄朝堂，有欺君之罪，即喝令左右武士，將王蕃推出斬首，並將首級取下。孫皓帶著群臣百官，登上武昌城南的來山之上，眺望景物，卻將王蕃的頭顱擲入山谷中，縱令虎狼爭食，俯視以取樂。左右之人，無不戰慄，而孫皓卻談笑自若。這一場朝堂盛會，竟弄得人人驚心動魄。

那天丁忠向吳主孫皓報告北方的情形，說明司馬氏之與南朝修好並無誠意，當此更朝換代之際，中原顯得空虛，尤其弋陽❷一帶，全無軍備，此為南北兵家必爭之地，可襲而取之也！孫皓以之徵詢大臣們的意見。鎮西大將軍陸凱說：「北方新併巴蜀，勢力正強，斷不可輕率挑釁，

❷ 屬汝南郡，地在今河南東南隅之潢川。

以求徼倖。」孫皓乃止，然而也打消了和晉人修好的念頭，緣邊布防，採取了積極抵抗的戰略。

這陸凱字敬風，吳郡吳縣人，乃是陸遜的族姪，為人好讀書，深通韜略，手不釋卷，有文武之才。以屢立戰功，遂為鎮西大將軍，都督巴丘❸，領荊州牧，時為左丞相（萬或為右丞相），封嘉興侯。對國家忠心耿耿，知無不言。吳主孫皓上朝時，有一個怪脾氣，不喜歡臣下注視，於是百官都俯首低眉，不敢仰瞻天顏。陸凱上書說：「古今那有君臣不許相視之理，如此臣子不識龍顏，萬一天子遭遇不測，臣子不知當救何人？」孫皓乃下旨，特許陸凱上朝時可以仰視，他人還是不可。

東吳建都建業為時已久，一旦遷都武昌，武昌的地方狹小，諸多不便，當地的糧食又不足，須賴揚州下游地方泝流供給，官民均不堪其苦。隨同政府西遷的吏民，都懷念故都，地方上乃流傳出幾句歌謠說：

「寧飲建業水，不食武昌魚；寧還建業死，不止武昌居。」

這消息傳到巴丘，陸凱又上書剴切勸諫，請朝廷罷省百役，還都建業。其實孫皓亦感覺到武昌遠不如建業舒適，恰巧這時建業附近又發生了山賊作亂，經討平之後，乃決定還都建業以固根本。孫皓就在寶鼎元年冬十二月率領百官東歸，留下后父滕牧鎮守武昌。計自甘露元年九月遷都到明年十二月還都，在武昌僅僅住了一年零兩個月，但這一來一往，勞民傷財，靡費了不少的人力物力。滕牧自以后父之尊，代孫皓留守武昌，負方面重任，屢上書言事，多所獻替，漸為孫皓所厭惡。同時滕后的寵愛又衰，就把滕牧遷放到蒼梧，行至中途，憂憤而死。滕牧死後，孫皓便將滕后打入冷宮，徒有一個皇后的名義，卻永不見面。從寶鼎二年（267 年）起，孫皓遣派黃門，前往州郡各地，遍選良家女子，納入後宮。至於二千石諸大臣的閨女，只要年屆十五歲，便要陳報名籍，聽

---

❸　今江西峽江。

候宮掖簡閱，如簡閱不中，方許出嫁。一時選入宮中的美女，數達幾千人，鶯鶯燕燕，充滿了三宮六院，而天子意猶不足，採擇不已。這美女既多，宮室不夠容納，於是大興土木。於寶鼎二年夏六月，在建業城中起造昭明宮，宮方五百丈。又大闢苑囿，山木泉石，樓臺亭閣，曲折幽邃，窮極技巧，動用的國帑以億萬計。匠役趕工，人手不足，迫令二千石以下的官吏，都要入山督工，去採伐木石。丞相陸凱與中書令華覈，連續上書苦諫，不聽。孫皓又寵任樓下都尉何定，令掌管酤糴，專事營利以媚主，引導皇帝遊樂。派人不遠千里，前往天下各地去搜求獵犬，以供御玩。往往一犬之費，價值庫帛千匹。博得孫皓的歡心，嘉獎他的忠勤，封為列侯。丞相陸凱深為憂憤，有一天，遇到了何定，忍不住指著何定罵道：「你看歷史上，那些事主不忠，諂媚禍國的人，那個能得善終？你不改邪歸正，我看你將有不測之禍！」何定雖然羞恨在心，但對陸老丞相亦不敢如何。可憐這位老丞相，眼看著朝廷之中，聲色犬馬，國事日非，憂恨成疾，就在建衡元年（即晉泰始五年，269 年）歿於任所。當病篤之時，吳主孫皓特遣中書令董朝前往視疾，詢以後事。陸凱乃奏陳何定奸佞，絕不可任用。並舉薦其族弟陸抗為人清白忠勤，可為國家楨幹。陸抗字幼節，即前大將軍荊州牧丞相陸遜之次子，時為鎮軍大將軍。陸凱去世後的第二年，吳左大司馬施績又病卒，吳主孫皓即以陸抗繼任，都督信陵❺❹、西陵、夷道❺❺、樂鄉❺❻、公安諸軍事，鎮守在樂鄉。果然鞠躬盡瘁，成為國家西方的一支擎天之柱。那何定也因奸穢狼藉，罪發伏誅，都不出陸凱之所料。

原來陸抗早從吳永安二年（259 年）就拜鎮軍將軍，都督西陵以西之地，永安三年（260 年）再升鎮軍大將軍領軍益州牧。到現在建衡二年（270 年）止，他鎮守西方已經有十三年之久，不僅熟識西北軍事，

❺❹　吳置信陵縣，故城在今湖北秭歸東。

❺❺　故城在今湖北宜都西北。

❺❻　故城在今湖北松滋東，為陸抗所築。

更了解大局形勢。深知國家處境之艱危，又聽說都中的政令多闕，更加憂慮，便自西方上書朝廷，慷慨陳辭曰：

「臣聞德均則眾者勝寡，力侔則安者制危，蓋六國所以兼併於彊秦，西楚所以北面於漢高也。今敵跨制九服，非徒關右之地，割據九州，豈但鴻溝以西而已。國家外無連國之援，內非西楚之彊，庶政陵遲，黎民未乂❺❼。而議者所恃，徒以長川峻山，限帶封域，此乃守國之末事，非智者之所先也。臣每遠惟戰國存亡之符，近覽劉氏傾覆之釁。考之典籍，驗之行事，中夜撫枕，臨餐忘食。昔匈奴未滅，去病辭館；漢道未純，賈生哀泣。況臣王室之出，世荷光寵，身名否泰，與國同感，死生契闊，義無苟且，夙夜憂怛，念至情慘。夫事君之義犯而勿欺，人臣之節匪躬是殉。謹陳時宜十七條如左……」

這篇奏章，寫得真是剴切沈痛。可惜陸抗所陳的十七條內容，史書失傳。孫皓看了陸抗的奏章，似乎也無動於衷，依舊的荒淫作樂，不理政事。吳國的內外情勢，到了這般地步，其前途命運也就不卜可知了。

我們現在暫且放下東吳不談，回頭來講這北方的情況。我們先從晉武帝司馬炎宮庭裡的家務說起。晉武帝司馬炎在即位後的第二年，即泰始二年，立楊氏為皇后，泰始三年（267 年）立楊后所生子司馬衷為太子。楊皇后資質美麗，聰慧善書，但所生太子司馬衷卻性情騃愚，不解人事，武帝非常憂慮，唯恐其不能承繼大統。每和皇后談起，皇后便說：「立嫡以長不以賢，何況名位已定，不可動搖。」武帝也只得罷了。想為太子物色幾位賢俊為師，來輔導太子。便以司隸校尉上黨人李憙為太子太傅，徵犍為人李密為太子洗馬。李憙為人公直嚴明，一向正色立朝，武帝把他比做漢之鮑司隸。這李密字令伯，乃犍為郡武陽縣人。父親早

---

❺❼　乂音艾，治理也。

逝，母親改嫁，自幼為祖母劉氏撫養成人，祖孫二人相依為命，每逢祖母有病，則涕泣侍奉湯藥，終夜衣不解帶，故孝名聞於鄉里。曾仕蜀為郎官，又嘗奉使於吳國，負盛譽於江南。蜀亡之後，隱居在家，然聲播朝野，連晉武帝也遠慕其名。想太子若得李密這樣的一位孝子為師友，必能進德修業，於是派遣專使不遠千里前往犍為，去徵聘李密，在當時那真是非常的榮耀。可是李密的心情沈重，一則國亡家破，無心仕進；再則祖母年老，難以遠離。乃上書辭命，武帝不許，一再的敦促。於是李密沈切委宛的又上了一封陳情之表，其文曰：

「臣密言：臣以險釁，夙遭閔凶。生孩六月，慈父見背，行年四歲，舅奪母志。祖母劉愍臣孤弱，躬親撫養。臣少多疾病，九歲不行，零丁孤苦，至於成立。既無伯叔，終鮮兄弟，門衰祚薄，晚有兒息。外無朞功強近之親，內無應門五尺之僮。煢煢獨立，形影相弔。而劉夙嬰疾病，常在牀蓐，臣侍湯藥，未曾廢離。逮奉聖朝，沐浴清化。前太守臣逵，察臣孝廉，後刺史臣榮，舉臣秀才，臣以供養無主，辭不赴命。詔書特下，拜臣郎中，尋蒙國恩，除臣洗馬。猥以微賤，當侍東宮，非臣隕首所能上報。臣具以表聞，辭不就職。詔書切峻，責臣逋慢，郡縣逼迫，催臣上道，州司臨門，急於星火。臣欲奉詔奔馳，則劉病日篤，欲苟順私情，則告訴不許，臣之進退，實為狼狽！伏惟聖朝以孝治天下，凡在故老，猶蒙矜育，況臣孤苦，特為尤甚。且臣少仕偽朝，歷職郎署，本圖宦達，不矜名節。今臣亡國賤俘，至微至陋，過蒙拔擢，寵命優渥，豈敢盤桓，有所希冀。但以劉日薄西山，氣息奄奄，人命危淺，朝不慮夕。臣無祖母，無以至今日，祖母無臣，無以終餘年。母孫二人，更相為命，是以區區不能廢遠。臣密今年四十有四，祖母劉今年九十有六，是臣盡節於陛下之日長，報養劉之日短也。烏鳥私情，願乞終養。臣之辛苦，非獨蜀之人士及二

州牧伯所見明知，皇天后土，實所共鑑！願陛下矜愍愚誠，聽臣微志，庶劉僥倖，保卒餘年。臣生當隕首，死當結草。臣不勝犬馬怖懼之情！謹拜表以聞。」

　　晉武帝看了李密的這篇〈陳情表〉，大為感動，嘆道：「士之有名，果不虛傳！」遂寬予期限，令俟劉氏終養之後，再行入朝。並特賜其家奴婢二人，使郡縣供其祖母膳養。國家對於李密這樣種種的恩遇，待至劉氏病故，李密實在難以違旨，終於應徵到了洛陽。但是李密與人落落寡合，又不時流露出故國之思。有一次司空張華問李密道：「安樂公其為人何如？」李密回道：「可比齊桓公。」華問其故，李密說：「當年齊桓公用管仲而成霸業，後用豎刁、易牙而亂；安樂公得諸葛亮之輔而抗魏，及任黃皓而喪國，正是相同。」後來被遷為漢中太守，臨行賜宴東堂，詔令賦詩。李密心中鬱悶，援筆為詩數章，其末章曰：「人亦有言，有因有緣，官中無人，不如歸田！」武帝見之，大為不快。不久就被免職歸鄉。李密的為人正直無私，不會諛世媚俗，對待朋友，一秉至誠。朋友有過，總是當面切責，不顧利害。他常說：「我獨立於世，顧影無儔，所以無懼者，以我待人從無彼此也！」也正因他這種坦白嚴正的態度，忠厚率直的心腸，雖享盛譽於鄉黨，而終不能見容於朝廷。這些瑣瑣，也都是後話不提。

　　卻說晉武帝即位之初，建國伊始，忙於朝廷內外的布署，對於南朝暫取安撫態度。及至東吳使者丁忠南還以後，兩國邦交等於斷絕。且從泰始三年後，東吳且不斷的出兵騷掠邊境。泰始四年（268 年）十月吳人入侵江夏襄陽，十一月又入侵芍陂、合肥。武帝鑑於局勢難緩，乃有滅吳之志。就在泰始五年的春天，任命尚書左僕射羊祜都督荊州諸軍事，鎮守襄陽。征東大將軍衛瓘都督青州諸軍事，鎮守臨菑。鎮東大將軍東莞王司馬伷都督徐州諸軍事，鎮守下邳。做了一番全面性的軍事布署。又用濟陰太守文立之策，優詔錄用故蜀漢名臣子孫，故示恩寵，來誘引吳人。果然，在泰始六年（270 年）就有吳主孫皓的一個從弟，夏口都

督孫秀，為吳主所猜忌，皇恐不安，竟率領妻子與親兵數百人，叛降於晉。武帝大喜，即拜孫秀為車騎將軍，開府儀同三司，封為會稽公。吳主孫皓聽說北朝收納了他的叛臣，大為震怒。恰巧那時民間正流傳著幾句讖語說：「黃旗紫蓋，見於東南，終有天下者，荊揚之君。」孫皓信以為真。就在吳建衡三年（晉泰始七年，271年）的正月，宣稱要御駕親征，大舉北伐。就率領著御營軍士，還載奉著皇太后，又帶著皇后妃嬪及後宮幾千人，前呼後擁，旌旗招展，金鼓喧闐，浩浩蕩蕩的，由京師建業，出華里，經牛渚❺❽，便要渡江。那年正月天氣嚴寒，一路上遇到狂風大雪，道路又陷壞，士卒墜指裂膚，緣途倒斃，嗟怨載道，淒慘萬狀。又聽說北朝已派遣義陽王司馬望統領著大軍數萬，駐屯在壽春，嚴陣以待。孫皓看情形不妙，知難而退，率眾回宮。親征未成，反而大大的損傷了人心與士氣。

就在這南北軍情緊張的時候，晉朝西北方突然發生了鮮卑人樹機能的叛亂，因之而緩和了長江流域的戰事。

卻說這鮮卑民族，原與烏桓都居住在滿、蒙之間的山岳地帶，後來逐漸向西發展。自從匈奴衰落，乃侵佔匈奴的故地。以後烏桓又殘弱，而鮮卑獨盛。在東漢晚葉桓、靈之際，鮮卑族中出了一位傑出的領袖，名叫檀石槐，統一了鮮卑諸部。北拒丁零，東卻扶餘，西擊烏孫，盡據匈奴故地，控制東西萬四千餘里，兵馬甚盛，不時寇擾中國的邊郡。因為疆域的遼闊，檀石槐分其地為三部：從右北平以東至遼東，為東部，從右北平以西至上谷之北，為中部，再從上谷北西抵敦煌烏孫一帶為西部，各置大人以統領之。靈帝熹平六年曾遣派夏育、田晏、臧旻三員大將，各將騎兵一萬人，偕同南單于之眾，分三道出塞大舉去討伐鮮卑，結果大敗而歸，死者十分之七八。後來檀石槐死，鮮卑乃衰，又傳了兩代，到軻比能之後，鮮卑大亂，部眾離散，其中有許許多多的部落，如慕容氏、拓跋氏、段氏、禿髮氏、乞伏氏，都散居在中國的北邊，自遼

---

❺❽　地有牛渚山，在今安徽當塗西北二十里，又名采石。

東西至河西，其範圍甚廣。在魏晉之際，鄧艾駐節西北，曾收撫了鮮卑的降戶幾萬，安置在雍涼二州的邊境，和漢民雜居。這些鮮卑逐漸繁殖，又性情強悍，國家恐其為亂，在泰始五年，晉武帝特分雍、涼、梁三州的邊地，增置一秦州，以安插這般降戶，而用胡烈為秦州刺史，令其鎮撫鮮卑。

單說這鮮卑群族之中，有一支禿髮氏，它和後來建立後魏的拓跋氏原是一系❺，可能這禿髮與拓跋本是一音的兩譯。在鮮卑部族離散之時，就有一個酋長名禿髮匹孤者，帶領著他的部落，從塞北遷到河西。匹孤死，三傳至禿髮樹機能，勇壯而多權詐。在泰始六年時，這禿髮樹機能突然率眾叛亂，秦州刺史胡烈親自將兵往討，胡烈是著名的猛將，然勇而無謀。在萬斛堆（地在安定郡高平縣界）地方一場激戰，竟兵敗陣亡。時扶風王司馬亮都督雍、涼諸州軍事，坐罪，貶平西將軍。朝廷另遣尚書石鑒行安西將軍都督秦州諸軍事，往討伐樹機能，仍然不能取勝。於是又派汝陰王司馬駿為鎮西大將軍，都督雍、涼等州諸軍事，坐鎮在關中，加緊進剿。那知這樹機能之亂未克，又引起北地郡的匈奴也聞風響應，和秦州的鮮卑混成一片，在泰始七年又殺死了涼州刺史牽弘，其勢如火如荼，一時西北地方為之大亂。告急的文書，雪片飛來，武帝臨朝，深以為憂。就有侍中任愷奏道：「這西北秦涼地方，必須得一威望而有智略的重臣，方能鎮撫。」武帝因問：「何人可擔此任？」任愷道：「非賈充不可！」河南尹庾純也在一旁撫掌稱「是」，表示贊同。於是在泰始七年七月，武帝明令以侍中尚書令車騎將軍賈充出任都督秦、涼二州諸軍事，去督策進討樹機能之亂。

這賈充之為人，前面已經說過。他早從司馬昭時代，便已尊寵用事，是朝廷中一個陰險狡猾，炙手可熱的權威人物。與太尉荀顗、中書監荀勗，結為一黨，傾弄朝政。平素與任愷、庾純等不協，他們之向武帝推薦，是有意要作弄賈充，讓他往西北去赴湯蹈火。賈充奉旨大恚，但又

❺ 參見《晉書》卷一百二十六〈載記第二十六〉。

不能推辭，為之焦慮徬徨，只有假故拖捱行程，捱到了殘冬十一月，無法再拖，朝廷公卿並設宴為賈充餞行。弄得賈充苦惱萬分，乃問計於中書監荀勖。荀勖道：「公身為宰相，乃被人舞弄於股掌之上，不亦可恥！唯今之計，但能聯姻於太子，則可不辭而自留矣！」原來近日宮廷之中，正為太子物色婚事，武帝因為太子不才，希望為他早日完婚，能得一個內助，以匡不逮。當時提親的，主要有兩家大臣之女，一家是征北大將軍衛瓘之女，另一家便是賈充之女，都算是名門閨秀。武帝也曾派人暗中訪問，訪問到的消息，據說這衛家之女有「五可」，而賈家之女則有「五不可」。所謂「五可」者，是：一、種賢，二、多子，三、美，四、長，五、白。「五不可」者，是：一、種妒，二、少子，三、醜，四、短，五、黑。根據這項情報，武帝對於賈女，原已不予考慮。不料賈充之妻郭氏，走宮廷內線，運用金錢珍寶，買通了楊皇后與其左右，在武帝面前百般說項，說賈女是如何的美貌賢淑，才德兼備，那些壞話，都是謠言，不足為憑。武帝乃又詢問與賈家有來往的朝廷大臣，如荀顗、荀勖這般人也都為賈女之賢德作證。武帝原沒見過賈家之女，一切都聽人言，本無成見，既然宮廷內外大多數人的說法如此，也就信以為真，依從皇后之意和賈氏訂婚。果然，為了籌備婚事，命賈充留在都中，暫緩出征，被他逃了一關。明年是泰始八年（272 年），二月，為皇太子完婚，納進賈妃。妃年十五，比太子還大兩歲。不僅體貌短醜，而且性情狡猾，潑辣而多權詐，太子畏之如虎。因為這門婚事，為後來晉朝種下種種禍根，將來再談。

再說這西北樹機能之亂，久久不能平。一直到咸寧三年（277 年），特起用驍將文鴦為平虜護軍，都督涼、秦、雍三州軍事，去討伐樹機能，連打了幾個勝仗，收降了群胡二十餘萬人，不料咸寧四年（278 年），涼州刺史楊欣與樹機能大戰於武威，又兵敗身死。咸寧五年（279 年）春，樹機能竟攻陷了涼州的州治武威城，西北大為震動，武帝為之臨朝長嘆，左右群臣也都束手無策。這時有殿中宿衛司馬督❻東平人馬隆自告奮勇

說：「陛下如能任臣以全權，臣保能為陛下平賊！」武帝壯之，立拜馬隆為討虜護軍將軍武威太守。馬隆認為原有的西北官兵，都師老軍疲不能作戰。他高懸賞格，臨時選募了一批勇士，約有三千餘人，都能挽強弓硬弩，射箭百發百中。就以這批生力軍為幹部，西出涼州，渡過溫水（水在武威城東）。取道山險小徑，以戰車掩體，令壯士披犀甲，持強弩，伏在戰車之中，轉戰而前。那鮮卑聞說晉朝的援兵到來，蠢擁迎戰。鮮卑的人馬眾多，有如潮水一般，肉搏而前。與戰車遭遇，但見車箱之中，萬弩齊發，箭如飛蝗，那些鮮卑一個個人翻馬仰，應弦而倒，遂大破鮮卑。鮮卑大人猝跋韓、且萬能率其眾萬餘落來降。到咸寧五年冬十二月和樹機能又一場大戰，終將樹機能打得全軍崩潰，而殺死了樹機能。此西北秦、涼鮮卑之亂，歷時十年之久，至此乃平。樹機能雖死，這鮮卑禿髮氏則並未消滅，其遺族尚在。後來到五胡亂華時，建國西涼的禿髮烏孤就是禿髮樹機能的後裔，此乃後話不提。

　　在這西北邊疆鮮卑叛亂的同時，在中國東南海隅之地，又發生了吳、晉兩國在交州的爭奪戰。這西北與東南兩個戰場的戰爭，可以說是無獨有偶，遙遙相對。

　　原來在蜀漢滅亡的那年，就是曹魏景元四年，孫吳永安六年（263年），吳國南疆的交州地方突然發生叛亂。由於交阯郡太守孫諝貪暴，為百姓所憎恨。會逢吳主孫休派遣察戰鄧荀去到交州徵取孔雀，孫諝就勒令百姓捕送，騷動地方而引起民變。就有郡吏呂興等起兵造反，殺死了孫諝與鄧荀，會逢蜀漢新亡，魏軍威震南陲，呂興便遣使稱臣請降於曹魏，一時九真、日南，也都起兵響應，東吳的交州竟為之陷落。明年是魏咸熙元年，魏元帝傳旨嘉獎，即詔拜呂興為安南將軍都督交州諸軍事，另以南中監軍霍弋遙領交州刺史。並命霍弋就地物色長吏，隨方任用。霍弋便任命建寧土著大姓爨谷為交阯郡太守，率領著牙門將董元、毛炅、

<hr>

❻　晉武帝時殿中宿衛有「前驅」、「由基」、「強弩」三部司馬各置督，曰司馬督。
　　司馬督又與殿中將軍分隸左右二衛。

孟幹、孟通、爨能、李松等，帶兵前往協助呂興，接收交州。詎魏兵尚未達到前方，而呂興已被其部下所殺。同時晉武帝受禪，北方也改朝換代。晉武帝乃改派犍為人楊稷為交阯太守，再從益州增派援軍，協同董元毛炅等的原班人馬去重新撫定交州。時在吳孫皓的寶鼎三年（268 年），這多年為東吳所據的交州地方，竟一旦叛歸北朝，吳國自然於心不甘。吳主孫皓便也調兵遣將。任命劉俊為交州刺史，偕同大都督脩則與將軍顧容等，大發兵去討伐交州。三次進攻，都被楊稷所擊敗。於是連鬱林、九真諸郡，都歸附了楊稷。楊稷又命董元、毛炅將兵進攻廣州的合浦，大破吳兵，殺死了劉俊、脩則。楊稷乃表舉毛炅為鬱林太守，董元為九真太守，於是交阯、九真、鬱林等郡，一時都成了晉朝的疆域，接連著蜀漢之地，對於東吳構成了三面包圍的形勢。吳國無法忍耐，乃盡起傾國之師，分水陸兩路，大舉去奪取交州。監軍李勖與督軍徐存率領舟師，從建安（今福建）汎海而南，為水路。監軍虞汜與威南將軍薛珝、蒼梧太守陶璜率領步騎，從荊州南逾五嶺，為陸路。計畫兩路會師交州，但建安的海道發生阻礙，李勖所率舟師中途折回。薛珝與陶璜所率的十萬陸軍則長驅攻入交州。究竟這交州地方靠近東吳，軍輸便捷。雙方經過了一場激烈的爭奪戰，終於攻下了交阯城，俘獲了晉交阯太守楊稷，又襲破了九真、日南，殺死了董元、毛炅，於是交州又被吳國收復。吳主孫皓乃任命陶璜為交州牧，又分出交阯之地，增設一新昌郡，時為吳建衡三年。這交州的變亂，歷時八年，其經過情形極其錯綜複雜，這裡為了避免冗瑣，只是略述一個梗概。八年的戰亂，吳國雖然奪回了交州，但前後損兵折將，勞師遠征，也付出了很大的代價。

這西北秦、涼和東南交州的兩隅之戰，前者消耗了晉人的國力而延長了吳國的命運。後者是消耗了吳人的國力卻促進了吳晉的決戰。就在這兩隅戰爭甫告結束時，中原的南北大戰乃全面爆發。

要講吳晉南北的決戰，須先從荊州的對抗說起。自從西蜀滅亡，荊州獨當長江門戶，屏障西北兩方，其得失關乎吳國之存亡。所以荊州的

戰局，也就是決定吳國命運的生死之戰。當時手握重兵坐鎮在荆州的，就是陸遜之子，鎮軍大將軍陸抗，而北朝的荆州都督則是羊祜。陸抗駐軍在荆州的樂鄉，而羊祜駐軍在荆州的襄陽。這兩人都是曠代奇才，一時人傑，有如當年之瑜、亮。羊祜字叔子，乃泰山郡南城縣人，從漢朝以來家世二千石。父親羊衜曾為上黨太守，外祖父就是漢末名儒蔡邕，姊嫁司馬師，是為景獻羊皇后。漢魏的社會重視家世，這羊祜算得是世族大家又兼皇親國戚。其人身長七尺三寸，美鬚眉，善談論，不僅儀表堂堂，而且博學能文。在司馬昭當政時為相國從事中郎，遷中領軍。武帝受禪，以佐命之功，進號中軍將軍加散騎常侍，再遷尚書右僕射、衛將軍。在泰始五年，始奉命假節都督荆州軍事。羊祜到了荆州襄陽，設庠序，開田疇，運用三分軍事七分政治，務以恩德懷柔江漢人心。減少邏卒，增加屯墾，開闢了荒田八百多頃。初到之時，軍無百日之糧，不數載而有十年之儲。祜身為元戎，而循循如儒者，在軍中經常緩帶輕裘，不戎裝，左右侍衛不過十數人。羊祜又舉薦其前參軍王濬，謂其才堪大用，可擔方面重任。王濬字士治，弘農人，以征南參軍，轉車騎從事中郎，出任巴郡太守與廣漢太守，布惠政，有治績，為西蜀百姓所愛戴。再經羊祜的揄揚，遂拜益州刺史，旋加龍驤將軍，監益、梁諸州軍事。王濬在益州大治水軍，修造戰船。船方百二十步，上有木城、樓櫓，可以馳馬。每船可容納戰士二千人，規模之大，亙古所未有。造船的木柹，拋棄在江中，蔽流而下，被東吳的建平❻太守吾彥所發現。急忙奏報吳主孫皓，說晉人有攻吳之計，要趕緊加強上游軍備，以防不測。可是孫皓昏昏沈沈，漫不理睬。吾彥只好自行設計，打造了鐵鍊多條，橫攔在江中，又在江底遍布鐵錐，以備堵遏上游的舟艦。

　　羊祜從泰始五年春駐防荆州，和陸抗對峙了四年之久。這四年之中，雙方按甲息兵，嚴陣以待，而互不侵犯。到了泰始八年（吳鳳凰元年，272 年）的秋天，在吳國這方面突然發生了步闡的叛變。

---

❻　吳置建平郡，郡治即今四川巫山。

　　原來這步闡乃前西陵都督步騭之子。早在孫權時代，步騭便奉命扼守這長江上游的軍事重鎮，後來步騭去世，騭子步協繼任西陵都督，繼之協弟步闡又接任步協。這步氏父子兄弟世守西土數十年，頗著威信，已視西陵如故鄉。孫皓即位之初，對於步闡也很倚重，特加昭武將軍，封西亭侯之爵。前述孫皓之一度遷都武昌，便是接受步闡的建議。吳鳳凰元年八月突然徵召步闡入朝為官，步闡懷疑有人在吳主左右進讒，要剝奪他的兵權，加以陷害。一時憂懼憤慨，便據地遣使前往洛陽請降於晉。晉武帝喜出望外，立即下詔，拜步闡為衛將軍、侍中，開府儀同三司，都督西陵軍事，封宜都公。並派荊州刺史楊肇將兵火速前往西陵去接應步闡，同時令羊祜發兵南下，直取江陵。東西呼應，齊頭並進。於是打破了多年的沈寂局面，而展開了一場南北大戰。

　　東吳的西陵為漢之夷陵，地在長江西陵峽之東，即今之湖北宜昌地方。在西陵的西北長江江心中有一片沙洲，洲靠近北岸，步騭時在這沙洲上建築了一座城堡，後來步闡又於陸上別建了一座西陵新城，而稱洲之舊城為「故城」，這塊沙洲也就名為「故城洲」❷。在這西陵的東北方又有一座山，山上時有赤氣籠罩，稱為赤谿山，這赤谿山上也築有一座城堡，用防北朝。這西陵一帶的防禦工事，當年經過陸遜、陸抗父子，與步騭、步闡父子兩代，多年的經營擘畫，建築得非常鞏固，是易守而難攻。這時鎮軍大將軍陸抗駐兵在樂鄉，樂鄉在西陵的下游，即今湖北松滋縣地。他聽說步闡在上游叛變，大為震驚。立即調遣將軍左奕會同建平太守吾彥之軍，去討伐步闡。但令諸軍西自故城東至赤谿，在西陵的北方急速構成一條包圍圈，一面嚴防步闡的突圍北走，一面遮斷晉人援軍的南下。督促軍士不分晝夜的趕築營壘，構造工事。那時正是十月十一月間嚴冬天氣，霜雪交加，江風似箭，而軍令迫促，急如星火。將士們不勝其苦，紛紛請求陸抗，宜乘三軍之銳，一鼓作氣，將步闡殲滅，何苦要這樣的築圍防堵，曠日持久，以消耗人力，等待北敵。陸抗道：

---

❷　《水經注》曰：長江出西陵峽，東流經故城洲。

「諸君有所不知，用兵之道，須斟酌情勢，臨機變化。這西陵新城的建造，我陸抗曾參與規畫，深知其堅固非常。多年的軍事儲備，城中的糧食既充裕，戰具又復完備，非可猝克。若以全力進攻，不但犧牲慘重，而且頓兵堅城之下，一旦北軍來臨，則內外夾攻，是自取其敗。故我改變戰略，以守代攻，以逸待勞。為時不久，敵情自會有變化。」陸抗見諸將半信半疑，乃聽令試作一次攻擊，果然死傷狼藉，而西陵城不動如山。一般將士這才服貼指揮，遵令築圍。陸抗猶恐將士不肯用命，自樂鄉親率大軍前赴西陵去督戰。這時突然得到羊祜的襄陽大軍南襲江陵的消息，諸將大恐，勸陸抗要坐鎮樂鄉，防守江陵，不可輕動！陸抗道：「江陵的城池堅固，無須憂慮，唯患北敵不來，來則送死。如今的情勢，是西陵的前方遠重於江陵的後方，江陵縱有蹉失，所關尚小，若西陵為晉人所得，則其患不可測！」乃率兵迳行西上。當陸抗所部主力軍到達前方時，恰好北朝晉將楊肇所率大軍也進抵西陵，又聞晉巴東監軍徐胤也率領水師，從上游來襲建平。陸抗卻不慌不忙，調兵遣將，分別迎敵。令公安督孫遵率領步兵，循南岸東下，去應援江陵，抵抗羊祜。令水軍督留慮率領水師，溯江西上，去應援建平，抵抗徐胤。自己則統督大軍憑圍壘與楊肇抗戰。雙方剛剛接觸，突然又有部將朱喬與都督俞贊叛走出營，逃降晉軍。陸抗得報，料想俞贊等必將軍中虛實告知敵人。乃連夜指揮，將軍中原有布署，重新調度。原來吳軍之中有一部分夷兵，這些夷兵雖然強悍，但是訓練不夠，鬥志不堅，陸抗常以為慮。此時即將夷兵所戍守之部位改變，換了一股精兵。果然第二天，楊肇的大軍猛烈進攻，就集中兵力來攻擊那原為夷兵扼守的據點。陸抗指揮將士奮勇抵抗，吳兵伏在碉堡之中，居高臨下，憑險作戰，矢石如雨而下。但見那晉軍一波又一波的向前仰攻，一片人潮翻上，跟著一片人潮倒下，頃刻之間，血肉狼藉，屍疊如山。這一場血戰，晉人攻堅未成，反而折失了不少的精銳。楊肇與陸抗從泰始八年的十一月攻戰到十二月，終因死傷慘重，後援難繼，支持不住，在一夕之間，撤營北走。陸抗令士卒跟踪在後，搥

鼓吶喊，聲震天地。晉軍不知後方有多少吳兵追趕，嚇得棄甲丟盔，奪命逃竄，兵不成列，陣勢大亂。然後陸抗調遣輕騎，乘其亂而擊之。打得楊肇全軍潰散，俘獲了無數的軍資人馬。楊肇的援軍一潰，那陷於長圍中的西陵便成了一座孤城，城中的軍民皆無鬥志，旋即不戰而下。陸抗捉住了步闡，僅將步闡與其同謀數十人斬首，餘者數萬人認為都是脅從，一概赦免。

再說東路的羊祜，奉命從襄陽南攻江陵。從襄陽到江陵，自漢水到長江之北，這一帶港灣錯雜，水道縱橫，都自北南流入江。陸抗先命江陵督張咸在下游建造大堰，約束住水勢，使上游水位漲高可以暢通舟楫。羊祜乃利用船隻運送軍糧，詎行至中途，陸抗突令張咸放水，水位驟降，羊祜的糧船一齊擱淺。被迫臨時改為車運，搬送之際大費周章，因之延誤了軍期。及至攻到江陵城下，得悉楊肇的主力大軍已潰，失卻呼應，而江陵的城守又堅。羊祜不敢戀戰，只得撤退。西路徐胤的軍隊也攻建平不下而西還。陸抗自西陵大勝凱旋，回到了樂鄉，毫無驕矜居功之色，謙沖一如平時。明年春，陸抗以功晉位大司馬荊州牧總西陲軍事。東吳西陵這場意外的叛變，幸得陸抗之指揮若定，用兵如神，乃得轉危為安。不僅振奮了東吳的士氣，並予晉人以慘重的打擊。陸抗本人雖然勝而不驕，倒是吳主孫皓卻非常的得意起來，認為此乃「天命之助」。遂令術士卜問這天下大勢，未來休咎，何時可以收復中原，統一宇內？那卜辭說道：「吉！庚子歲，青蓋當入洛陽！」吳主大喜，遂不注意內政的修飭，而縱情歡樂，日謀北伐之計，以企天命之實現。凡是阿諛希旨的小人，吳主都引為親信，那忠言耿直的正人，反被罪謫。右丞相萬彧與左將軍留平都是憂時之士，被孫皓所迫，一個自殺身亡，一個憂病而死。大司農樓玄為宮下鎮❻❸主持殿中事，平時應對切直，深為吳主所憎。又有中書令領太子太傅賀邵也是一位忠貞之士，他見國事危急，朝政日非，上書曰：

---

❻❸ 官名。

「自頃年以來，朝列紛錯，真偽相貿。忠良排墜，信臣被害。是以正士摧方而庸臣苟媚，先意承旨，各希時趣。人執反理之評，士吐詭道之論，遂使清流變濁，忠臣結舌。陛下處九天之上，隱百里之室，言出風靡，令行景從。親洽寵媚之臣，日聞順意之辭，將謂此輩實賢，而天下已平也。臣聞興國之君樂聞其過，荒亂之主樂聞其譽。聞其過者，過日消而福臻。聞其譽者，譽日損而禍至。陛下嚴刑法以禁直辭，黜善士以逆諫口，杯酒造次，死生不保。仕者以退為幸，居者以出為福，誠非所以保光洪緒，熙隆道化也。……傳曰：『國之興也，視民如赤子；其亡也，以民為草芥。』今法禁轉苛，賦調益繁。中官近臣，所在興事，而長吏畏罪，苦民求辦。是以人力不堪，家戶離散，呼嗟之聲，感傷和氣。今國無一年之儲，家無經月之蓄，而後宮之中坐食者，萬有餘人。又北敵注目，伺國盛衰，長江之限，不可久恃，苟我不能守，一葦可航也。願陛下豐基強本，割情從道，則成、康之治興，聖祖之祚隆矣！」

吳主孫皓見表大恨。就有左右的小人希旨誣陷，說樓玄與賀邵兩人，經常在外毀謗朝廷，批評政事。每逢相見，輒駐足耳語，撫掌大笑，態度非常可疑。孫皓聞知大怒，立將賀邵免了太子太傅之職，將樓玄流死於交阯。賀邵不久中了風疾，不能言語。孫皓以為他是裝風詐病，拿下刑獄審問，受盡種種酷刑，終無一言，竟被拷掠而死。孫皓迷信符讖，常以問侍中韋昭，韋昭博覽群書，通天文曆法，是當時的一位學者。他答道：「這類符瑞圖讖，都是人家筐篋中捏造的偽書，都荒唐不足信。」昭時奉詔撰修國史，孫皓令將其生父孫和史績，列於本紀中。韋昭答稱：「不敢奉命！」他說：「文皇❻不登極位，只能入列傳，不能入本紀，此乃史例，不可改也！」孫皓大為不悅。又孫皓每逢在朝堂上款宴群臣，於

❻　吳主孫皓自謚其父和為「文皇帝」。

酒酣耳熱之際，喜歡戲謔公卿以為樂。常命群臣彼此互相揭發隱私，弄得大家窘態百出。如果發現所揭是實，輕則監禁，重則刑戮，等於一項公開的告密。韋昭認為這種措施，實在有失朝堂的體統。如果輪到韋昭問難，他總是引問些學術經義之道，而語不涉私。孫皓說他是故意違抗聖旨，逃避責任，是不忠君不愛國。累積了許多嫌怨，竟將韋昭下了刑獄，判成死罪。可憐這一代名儒，竟因主持正義，而死於非命。又有孫皓愛姬家中的一個奴僕，到市上購買民物，仗勢欺人，和百姓發生爭執，被司市中郎將陳聲捉住，依法懲辦。那愛姬便在孫皓面前啼哭伸冤，孫皓一怒，把陳聲抓來，硬栽上一個罪名，用燒紅的鋸子，鋸斷了他的頭顱，然後將屍身拋在四望山下餵狼。這種種不可思議的荒暴行為，真是一言難盡，暫且放下不談。

卻說北朝遭遇了荊州之敗，晉武帝將楊肇廢為庶人，將羊祜貶為平南將軍，仍令其還鎮襄陽，戴罪立功，以觀後效。羊祜深知陸抗用兵的厲害，無隙可乘，乃仍舊採取穩紮穩打的方法，待機行事。其原則是以時間換取空間，以心戰統攝兵戰，務修德信，以懷結吳人。每逢交兵，約定而後戰，不誘敵，不偷襲，將士有進獻陰謀者，都不採納。北軍偶然進入吳境，刈割了稻穀，都計值賠償。遊獵時，得到的禽獸，如先為吳人所傷，必令送還。不知不覺間，緣邊的吳人對於北軍也都發生了好感。羊祜與陸抗的使者，彼此通問不絕。陸抗曾饋贈羊祜以美酒，祜暢飲不疑。陸抗得病，羊祜遣人送以成藥，陸抗也坦然服用。左右都以為不可，抗道：「豈有酖人羊叔子哉！」陸抗告誡他的將士說：「現敵人專用德化，我如用暴力，是不戰而已敗！諸君務必戰戰兢兢，百般努力，才能克敵制勝！」按戰爭的意義是兩個力量的決鬥與競賽，而優勝劣敗。所謂「力量」是包括精神力量與物質力量的總和，而精神的作用有時更大於物質的作用。民心的向背與士氣的盛衰，常為一個戰爭勝敗的決定因素，而為軍事家所必須爭取。這也就是儒家思想中所謂之「德攻」。羊祜和陸抗的這場荊州對壘戰，不僅表現了戰爭中的最高哲學，也表現了戰

爭中的最高藝術，所以成為中國戰爭史中的一段嘉話。可惜這種高度的
戰爭哲學與藝術，是絕不能為孫皓所了解。當前方消息傳到建業時，孫
皓聽說陸抗竟和敵人講信修睦，這不是媚敵，便是怯戰，乃嚴旨詰責，
促令作戰，陸抗乃上書解釋，略謂：「……一邑一鄉尚不可以無信義；何
況一國？臣不如此，是自暴其短，於羊祜無傷也！」孫皓不以為然，自作
主張，從下游發動攻勢，幾次北伐，都被晉人擊退，損失不貲。陸抗又
上書切諫，勸吳主務必養威自保，不可輕動，而吳主不聽。陸抗眼見強
敵當前而國事日非，這西陲的責任尤其重大，有獨木難支之感，不覺憂
思成病，這病勢日益沈重，延至吳鳳凰三年（晉泰始十年，274 年）秋
七月，病歿在荊州任上。臨死之前，上書朝廷，殷殷以上游的防務為念。
書中有言：「西陵、建平，國之蕃表，既處下流，受敵二境。若敵泛舟順
流，舳艫千里，星奔電邁，俄然行至，非可恃援他部以救倒懸也。此乃
社稷安危之機，非徒封疆侵陵小害也！臣父遜昔在西陲陳言，以為西陵
國之西門，雖云易守，亦復易失。若有不守，非但失一郡，則荊州非吳
有也。如其有虞，當傾國爭之！……臣死之後，乞以西方為屬！」陸抗既
死，吳主令其五子陸晏、陸景、陸機、陸玄、陸雲分領其兵。陸抗諸子
中以陸機、陸雲最擅文辭，負盛名於江左，但卻疏於武略。而且從此上
游的兵權分散，防務不曾加強，反而鬆懈了。

　　何以陸抗能在荊州和羊祜保持一段長期的對峙，這固然由於陸抗的
軍事天才，為羊祜所畏；而主要的原因，還是晉國西北方鮮卑樹機能之
大亂，消耗了晉國極大的人力物力，牽掣著晉人不敢兩面用兵。在陸抗
去世後的兩年，即晉咸寧二年，晉武帝以羊祜為征南大將軍，開府儀同
三司。羊祜看荊州的防務已弛，滅吳的時機已熟，乃上書請大舉發兵以
滅吳，略謂：「……蜀平之時，天下皆謂吳當并亡，自是以來，十有三年
矣。……今江淮之險，不如劍閣，孫皓之暴過於劉禪，吳人之困甚於巴
蜀，而大晉兵力盛於往時。不於此際平壹四海，而更阻兵相守，使天下
困於征戍，經歷盛衰，不可長久也。今若引梁、益之兵水陸俱下，荊、

楚之眾進臨江陵，平南❻❺、豫州❻❻直指夏口，徐、揚、青、兗並會秣陵。以一隅之吳當天下之眾，勢分形散，所備皆急。巴、漢奇兵出其空虛，一處傾壞，則上下震蕩，雖有智者不能為吳謀矣！……」武帝覽表，深以為然。但集合朝臣研究，都認為西北之亂未平，不可伐吳。

咸寧三年，西北平虜護軍文鴦有大破樹機能之役。天子慶功，特增封群王公侯爵位，也加封羊祜為南城郡侯，羊祜固辭不受。羊祜之為人，持重而謙沖，雖以皇親國戚，為方面重臣，而從不驕矜。他歷事兩朝，職典樞機，平時的奏章文件，只要關乎國家機密的，事後皆予焚燬，從未流露。由他推薦的人才極多，他也永遠保密，從不以此居功示惠。常說：「拜官公朝，謝恩私門，我所不敢也！」真做到孔子所謂：「居處恭，執事敬，與人忠。」到了咸寧四年，羊祜也病倒在荊州任所，晉武帝特宣命入朝就醫。到了洛陽，已不能步履。召見時特許乘輦上殿，不拜而坐。羊祜見了武帝，懇切的陳述伐吳之計。病中不能多言，著令回府休息。再叫中書令張華代表天子前往慰問，就病榻詢以機宜。羊祜一再說道：「如今孫皓的暴虐已極，人心解體，一旦南征，可不戰而克。若孫皓不幸而死，吳人更立令主，則雖有百萬之眾，以長江之險，未宜窺也！這時機重要，稍縱即逝！」張華回來轉奏，武帝以羊祜在荊州軍中負有重望，還想要借重羊祜，問其可否扶病統攝，臥護諸軍。羊祜自知病篤，奏道：「如果取吳，不須臣行，亦能成功，唯平吳之後，當勞聖慮耳！」因舉杜預以自代。

這杜預字元凱，京兆杜陵人，也是一位文武兼資之奇才。祖父杜畿為魏尚書僕射，父親杜恕做過幽州刺史，自幼博讀群書，貫通古今。司馬昭當政時，杜預尚昭妹高陸公主，遂拜尚書郎，襲祖爵封豐樂亭侯。武帝即位後，累官河南尹、秦州刺史、拜度支尚書。在尚書任內七年，頗多建樹。平素精研《春秋左傳》，曾為《左傳》作註，自稱有「《左傳》

---

❻❺ 指平南將軍胡奮。

❻❻ 指豫州刺史王戎。

癖」。聞名朝野，人稱為杜武庫，言其學識豐富，滿腹經綸，猶如武庫之中藏有無數甲兵也。咸寧四年冬，羊祜去世，晉武帝遵從其遺囑，即用杜預繼任為鎮南大將軍，都督荊州諸軍事。當羊祜的死訊傳到了荊州，荊州地方的軍民無不慟哭。百姓家家舉哀，為之罷市，即連南方吳國的軍士也為之感泣。羊祜平時習慣，喜登覽峴山。後來襄陽人士就在峴山上羊祜遊憩之處，建造了一座巍峨的紀念碑，碑旁立廟，歲時奉祀不絕。襄陽人士每登山見碑，莫不流淚，因號其碑為「墮淚碑」。這項流風遺蹟，歷久不衰，直到唐宋時代的詩人，還留有歌誦。記得唐孟浩然有一首〈與諸子登峴山〉詩云：

「人事有代謝，往來成古今。江山留勝蹟，我輩復登臨。水落魚梁淺，天寒夢澤深，羊公碑尚在，讀罷淚沾襟！」

　　杜預為人，文質彬彬，是一位十足的儒將，雖身為三軍統帥，而身不跨馬，射不穿札，但卻富有韜略，運籌帷幄，是算無遺策。杜預一到荊州，便積極為伐吳之計。
　　就在這北朝處心積慮圖謀伐吳的時候，吳主孫皓的行為更加狂暴。他用會稽人張俶為司直中郎將，手下又有彈曲（官名）二十人，專門糾察臣民的隱私。孫皓又鼓勵官吏百姓告密，許多有私仇的人，便乘此誣控，輾轉羅織，一時囹圄皆滿。張俶倚勢弄權，驕橫萬狀，結下了仇恨，不久也被人告發奸罪，處了車裂之刑。張俶雖死，孫皓又寵信奸臣岑昏，岑昏狡詐阿諛，專導引孫皓荒淫作樂，而致位列卿。孫皓在朝堂上，又置黃門郎十人，侍立左右，專事觀察群臣的情態，謂之「司過」。朝會之後，「司過」須將觀察紀錄密報天子，如有可疑，一言一視之微，輒加刑戮。孫皓又制訂種種慘無人理的非刑，或鑿目，或割舌，或剝皮，或抽筋，使得朝廷上下充滿了一片恐怖，人人自危。這消息傳播到境外，為晉軍所知。於是益州刺史王濬與荊州都督杜預都相繼上書晉朝，請從速

伐吳。王濬的表章說：「孫皓荒淫兇暴，宜速征伐，若使一旦皓死更立賢主，則復難制。臣作船七年，日有朽敗。臣年已七十，死亡無日。三者如有一乖，則難圖矣！」杜預的表章，也力陳天時人事，時機不可失。這一天，晉武帝正在宮中與中書令張華圍棋，收到杜預的奏章。張華即推枰斂手而賀曰：「陛下聖武，國富兵強，吳主荒淫，誅殺賢能。當今討伐，可不勞而定。願陛下勿疑！」武帝歡喜，即委署張華為度支尚書，叫他統籌計算一下這漕運與軍需之費。這時正是咸寧五年，馬隆大破樹機能，西北涼州平定，已全無後顧之憂，武帝意決，於是這南北的全面大戰乃急轉直下。

晉武帝在咸寧五年（吳天紀三年，279年）冬十一月，明令大舉伐吳，集中了全國的兵力，派遣鎮軍將軍琅邪王司馬伷率兵出涂中❻❼，安東將軍王渾率兵出江西（今安徽和州地方），建威將軍王戎率兵出武昌，平南將軍胡奮率兵出夏口，鎮南大將軍杜預率兵出江陵，龍驤將軍王濬與巴東監軍唐彬率水師下巴蜀。六路大軍，共合二十餘萬人，東西水陸並進。更命賈充為大都督，持節假黃鉞，將領中軍屯駐在襄陽，為諸軍節度。以狂風暴雨、雷霆萬鈞之勢，壓向江東而來。

這六路大軍，在咸寧六年春，同時並發。以杜預與王濬的兩路大軍攻勢最猛，進展最速。王濬的蒙衝戰艦，湧出了三峽，順流而下。但見鐵鍊橫江，江底又遍布鐵錐。王濬特編造大木筏幾十隻，每隻方廣有一百多步，上面用稻草做成假人，人各被甲持仗，森然羅列。卻令善泅水者，潛入水中，推送巨筏。那些筏排，隨著三峽的水勢，沖激而下。兩岸的吳兵，遠遠望見晉兵驟至，弓弩齊發，箭如飛蝗，都猬著在草人之上。這木排的衝擊力大，觸到江底的鐵錐，都被連根拔起，紛紛附著在筏下，順流而去。王濬又作大火炬，各長十餘丈，粗有數十圍，灌以麻油，安置在戰艦的前端，點燃起來，其火力強烈無比，就對準那些鐵鍊熔燒。不消片刻光景，那些橫江鐵鍊，都融化斷落。這樓船戰艦，都相

---

❻❼　今滁河三國時稱涂水，涂中在今安徽滁州地方。

繼衝出了防線，浩蕩前進，遂破建平，下西陵，殺吳都督留憲。再戰而攻克了荊門❻、夷道二城，殺死了陸抗之子夷道監陸晏，於是長驅東下。

再說荊州杜預的這支大軍，自襄陽南下，直趨江陵。杜預先遣牙門將周旨率八百奇兵，去偷襲樂鄉。這八百人分乘小舟，於茫茫黑夜之中，神不知鬼不覺的渡過了長江。然後分為兩批，一批人埋伏在樂鄉城外四周。一批人卻攀登在附近有一座巴山的高地之上，虛張旗幟，縱火吶喊。吳都督孫歆從睡夢中驚醒，但見城外巴山之上，火光沖天，殺聲四起。在火光中照映著無數的旌旗，也不知有多少人馬。大為詫異，難道這北軍是從天上飛來。慌忙發兵，開城迎敵，逕向那火光之處撲去。那知周旨的伏兵就乘這黑暗混亂中，襲進了樂鄉城。兵不血刃，而俘虜了孫歆。上游王濬的水師，也適於此時殺到。一場混戰，吳水軍都督陸景也陣亡。時為咸寧六年（吳天紀四年，280 年）春二月乙丑之日（二月初八）。八天之後——二月甲戌（十七日），杜預的大軍也攻克了江陵，殺死了吳江陵都督伍延。於是這西北方王濬與杜預的兩路大軍會師於荊州。跟著建威將軍王戎與平南將軍胡奮的大軍也攻陷了夏口與武昌，吳江夏太守劉朗與武昌都督虞昺都望風而降。這樂鄉、江陵、夏口、武昌，幾座重鎮一經攻下，荊州大定。荊州乃天下中樞，荊州既定，那洞庭以南，直達交廣，幾千里的州郡，都不戰而降，紛紛遣使送上印綬。杜預乃招集諸軍將領會議，討論這第二步的進軍方略。有人認為：百年之寇，未可盡克；春水方生，不利北軍。不如休養士卒，先穩定已得之地，俟待來冬，再為大舉。杜預道：「不然：用兵之道，須看形勢以決策。當年樂毅伐齊，乘濟西一戰之勝，一舉而下齊七十餘城。如今兵威大震，東吳的鬥志已潰。譬如破竹，數節之後，皆迎刃而解。此正一鼓作氣滅吳之時也！」遂指授機宜，總攻建業。

現在回頭來講這下游的軍情。吳主孫皓初聞晉安東將軍王渾的大軍

---

❻　一稱荊門山，在宜都西北五十里大江南岸，為長江險要，地在西陵之東，夷道之西。

從淮域南下，直趨江西。乃命丞相張悌督率丹陽太守沈瑩，護軍將軍孫震，與副軍師諸葛靚等，統領三萬精兵，趕快渡江迎戰，以謀先發制人。諸軍行至牛渚地方，沈瑩道：「晉人在蜀中，訓練水師，製造樓船，其備戰已非一日，兵精而糧足。上游的防務實在堪慮，而且西方的老成宿將都已凋零。目前這一般少年將領，全無作戰經驗，恐難禦敵。萬一敵人先取了荊州，順流東下，我等應集中精銳，在此下游堵防，以保衛京師才是。如今傾兵渡江北上，以與晉軍決戰；若不幸失敗，上游大敵又乘虛而至，則進退失據，大事去矣！」張悌嘆道：「吳國今日的局面艱難，實無萬全之策。我們的士氣已經不振，若坐以待敵，一旦敵人的荊襄大兵，長驅而來，恐我軍將不戰而潰。還是渡江而北，避重就輕，採取主動的出擊，和江北的晉兵一拚。如其失敗，則同死社稷。萬一獲勝，則士氣百倍，再乘勝而前，制敵於中流，此亦死中求生之一道也！」沈瑩也以為是。吳天紀四年三月，張悌等率軍渡江挺進，圍攻晉將城陽都尉張喬於楊荷。喬兵僅七千人，寡不敵眾，乃閉柵遣使請降。張悌加以安撫，繼續前進。諸葛靚認為張喬是因為後方大兵未到，暫時詐降，主張將喬眾殲滅。張悌不肯，說：「強敵在前，殺降不祥。」遂前行，與晉揚州刺史周浚的大軍相遇，結陣相對。沈瑩帥領丹陽銳卒，刀楯手五千人，肉搏而前，三次衝鋒，而晉軍的陣勢不動如山。陣前的吳兵死傷狼藉，被迫引退。晉將薛勝、蔣班見吳師的銳氣已沮，乘勢縱兵反撲。一場血戰，將吳兵殺得大敗。果然降將張喬又復叛變，率所部在後方截擊。南北夾攻，又大破吳軍於版橋，殺得吳兵屍體縱橫，全軍覆沒。吳將諸葛靚率領親兵數百人，突出重圍，落荒而走。迎面遇到丞相張悌，就招呼他一同亡命。張悌駐馬不行，諸葛靚前牽其衣道：「存亡自有天數，大廈之傾，豈君一人所能支？何苦徒自取死！」張悌流淚道：「仲思（靚字）！今日正是我死日也！我為兒童時，便受卿家丞相之教誨提拔，告我以做人之道。常恐死不得其所，有負名賢知遇之恩！今能以身殉社稷，死復何恨！」諸葛靚再三的牽挽不動，看晉人的追兵已到，無可奈何，只得揮淚而別。

行出百餘步，回看那張悌已為晉兵所殺。孫震、沈瑩等也都陣亡。這一戰，晉軍殺死了吳國的兵將七千八百餘人，都是吳軍精銳。這吳國中央的主力軍，一旦覆沒，就再沒有戰鬥的力量了。

最初，當王濬水師從益州出發之時，晉武帝曾有詔書頒給前方，命王濬下建平向荊州進軍時，須受杜預的節度；如再自荊州進軍建業時，則須受王渾的節度。杜預奉詔，笑謂左右道：「如果王濬攻下建平，順流長驅，則威名已著，他如何肯受我之節制。如其不能攻下建平，則我又何從節制。」及聞王濬西陵大捷，浩蕩前進，乃索性做個順水的人情，親筆寫了一封書信，派人送與王濬。其辭略曰：

> 「足下既摧其西藩，便當逕取建業。討累世之逋寇，釋吳人於塗炭。振旅還都，亦曠世一事也！」

王濬得書大喜！遂無所顧慮，從容指揮，快意前進，而與杜預會師江陵，連舟東下。適於此時，揚州刺史周浚有版橋之大捷。揚州別駕何惲便向周浚獻策道：「張悌所部，乃全吳精兵，今一戰殄滅，江東已無力抵抗。王龍驤大軍又破武昌，乘勝東下，吳國已成土崩瓦解之勢。將軍宜趁此時機，急引兵渡江，直搗建業，那孫皓可不戰而擒也！」周浚深以為然，即向統帥王渾請命。不料這安東將軍王渾的為人，優柔而持重，說道：「我受詔屯兵江北，如違旨輕進，萬一挫失，將獲重罪。而且詔命龍驤受我節度，待其到來，再一同進兵不遲。」何惲一旁道：「如今龍驤擁萬里得勝之雄師，成不世之功業，豈肯受我節度！明公身為上將，見可而進。夫將在外，何須一一遵從詔命。今如渡江，保定十全必克，勿庸疑慮致坐失良機！」王渾不聽，王濬的水師從武昌放流急下，一路無阻，直驅建業。吳主孫皓急令游擊將軍張象率領舟師萬人，趕往抵禦。那張象行至中途，竟不戰而降。王濬的兵甲滿江，旌旗蔽天，兩岸的吳兵，望風喪膽，或降或走，全無鬥志！

　　吳主孫皓聞說張象降敵，晉兵將至，大為惶恐。左右親近幾百人都圍著吳主磕頭哀告說：「北軍日近，而兵不舉刃，陛下將如之何？」孫皓平日何等兇威，到這時也氣沮神喪，手足失措。慌問左右：「何以士氣如此？」左右道：「都因岑昏亂政誤國，喪失了人心！」孫皓恚道：「果有此事，該把這奴才捉來，以謝百姓！」左右哄然稱「諾！」也不由分說，群起將岑昏抓來，亂刀殺死。這時宮廷內外的秩序大亂，連孫皓也彈壓不住。就在這紛亂之際，晉國王濬、王渾與司馬伷的幾路大軍都迫近建業。吳國的君臣上下，都束手無策，只好聽光祿勳薛瑩與中書令胡沖的意見，放棄抵抗，分別遣使前往晉軍，送表稱臣請降。

　　就在咸寧六年三月王寅（十五日）這天，王濬所率的蒙衝戰艦，以排山倒海之勢，穿過了三山❻❾。並不聽王渾的節度，揚帆直指建業。時王渾駐軍北岸，特遣使送信給王濬約他速至北岸議事。王濬復書說：「風勢太急，船不能泊北岸。」王渾因此大為不快，讓這滅吳的頭功為王濬所得。史稱此日：「濬戎卒八萬，方舟百里，鼓譟入於石頭。」❼❶吳主孫皓面縛輿櫬，親詣軍門投降。王濬照例的表演了一番受降式，親自上前，解縛焚櫬，延請孫皓入座相見。然後點收圖籍，計收取四州（荊、揚、交、廣）四十三郡五十二萬三千戶。這東吳的政權從漢獻帝興平二年孫策取江東算起，凡傳四主五十七年而亡。後來唐朝詩人劉禹錫經過金陵地方，憑弔興亡，有一首懷古詩說得好：

　　「王濬樓船下益州，金陵王氣黯然收，千尋鐵鎖沈江底，一片降旛出石頭。人世幾回傷往事，山形依舊枕寒流；從今四海為家日，故壘蕭蕭蘆荻秋！」

　　這捷報傳到了洛陽，朝廷上下，一片歡欣鼓舞。群臣百官，都上殿

---

❻❾　地在南京西南，名三山磯。

❼❶　見《資治通鑑》卷八十一〈晉紀〉武帝太康元年。

參拜，奉觴稱賀。晉武帝興奮之餘，不禁執爵流涕說：「此羊太傅之功也！」滿朝文武獨有一人不賀，就是前者被迫亡奔北朝的孫皓從弟，現官車騎將軍之孫秀。他聽到吳國滅亡的消息，南向流涕道：「想當年討逆將軍，以弱冠之年，率一旅孤軍，創業江東，是何等艱辛。不料今日為孫皓所誤，一旦而亡。宗廟山陵，將成邱墟，悠悠蒼天，此何人哉！」在吳國未亡之時，晉朝為了招誘吳人，對於孫秀，優待非常。及至吳亡，這利用價值已不存，遂降孫秀為伏波將軍，備受冷落。孫皓既降，全家宗族，都被送到洛陽，晉武帝特別表示寬大，不加誅戮，並賜封孫皓為歸命侯。一日，武帝臨朝，大會文武百官，四方使者，引見歸命侯及吳國降人。孫皓登殿稽顙，武帝上前扶起孫皓，引之入座道：「朕設此座以待卿久矣！」孫皓答道：「臣於南方，亦設此座，以待陛下！」賈充在一旁，問孫皓道：「聞君在南方鑿人之目，剝人面皮，這是什麼刑法？」孫皓答道：「此刑專為那些為臣不忠，心懷奸詐，弒君害主之人而設。」賈充聽了默然不語，晉武帝則微微一笑。又一天，武帝問吳俘散騎常侍薛瑩，孫皓何以亡國？薛瑩回答說：「皓昵近小人，刑罰放濫，大臣諸將，人不自保，此其所以亡也！」後來武帝又同樣的問到吾彥，彥道：「吳主英俊，宰輔賢明」，武帝笑道：「那麼，怎會亡國？」彥道：「此乃天祿永終，曆數所歸，故為陛下所滅耳！」過了三年，孫皓便死在洛陽，死時年四十二歲，何以死得如此之快，又如何而死，史無明文。

因為滅吳之故，在咸寧六年四月，大赦天下，改元太康。遂以咸寧六年為太康元年，所以表示天下從此太平康樂。究竟這天下是否從此便太平康樂呢？這留待後來講兩晉的史話時再說。總之，這三國紛爭的局面，從漢獻帝初平元年關東諸鎮討董卓時算起，整整大亂了九十年，中國復歸一統。

三國帝系表

魏：

魏武帝曹操 ── ①文帝丕 ┬ ②明帝叡 ── ③廢帝芳
　　　　　　　　　　　 └ 東海定王霖 ── ④廢帝髦
　　　　　　　└ 燕王宇 ─── ⑤元帝奐

蜀：

①蜀漢昭烈帝劉備 ── ②後主禪

吳：

吳武烈帝孫堅 ┬ 長沙王策
　　　　　　　└ ①大帝權 ┬ 南陽王和 ── ④末帝皓
　　　　　　　　　　　　 ├ ②廢帝亮
　　　　　　　　　　　　 └ ③景帝休

大事年表

漢　紀	西　元	大事紀
東漢獻帝 建安元年	196 年	張楊迎獻帝還洛陽，曹操入朝領司隸校尉，復遷帝於許城而自為大將軍司空，曹操募民屯田許下。孫策渡浙江，會稽太守王朗迎降，策自領會稽太守。呂布攻劉備，備走歸許，詔以備領豫州牧，還屯於小沛。張濟引兵自關中出荊州攻穰城戰死，族子張繡代領其眾屯於宛城，屬劉表。
建安二年	197 年	曹操擊張繡於宛城，繡降而復叛，襲擊曹操，以鍾繇都督關中諸軍，袁術稱帝於壽春為曹操所破。
建安三年	198 年	曹操擊殺呂布，詔以劉備為左將軍，以孫策為討逆將軍封吳侯。袁紹與公孫瓚相攻。
建安四年	199 年	袁術死，公孫瓚為袁紹所敗自焚死。張繡降於曹操。孫策襲取廬江與豫章，遂領會稽、吳、丹陽、豫章、廬江、廬陵六郡之地。劉備起兵徐州討曹操。
建安五年	200 年	曹操殺董承，擊破劉備，備走奔袁紹，曹操大破袁紹三軍於官渡。孫策卒，弟孫權代領其眾，詔以權為討虜將軍。荊州劉表攻下長沙、零陵、桂陽三郡之址，拓地數千里。
建安六年	201 年	劉備南奔荊州投依劉表。袁紹以長子譚為青州刺史，次子熙為幽州刺史，甥高幹為并州刺史。
建安七年	202 年	袁紹死，幼子袁尚襲冀州牧，於是袁譚與袁尚兄弟相攻。
建安八年	203 年	袁譚、袁尚相攻不已。孫權討平山越。
建安九年	204 年	曹操攻取鄴城，自領冀州牧，高幹以并州降。遼東太守公孫度卒，子公孫康襲郡事。
建安十年	205 年	曹操攻下南皮，殺袁譚，幽州將吏逐袁熙迎降於曹操，操遂得冀、青、幽、并四州。袁熙、袁尚奔烏桓。
建安十一年	206 年	高幹降而復叛，為曹操所擊殺。烏桓蹋頓助袁尚兄弟寇邊。
建安十二年	207 年	曹操大封諸功臣為列侯，曹操大破烏桓，斬蹋頓，降其

		眾二十餘萬，袁尚、袁熙奔遼東，為公孫康所殺。劉備訪見諸葛亮於隆中。
建安十三年	208 年	曹操罷三公之官，自為丞相，曹操大發兵，南擊荊州。劉表病卒，傳少子劉琮，琮以荊州降操。劉備奔江夏，遣諸葛亮求助於孫權，孫權遣周瑜督師，會合備軍迎拒曹操，遂大破操軍於赤壁，操師北還，劉備復引兵南下武陵、長沙、桂陽、零陵諸郡，以諸葛亮為軍師將軍。
建安十四年	209 年	曹操置重兵於合肥，開芍陂屯田。孫權以周瑜領南郡太守屯江陵，又表劉備領荊州牧，瑜分南岸地，給劉備立營於公安。
建安十五年	210 年	曹操作銅雀臺於鄴城。周瑜卒，孫權令魯肅代領其兵，權以步騭為交州刺史，平嶺南地。
建安十六年	211 年	馬超、韓遂等十部之眾反於關中，曹操親將擊破之，超奔涼州。益州劉璋遣使迎劉備，劉備留關羽守荊州，自將西入川。
建安十七年	212 年	孫權徙治建業，作濡須塢以治軍。劉備屯兵據涪城。
建安十八年	213 年	曹操自立為魏公，加九錫，封冀州十郡，並建宗廟社稷。劉備與劉璋相攻，備進圍雒城。馬超為楊阜所敗，南奔漢中。
建安十九年	214 年	諸葛亮留關羽守荊州，自率張飛、趙雲入川會合劉備，圍攻成都，劉璋出降，劉備乃據益州，自稱益州牧。孫權與關羽衝突，發兵襲取長沙、零陵、桂陽三郡，備自至公安與權爭荊州地。曹操弒伏皇后。
建安二十年	215 年	曹操立其女曹貴人為皇后，曹操發兵攻取漢中降張魯。劉備、孫權以湘水為界分割荊州。
建安二十一年	216 年	魏公曹操進爵為魏王，以鍾繇為相國，南匈奴呼廚泉單于入朝，曹操留之於鄴，而令右賢王去卑監其國，分其眾為五部，各立貴人為帥，遂為河東匈奴五部之始。
建安二十二年	217 年	曹操發兵擊孫權，權遣使請降於曹。魯肅卒，孫權令呂蒙代領其軍屯陸口。
建安二十三年	218 年	代郡上谷烏桓反，曹操遣子曹彰擊破之。劉備進兵漢中，魏王曹操自將擊備，進駐長安。
建安二十四年	219 年	劉備大破曹操之軍於漢中，曹操自漢中引還長安，劉備遂全據漢中地，自立為漢中王，並遣將襲取房陵、上庸

之地，關羽趁勢自江陵北伐攻襄陽。孫權遣呂蒙襲取江陵，關羽還救兵敗死，孫權遂全有荊州南部地，而上書稱臣於曹操並勸進，操表權為驃騎將軍，領荊州牧，封南昌侯。

魏　紀	蜀　紀	吳　紀	西　元	大事紀
文帝 黃初元年			220 年	（是年即漢獻帝建安二十五年，初一度改元延康，故亦可稱為漢延康元年，及十月曹丕篡漢，遂改元黃初，為魏黃初元年，故三年號同在一年。）正月魏王曹操卒於洛陽，子曹丕繼為丞相，魏王兼冀州牧，尚書陳群建議立九品官人法。孟達以上庸降魏。冬十月，魏王曹丕篡位，改國號魏，改元黃初，是為魏文帝，廢漢獻帝為山陽公，東漢乃亡。
黃初二年	昭烈帝 章武元年		221 年	劉備稱帝於蜀，是為蜀漢昭烈帝，以續漢祀，以諸葛亮為丞相，蜀主劉備自將大軍伐吳。吳主孫權遣使稱臣於魏，魏封孫權為吳王，吳主孫權徙都於鄂城，改鄂為武昌。
黃初三年	章武二年	吳王 黃武元年	222 年	蜀主劉備為吳將陸遜所敗，還走白帝城。魏主曹丕責孫權送任子不至，遣師伐吳，孫權乃稱吳王，建元黃武，發兵拒魏。
黃初四年	後主 建興元年	黃武二年	223 年	蜀主劉備卒於永安，後主劉禪繼立，封丞相諸葛亮為武鄉侯，開府治事，益州郡耆帥雍闓與郡中蠻人孟獲反，諸葛亮遣鄧芝和吳。
黃初五年	建興二年	黃武三年	224 年	魏主親將伐吳，至廣陵無功而還。
黃初六年	建興三年	黃武四年	225 年	魏以陳群為鎮東大將軍，司馬懿為撫軍大將軍，魏主曹丕再帥舟師南征東吳，臨流而還。蜀丞相諸葛亮討平南蠻。
黃初七年	建興四年	黃武五年	226 年	魏文帝卒，明帝叡即位，曹真與司

				馬懿輔政。吳主孫權乘喪伐魏，攻江夏、襄陽皆無功而還。吳呂岱平交阯之亂。
明帝 太和元年	建興五年	黃武六年	227 年	魏明帝大營宮室。蜀丞相諸葛亮駐軍漢中，上〈出師表〉，請命北伐。孟達反魏，司馬懿出兵討之，司馬懿攻下新城殺孟達。
太和二年	建興六年	黃武七年	228 年	吳王使鄱陽太守周魴詐降誘魏曹休，休率兵南下為陸遜所破。蜀諸葛亮春間出師祁山伐魏，為張郃所敗，冬，再出師越秦嶺圍攻陳倉，不下而還。魏明帝拜公孫淵為遼東太守。
太和三年	建興七年	吳大帝 黃龍元年	229 年	吳王孫權稱帝，改元黃龍，還都建業。蜀相諸葛亮伐魏，拔武都、陰平兩郡。
太和四年	建興八年	黃龍二年	230 年	魏主遣曹真、司馬懿兩道出師伐蜀，攻漢中，無功而還。吳師攻魏合肥不克。
太和五年	建興九年	黃龍三年	231 年	蜀諸葛亮再進兵祁山伐魏，無功而還，魏將張郃追擊蜀師陣亡。
太和六年	建興十年	嘉禾元年	232 年	魏治許昌宮。吳師攻擊魏之廬江不克。
青龍元年	建興十一年	嘉禾二年	233 年	遼東公孫淵遣使稱臣於吳，吳主封淵為遼王，旋淵又叛吳。吳攻魏之新城、六安不克。蜀諸葛亮勸農講武，用木牛流馬運米集斜谷口。
青龍二年	建興十二年	嘉禾三年	234 年	山陽公（即漢獻帝）卒。吳主自將擊合肥不克。蜀諸葛亮進軍渭南與司馬懿對峙，卒於軍，蜀師南還，蜀蔣琬為尚書令，總統國事。
青龍三年	建興十三年	嘉禾四年	235 年	蜀蔣琬為大將軍，以費禕為尚書令。魏明帝大治宮室，以司馬懿為太尉。
青龍四年	建興十四年	嘉禾五年	236 年	武都氐王苻健降魏。

景初元年	建興十五年	嘉禾六年	237 年	公孫淵自稱燕王。吳諸葛恪拜威北將軍，屯兵皖口。
景初二年	延熙元年	赤烏元年	238 年	魏司馬懿討遼東，誅公孫淵。蜀蔣琬出屯漢中。
景初三年	延熙二年	赤烏二年	239 年	魏明帝卒，曹芳繼立，遺詔以司馬懿曹爽輔政。吳以呂岱為鎮南將軍，與陸遜共領荊州。
廢帝芳 正始元年	延熙三年	赤烏三年	240 年	魏遣使於倭國。蜀越嶲蠻夷復叛，張嶷平之。
正始二年	延熙四年	赤烏四年	241 年	吳遣全琮、諸葛恪等伐魏無功。魏鄧艾屯田淮南、北，開廣漕渠。蜀以姜維為涼州刺史屯涪城。
正始三年	延熙五年	赤烏五年	242 年	吳主發兵擊儋耳、珠崖，吳主立子和為太子。
正始四年	延熙六年	赤烏六年	243 年	蜀以費禕為大將軍。
正始五年	延熙七年	赤烏七年	244 年	吳以大將軍陸遜為丞相。魏曹爽攻蜀漢中，無功而還。
正始六年	延熙八年	赤烏八年	245 年	吳丞相陸遜卒。蜀蔣琬、董允卒，費禕進駐漢中。
正始七年	延熙九年	赤烏九年	246 年	魏幽州刺史毌丘儉伐高句麗。蜀姜維為衛將軍，與費禕並錄尚書。吳步騭為丞相，分荊州為兩部。
正始八年	延熙十年	赤烏十年	247 年	魏曹爽擅政，司馬懿稱疾不朝。蜀姜維出隴右納降羌胡。
正始九年	延熙十一年	赤烏十一年	248 年	蜀涪陵夷反，車騎將軍鄧芝討平之。吳以陸胤為交州刺史，平交阯、九真賊亂。
嘉平元年	延熙十二年	赤烏十二年	249 年	魏司馬懿殺曹爽，夏侯霸奔降於漢。蜀姜維攻魏雍州，無功而還。
嘉平二年	延熙十三年	赤烏十三年	250 年	吳主廢太子和而立子亮為太子。魏人破吳師於江陵。蜀姜維攻魏西平，不克。
嘉平三年	延熙十四年	太元元年	251 年	魏司馬懿殺王淩，司馬懿卒，子師為撫軍大將軍。

嘉平四年	延熙十五年	廢帝亮建興元年	252 年	魏司馬師為大將軍。吳主孫權卒，太子亮即位，諸葛恪受遺詔輔政，魏司馬師遣兵乘喪伐吳，為吳人所敗。
嘉平五年	延熙十六年	建興二年	253 年	蜀大將軍費禕被郭脩刺死。吳諸葛恪發大兵二十萬伐魏敗還，孫峻殺諸葛恪，峻為丞相大將軍。
廢帝髦正元元年	延熙十七年	五鳳元年	254 年	魏大將軍司馬師廢其主曹芳，別立高貴鄉公曹髦。蜀姜維再伐魏無功。
正元二年	延熙十八年	五鳳二年	255 年	魏鎮東將軍毌丘儉與揚州刺史文欽反，為司馬師所討平，司馬師卒，弟昭繼為大將軍。蜀姜維破魏師於洮西。
甘露元年	延熙十九年	太平元年	256 年	蜀姜維為大將軍，出祁山伐魏，為鄧艾所破。吳孫峻暴卒，弟孫綝繼為大將軍輔政。
甘露二年	延熙二十年	太平二年	257 年	魏鎮東將軍諸葛誕叛魏降吳，司馬昭督諸將討之。蜀姜維出駱谷伐魏。
甘露三年	景耀元年	景帝永安元年	258 年	魏司馬昭討平諸葛誕，司馬昭為相國。蜀姜維引兵還成都。吳孫綝廢其主亮，另立景帝孫休，景帝以計誅孫綝。
甘露四年	景耀二年	永安二年	259 年	蜀董厥為尚書令。
元帝景元元年	景耀三年	永安三年	260 年	魏司馬昭弒其主曹髦，別立常道鄉公曹奐，是為魏元帝。
景元二年	景耀四年	永安四年	261 年	蜀以董厥為輔國大將軍，與衛將軍諸葛瞻共平尚書事。吳使薛珝聘於蜀漢。
景元三年	景耀五年	永安五年	262 年	蜀姜維再伐魏，為鄧艾所敗，蜀宦官中常侍黃皓用事。魏司馬昭欲伐蜀，以鍾會為鎮西將軍駐兵關中。
景元四年	炎興元年	永安六年	263 年	魏鍾會、鄧艾兩道伐蜀，蜀後主降，蜀漢乃亡。
咸熙元年		末帝皓元興元年	264 年	魏司馬昭為晉王。吳景帝卒，吳人立烏程侯孫皓為帝。

晉　紀	吳　紀	西　元	大事紀
晉武帝 泰始元年	末帝皓 甘露元年	265年	晉王司馬昭卒，其子司馬炎嗣立為晉王，旋篡魏自立為帝，是為晉武帝，魏亡。晉武帝大封宗室群王。吳主遷都武昌，改元甘露。
泰始二年	寶鼎元年	266年	吳以陸凱、萬彧為左右丞相，又還都建業，再改元寶鼎。
泰始三年	寶鼎二年	267年	晉武帝立子衷為太子。
泰始四年	寶鼎三年	268年	晉分置鮮卑降人於雍、涼二州地。吳丁奉、諸葛靚攻晉之合肥無功。
泰始五年	建衡元年	269年	晉以羊祜都督荊州軍事，鎮襄陽。吳丞相陸凱卒。
泰始六年	建衡二年	270年	吳以陸抗都督諸軍，鎮樂鄉。
泰始七年	建衡三年	271年	安樂公劉禪卒。晉涼州與北地胡入寇金城。吳大都督薛珝、陶璜討交阯亂，平九真、日南。
泰始八年	鳳凰元年	272年	晉以王濬為益州刺史大治水軍。吳西陵督步闡反，為陸抗所平。
泰始九年	鳳凰二年	273年	吳以陸抗為大司馬、荊州牧，吳主殺侍中韋昭。
泰始十年	鳳凰三年	274年	吳大司馬陸抗卒。晉邵陵公曹芳卒。
咸寧元年	天冊元年	275年	鮮卑拓拔力微遣其子沙漠汗入貢於晉。
咸寧二年	天璽元年	276年	晉以羊祜為征南大將軍，祜上書請伐吳。晉武帝以楊后父楊駿為車騎將軍。
咸寧三年	天紀元年	277年	晉平虜將軍文鴦討平樹機能之亂，吳襲晉之江夏、汝南，無功而還。
咸寧四年	天紀二年	278年	晉羊祜卒，以杜預為鎮南將軍，都督荊州諸軍事。
咸寧五年	天紀三年	279年	晉以匈奴劉淵為左部帥，馬隆討平涼州，晉師大舉伐吳。
太康元年	天紀四年	280年	晉王濬攻克建業，吳主孫皓出降，晉封之為歸命侯，吳亡。

主要參考書目

章懷太子李賢註，王先謙集解，《後漢書》

裴松之註，《三國志》

杭世駿著，《三國志補註》

潘眉著，《三國志考證》

洪飴孫著，《三國職官表》

張澍著，《蜀典》

張澍輯，《諸葛忠武侯文集》

常璩著，《華陽國志》

《晉書》

胡三省註，《資治通鑑》

劉孝標註，《世說新語》

馬端臨著，《文獻通考》

酈道元著，《水經注》

樂史著，《太平寰宇記》

李善註，與六臣註，《昭明文選》

沈德潛輯，《古詩源》

郭茂倩輯，《樂府詩集》

曹植著，《曹子建集》

何焯著，《義門讀書記》

張雲璈著，《選學膠言》

《阮步兵集》（輯本）

嵇康著，《嵇中散集》

趙翼著，《廿二史箚記》

趙翼著，《陔餘叢考》

趙翼著，《甌北詩集》

時代造就英雄，
英雄創造時代

　　站在歷史浪潮的頂端，他們乘風破浪，叱吒風雲，留給後人的，當不僅是英雄偉業、名垂青史，令人動容的，是一股歷史的使命感和扭轉乾坤的霸氣，而忠義智勇更是英雄之所以成為英雄人物的元素，且看惜秋如何帶領讀者一略歷史風雲人物的氣概。

【戰國風雲人物】
孫臏、田單、樂毅、廉頗、趙奢、白起、王翦、蘇秦、張儀、范雎⋯⋯

【漢初風雲人物】
張良、蕭何、韓信、曹參、陳平、周勃、灌嬰、叔孫通、婁敬、彭越⋯⋯

【東漢風雲人物】
吳漢、鄧禹、寇恂、馮異、王常、岑彭、來歙、銚期、馬武、馬援⋯⋯

【蜀漢風雲人物】
諸葛亮、關羽、張飛、趙雲、龐統、黃忠、法正、劉巴、蔣琬、費禕⋯⋯

【隋唐風雲人物】
高熲、楊素、劉文靜、李靖、房玄齡、杜如晦、長孫無忌、魏徵、秦瓊⋯⋯

【宋初風雲人物】
趙普、石守信、王審琦、范質、王溥、魏仁浦、高懷德、張永德⋯⋯

【民初風雲人物】（上）（下）
黃　興、胡漢民、焦達峰、陳其美、宋教仁、蔡元培、居正、于右任⋯⋯